INDONESISCH

W O R T S C H A T Z

DEUTSCH
INDONESISCH

Die nützlichsten Wörter
Zur Erweiterung Ihres Wortschatzes und
Verbesserung der Sprachfertigkeit

9000 Wörter

Wortschatz Deutsch-Indonesisch für das Selbststudium - 9000 Wörter

Von Andrey Taranov

T&P Books Vokabelbücher sind dafür vorgesehen, beim Lernen einer Fremdsprache zu helfen, Wörter zu memorieren und zu wiederholen. Das Wörterbuch ist nach Themen aufgeteilt und deckt alle wichtigen Bereiche des täglichen Lebens, Berufs, Wissenschaft, Kultur etc. ab.

Durch das Benutzen der themenbezogenen T&P Books ergeben sich folgende Vorteile für den Lernprozess:

- Sachgemäß geordnete Informationen bestimmen den späteren Erfolg auf den darauffolgenden Stufen der Memorisierung
- Die Verfügbarkeit von Wörtern, die sich aus der gleichen Wurzel ableiten lassen, erlaubt die Memorisierung von Worteinheiten (mehr als bei einzeln stehenden Wörtern)
- Kleine Worteinheiten unterstützen den Aufbauprozess von assoziativen Verbindungen für die Festigung des Wortschatzes
- Die Kenntnis der Sprache kann aufgrund der Anzahl der gelernten Wörter eingeschätzt werden

T&P Books Publishing
www.tpbooks.com

ISBN: 978-1-78616-503-9

Dieses Buch ist auch im E-Book Format erhältlich.
Besuchen Sie uns auch auf www.tpbooks.com oder auf einer der bedeutenden Buchhandlungen online.

WORTSCHATZ DEUTSCH-INDONESISCH
für das Selbststudium

Die Vokabelbücher von T&P Books sind dafür vorgesehen, Ihnen beim Lernen einer Fremdsprache zu helfen, Wörter zu memorieren und zu wiederholen. Der Wortschatz enthält über 9000 häufig gebrauchte, thematisch geordnete Wörter.

- Der Wortschatz enthält die am häufigsten benutzten Wörter
- Eignet sich als Ergänzung zu jedem Sprachkurs
- Erfüllt die Bedürfnisse von Anfängern und fortgeschrittenen Lernenden von Fremdsprachen
- Praktisch für den täglichen Gebrauch, zur Wiederholung und um sich selbst zu testen
- Ermöglicht es, Ihren Wortschatz einzuschätzen

Besondere Merkmale des Wortschatzes:

- Wörter sind entsprechend ihrer Bedeutung und nicht alphabetisch organisiert
- Wörter werden in drei Spalten präsentiert, um das Wiederholen und den Selbstüberprüfungsprozess zu erleichtern
- Wortgruppen werden in kleinere Einheiten aufgespalten, um den Lernprozess zu fördern
- Der Wortschatz bietet eine praktische und einfache Lautschrift jedes Wortes der Fremdsprache

Der Wortschatz hat 256 Themen, einschließlich:

Grundbegriffe, Zahlen, Farben, Monate, Jahreszeiten, Maßeinheiten, Kleidung und Accessoires, Essen und Ernährung, Restaurant, Familienangehörige, Verwandte, Charaktereigenschaften, Empfindungen, Gefühle, Krankheiten, Großstadt, Kleinstadt, Sehenswürdigkeiten, Einkaufen, Geld, Haus, Zuhause, Büro, Import & Export, Marketing, Arbeitssuche, Sport, Ausbildung, Computer, Internet, Werkzeug, Natur, Länder, Nationalitäten und vieles mehr...

INHALT

LEITFADEN FÜR DIE AUSSPRACHE

Buchstabe	Indonesisch Beispiel	T&P phonetisches Alphabet	Deutsch Beispiel
Aa	zaman	[a]	schwarz
Bb	besar	[b]	Brille
Cc	kecil, cepat	[ʧ]	Matsch
Dd	dugaan	[d]	Detektiv
Ee	segera, mencium	[e], [ə]	hängen
Ff	berfungsi	[f]	fünf
Gg	juga, lagi	[g]	gelb
Hh	hanya, bahwa	[h]	brauchbar
Ii	izin, sebagai ganti	[i], [j]	ihr, Jacke
Jj	setuju, ijin	[ʤ]	Jeans, Magyaren
Kk	kemudian, tidak	[k], [ʔ]	dreieckig, Glottisschlag
Ll	dilarang	[l]	Juli
Mm	melihat	[m]	Mitte
Nn	berenang	[n], [ŋ]	nicht, Känguru
Oo	toko roti	[o:]	groß
Pp	peribahasa	[p]	Polizei
Qq	Aquarius	[k]	Kalender
Rr	ratu, riang	[r]	Zungenspitzen-R
Ss	sendok, syarat	[s], [ʃ]	sein, Chance
Tt	tamu, adat	[t]	still
Uu	ambulans	[u]	kurz
Vv	renovasi	[v]	November
Ww	pariwisata	[w]	schwanger
Xx	boxer	[ks]	Expedition
Yy	banyak, syarat	[j]	Jacke
Zz	zamrud	[z]	sein

Zusammensetzungen von Buchstaben

aa	maaf	[aˀa]	a+Glottisschlag
kh	khawatir	[h]	brauchbar
th	Gereja Lutheran	[t]	still
-k	tidak	[ʔ]	Glottisschlag

ABKÜRZUNGEN
die im Vokabular verwendet werden

Deutsch. Abkürzungen

Adj	-	Adjektiv
Adv	-	Adverb
Amtsspr.	-	Amtssprache
f	-	Femininum
f, n	-	Femininum, Neutrum
Fem.	-	Femininum
m	-	Maskulinum
m, f	-	Maskulinum, Femininum
m, n	-	Maskulinum, Neutrum
Mask.	-	Maskulinum
n	-	Neutrum
pl	-	Plural
Sg.	-	Singular
ugs.	-	umgangssprachlich
unzähl.	-	unzählbar
usw.	-	und so weiter
v mod	-	Modalverb
vi	-	intransitives Verb
vi, vt	-	intransitives, transitives Verb
vt	-	transitives Verb
zähl.	-	zählbar
z.B.	-	zum Beispiel

GRUNDBEGRIFFE

Grundbegriffe. Teil 1

1. Pronomen

ich	saya, aku	[saja], [aku]
du	engkau, kamu	[eŋkau], [kamu]
er, sie, es	beliau, dia, ia	[beliau], [dia], [ia]
wir	kami, kita	[kami], [kita]
ihr	kalian	[kalian]
Sie (Sg.)	Anda	[anda]
Sie (pl)	Anda sekalian	[anda sekalian]
sie	mereka	[mereka]

2. Grüße. Begrüßungen. Verabschiedungen

Hallo! (ugs.)	Halo!	[halo!]
Hallo! (Amtsspr.)	Halo!	[halo!]
Guten Morgen!	Selamat pagi!	[slamat pagi!]
Guten Tag!	Selamat siang!	[slamat siaŋ!]
Guten Abend!	Selamat sore!	[slamat sore!]
grüßen (vi, vt)	menyapa	[mənjapa]
Hallo! (ugs.)	Hai!	[hey!]
Gruß (m)	sambutan, salam	[sambutan], [salam]
begrüßen (vt)	menyambut	[mənjambut]
Wie geht's?	Apa kabar?	[apa kabar?]
Was gibt es Neues?	Apa yang baru?	[apa yaŋ baru?]
Auf Wiedersehen!	Selamat tinggal!	[slamat tiŋgal!],
	Selamat jalan!	[slamat dʒ'alan!]
Wiedersehen! Tschüs!	Dadah!	[dadah!]
Bis bald!	Sampai bertemu lagi!	[sampaj bərtemu lagi!]
Lebe wohl!	Sampai jumpa!	[sampaj dʒ'umpa!]
Leben Sie wohl!	Selamat tinggal!	[slamat tiŋgal!]
sich verabschieden	berpamitan	[bərpamitan]
Tschüs!	Sampai nanti!	[sampaj nanti!]
Danke!	Terima kasih!	[tərima kasih!]
Dankeschön!	Terima kasih banyak!	[tərima kasih banja'!]
Bitte (Antwort)	Kembali! Sama-sama!	[kembali!], [sama-sama!]
Keine Ursache.	Kembali!	[kembali!]
Nichts zu danken.	Kembali!	[kembali!]
Entschuldigen Sie!	Maaf, ...	[ma'af, ...]
entschuldigen (vt)	memaafkan	[mema'afkan]

sich entschuldigen	meminta maaf	[meminta ma'af]
Verzeihung!	Maafkan saya	[ma'afkan saja]
Es tut mir leid!	Maaf!	[ma'af!]
verzeihen (vt)	memaafkan	[mema'afkan]
Das macht nichts!	Tidak apa-apa!	[tida' apa-apa!]
bitte (Die Rechnung, ~!)	tolong	[toloŋ]

Nicht vergessen!	Jangan lupa!	[dʒʲaŋan lupa!]
Natürlich!	Tentu!	[tentu!]
Natürlich nicht!	Tentu tidak!	[tentu tida'!]
Gut! Okay!	Baiklah! Baik!	[bajklah!], [baj'!]
Es ist genug!	Cukuplah!	[tʃukuplah!]

3. Jemanden ansprechen

Entschuldigen Sie!	Maaf, ...	[ma'af, ...]
Herr	tuan	[tuan]
Frau	nyonya	[nenja]
Frau (Fräulein)	nona	[nona]
Junger Mann	nak	[na']
Junge	nak, bocah	[nak], [botʃah]
Mädchen	nak	[na']

4. Grundzahlen. Teil 1

null	nol	[nol]
eins	satu	[satu]
zwei	dua	[dua]
drei	tiga	[tiga]
vier	empat	[empat]

fünf	lima	[lima]
sechs	enam	[enam]
sieben	tujuh	[tudʒʲuh]
acht	delapan	[delapan]
neun	sembilan	[sembilan]

zehn	sepuluh	[sepuluh]
elf	sebelas	[sebelas]
zwölf	dua belas	[dua belas]
dreizehn	tiga belas	[tiga belas]
vierzehn	empat belas	[empat belas]

fünfzehn	lima belas	[lima belas]
sechzehn	enam belas	[enam belas]
siebzehn	tujuh belas	[tudʒʲuh belas]
achtzehn	delapan belas	[delapan belas]
neunzehn	sembilan belas	[sembilan belas]

zwanzig	dua puluh	[dua puluh]
einundzwanzig	dua puluh satu	[dua puluh satu]
zweiundzwanzig	dua puluh dua	[dua puluh dua]

dreiundzwanzig	dua puluh tiga	[dua puluh tiga]
dreißig	tiga puluh	[tiga puluh]
einunddreißig	tiga puluh satu	[tiga puluh satu]
zweiunddreißig	tiga puluh dua	[tiga puluh dua]
dreiunddreißig	tiga puluh tiga	[tiga puluh tiga]
vierzig	empat puluh	[empat puluh]
einundvierzig	empat puluh satu	[empat puluh satu]
zweiundvierzig	empat puluh dua	[empat puluh dua]
dreiundvierzig	empat puluh tiga	[empat puluh tiga]
fünfzig	lima puluh	[lima puluh]
einundfünfzig	lima puluh satu	[lima puluh satu]
zweiundfünfzig	lima puluh dua	[lima puluh dua]
dreiundfünfzig	lima puluh tiga	[lima puluh tiga]
sechzig	enam puluh	[enam puluh]
einundsechzig	enam puluh satu	[enam puluh satu]
zweiundsechzig	enam puluh dua	[enam puluh dua]
dreiundsechzig	enam puluh tiga	[enam puluh tiga]
siebzig	tujuh puluh	[tudʒuh puluh]
einundsiebzig	tujuh puluh satu	[tudʒuh puluh satu]
zweiundsiebzig	tujuh puluh dua	[tudʒuh puluh dua]
dreiundsiebzig	tujuh puluh tiga	[tudʒuh puluh tiga]
achtzig	delapan puluh	[delapan puluh]
einundachtzig	delapan puluh satu	[delapan puluh satu]
zweiundachtzig	delapan puluh dua	[delapan puluh dua]
dreiundachtzig	delapan puluh tiga	[delapan puluh tiga]
neunzig	sembilan puluh	[sembilan puluh]
einundneunzig	sembulan puluh satu	[sembulan puluh satu]
zweiundneunzig	sembilan puluh dua	[sembilan puluh dua]
dreiundneunzig	sembilan puluh tiga	[sembilan puluh tiga]

5. Grundzahlen. Teil 2

einhundert	seratus	[seratus]
zweihundert	dua ratus	[dua ratus]
dreihundert	tiga ratus	[tiga ratus]
vierhundert	empat ratus	[empat ratus]
fünfhundert	lima ratus	[lima ratus]
sechshundert	enam ratus	[enam ratus]
siebenhundert	tujuh ratus	[tudʒuh ratus]
achthundert	delapan ratus	[delapan ratus]
neunhundert	sembilan ratus	[sembilan ratus]
eintausend	seribu	[seribu]
zweitausend	dua ribu	[dua ribu]
dreitausend	tiga ribu	[tiga ribu]
zehntausend	sepuluh ribu	[sepuluh ribu]
hunderttausend	seratus ribu	[seratus ribu]

| Million (f) | juta | [dʒʲuta] |
| Milliarde (f) | miliar | [miliar] |

6. Ordnungszahlen

der erste	pertama	[pərtama]
der zweite	kedua	[kedua]
der dritte	ketiga	[ketiga]
der vierte	keempat	[keempat]
der fünfte	kelima	[kelima]

der sechste	keenam	[keenam]
der siebte	ketujuh	[ketudʒʲuh]
der achte	kedelapan	[kedelapan]
der neunte	kesembilan	[kesembilan]
der zehnte	kesepuluh	[kesepuluh]

7. Zahlen. Brüche

Bruch (m)	pecahan	[petʃahan]
Hälfte (f)	seperdua	[seperdua]
Drittel (n)	sepertiga	[sepertiga]
Viertel (n)	seperempat	[seperempat]

Achtel (m, n)	seperdelapan	[seperdelapan]
Zehntel (n)	sepersepuluh	[sepersepuluh]
zwei Drittel	dua pertiga	[dua pərtiga]
drei Viertel	tiga perempat	[tiga pərempat]

8. Zahlen. Grundrechenarten

Subtraktion (f)	pengurangan	[pəŋuraŋan]
subtrahieren (vt)	mengurangkan	[məŋuraŋkan]
Division (f)	pembagian	[pembagian]
dividieren (vt)	membagi	[membagi]

Addition (f)	penambahan	[penambahan]
addieren (vt)	menambahkan	[mənambahkan]
hinzufügen (vt)	menambahkan	[mənambahkan]
Multiplikation (f)	pengalian	[peŋalian]
multiplizieren (vt)	mengalikan	[məŋalikan]

9. Zahlen. Verschiedenes

Ziffer (f)	angka	[aŋka]
Zahl (f)	nomor	[nomor]
Zahlwort (n)	kata bilangan	[kata bilaŋan]
Minus (n)	minus	[minus]

Plus (n)	plus	[plus]
Formel (f)	rumus	[rumus]

Berechnung (f)	perhitungan	[pərhituŋan]
zählen (vt)	menghitung	[məŋhituŋ]
berechnen (vt)	menghitung	[məŋhituŋ]
vergleichen (vt)	membandingkan	[membandiŋkan]

Wie viel, -e?	Berapa?	[bərapa?]
Summe (f)	jumlah	[dʒumlah]
Ergebnis (n)	hasil	[hasil]
Rest (m)	sisa, baki	[sisa], [baki]

einige (~ Tage)	beberapa	[beberapa]
wenig (Adv)	sedikit	[sedikit]
Übrige (n)	selebihnya, sisanya	[selebihnja], [sisanja]
anderthalb	satu setengah	[satu seteŋah]
Dutzend (n)	lusin	[lusin]

entzwei (Adv)	dua bagian	[dua bagian]
zu gleichen Teilen	rata	[rata]
Hälfte (f)	setengah	[seteŋah]
Mal (n)	kali	[kali]

10. Die wichtigsten Verben. Teil 1

abbiegen (nach links ~)	membelok	[membeloʔ]
abschicken (vt)	mengirim	[məŋirim]
ändern (vt)	mengubah	[məŋubah]
andeuten (vt)	memberi petunjuk	[memberi petundʒuʔ]
Angst haben	takut	[takut]

ankommen (vi)	datang	[dataŋ]
antworten (vi)	menjawab	[məndʒawab]
arbeiten (vi)	bekerja	[bekerdʒa]
auf ... zählen	mengharapkan ...	[məŋharapkan ...]
aufbewahren (vt)	menyimpan	[məɲimpan]

aufschreiben (vt)	mencatat	[məntʃatat]
ausgehen (vi)	keluar	[keluar]
aussprechen (vt)	melafalkan	[melafalkan]
bedauern (vt)	menyesal	[məɲesal]
bedeuten (vt)	berarti	[bərarti]
beenden (vt)	mengakhiri	[məŋahiri]

befehlen (Milit.)	memerintahkan	[memerintahkan]
befreien (Stadt usw.)	membebaskan	[membebaskan]
beginnen (vt)	memulai, membuka	[memulaj], [membuka]
bemerken (vt)	memperhatikan	[memperhatikan]
beobachten (vt)	mengamati	[məŋamati]

berühren (vt)	menyentuh	[məɲentuh]
besitzen (vt)	memiliki	[memiliki]
besprechen (vt)	membicarakan	[membitʃarakan]

| bestehen auf | mendesak | [məndesa'] |
| bestellen (im Restaurant) | memesan | [memesan] |

bestrafen (vt)	menghukum	[məŋhukum]
beten (vi)	bersembahyang, berdoa	[bərsembahjaŋ], [bərdoa]
bitten (vt)	meminta	[meminta]
brechen (vt)	memecahkan	[memetʃahkan]
denken (vi, vt)	berpikir	[bərpikir]

drohen (vi)	mengancam	[məŋantʃam]
Durst haben	haus	[haus]
einladen (vt)	mengundang	[məŋundaŋ]
einstellen (vt)	menghentikan	[məŋhentikan]
einwenden (vt)	keberatan	[keberatan]
empfehlen (vt)	merekomendasi	[merekomendasi]

erklären (vt)	menjelaskan	[məndʒ'elaskan]
erlauben (vt)	mengizinkan	[məŋizinkan]
ermorden (vt)	membunuh	[membunuh]
erwähnen (vt)	menyebut	[mənjebut]
existieren (vi)	ada	[ada]

11. Die wichtigsten Verben. Teil 2

fallen (vi)	jatuh	[dʒ'atuh]
fallen lassen	tercecer	[tərtʃetʃer]
fangen (vt)	menangkap	[mənaŋkap]
finden (vt)	menemukan	[mənemukan]
fliegen (vi)	terbang	[tərbaŋ]

folgen (Folge mir!)	mengikuti ...	[məŋikuti ...]
fortsetzen (vt)	meneruskan	[məneruskan]
fragen (vt)	bertanya	[bərtanja]
frühstücken (vi)	sarapan	[sarapan]
geben (vt)	memberi	[memberi]

gefallen (vi)	suka	[suka]
gehen (zu Fuß gehen)	berjalan	[bərdʒ'alan]
gehören (vi)	kepunyaan ...	[kepunja'an ...]
graben (vt)	menggali	[məŋgali]

haben (vt)	mempunyai	[mempunjaj]
helfen (vi)	membantu	[membantu]
herabsteigen (vi)	turun	[turun]
hereinkommen (vi)	masuk, memasuki	[masuk], [memasuki]

hoffen (vi)	berharap	[bərharap]
hören (vt)	mendengar	[məndeŋar]
hungrig sein	lapar	[lapar]
informieren (vt)	menginformasikan	[məŋinformasikan]
jagen (vi)	berburu	[bərburu]

| kennen (vt) | kenal | [kenal] |
| klagen (vi) | mengeluh | [məŋeluh] |

können (v mod)	bisa	[bisa]
kontrollieren (vt)	mengontrol	[məɲontrol]
kosten (vt)	berharga	[bərharga]

kränken (vt)	menghina	[məŋhina]
lächeln (vi)	tersenyum	[tərsenyum]
lachen (vi)	tertawa	[tərtawa]
laufen (vi)	lari	[lari]
leiten (Betrieb usw.)	memimpin	[memimpin]

lernen (vt)	mempelajari	[mempeladʒ¡ari]
lesen (vi, vt)	membaca	[membatʃa]
lieben (vt)	mencintai	[məntʃintaj]
machen (vt)	membuat	[membuat]

mieten (Haus usw.)	menyewa	[mənjewa]
nehmen (vt)	mengambil	[məŋambil]
noch einmal sagen	mengulangi	[məŋulaɲi]
nötig sein	dibutuhkan	[dibutuhkan]
öffnen (vt)	membuka	[membuka]

12. Die wichtigsten Verben. Teil 3

planen (vt)	merencanakan	[merentʃanakan]
prahlen (vi)	membual	[membual]
raten (vt)	menasihati	[mənasihati]
rechnen (vt)	menghitung	[məŋhituŋ]
reservieren (vt)	memesan	[memesan]

retten (vt)	menyelamatkan	[mənjelamatkan]
richtig raten (vt)	menerka	[mənerka]
rufen (um Hilfe ~)	memanggil	[memaŋgil]
sagen (vt)	berkata	[bərkata]
schaffen (Etwas Neues zu ~)	menciptakan	[məntʃiptakan]

schelten (vt)	memarahi, menegur	[memarahi], [menegur]
schießen (vi)	menembak	[mənembaʔ]
schmücken (vt)	menghiasi	[məŋhiasi]
schreiben (vi, vt)	menulis	[mənulis]
schreien (vi)	berteriak	[bərteriaʔ]

schweigen (vi)	diam	[diam]
schwimmen (vi)	berenang	[bərenaŋ]
schwimmen gehen	berenang	[bərenaŋ]
sehen (vi, vt)	melihat	[melihat]
sein (Lehrer ~)	ialah, adalah	[ialah], [adalah]

sein (müde ~)	sedang	[sedaŋ]
sich beeilen	tergesa-gesa	[tərgesa-gesa]
sich entschuldigen	meminta maaf	[meminta ma'af]

sich interessieren	menaruh minat pada ...	[mənaruh minat pada ...]
sich irren	salah	[salah]
sich setzen	duduk	[duduʔ]

| sich weigern | menolak | [mənola'] |
| spielen (vi, vt) | bermain | [bərmajn] |

sprechen (vi)	berbicara	[bərbitʃara]
staunen (vi)	heran	[heran]
stehlen (vt)	mencuri	[məntʃuri]
stoppen (vt)	berhenti	[bərhenti]
suchen (vt)	mencari ...	[məntʃari ...]

13. Die wichtigsten Verben. Teil 4

täuschen (vt)	menipu	[mənipu]
teilnehmen (vi)	turut serta	[turut serta]
übersetzen (Buch usw.)	menerjemahkan	[mənerdʒ'emahkan]
unterschätzen (vt)	meremehkan	[meremehkan]
unterschreiben (vt)	menandatangani	[mənandataŋani]

vereinigen (vt)	menyatukan	[mənjatukan]
vergessen (vt)	melupakan	[melupakan]
vergleichen (vt)	membandingkan	[membandiŋkan]
verkaufen (vt)	menjual	[məndʒ'ual]
verlangen (vt)	menuntut	[mənuntut]

versäumen (vt)	absen	[absen]
versprechen (vt)	berjanji	[bərdʒ'andʒi]
verstecken (vt)	menyembunyikan	[mənjembunjikan]
verstehen (vt)	mengerti	[məŋerti]
versuchen (vt)	mencoba	[məntʃoba]

verteidigen (vt)	membela	[membela]
vertrauen (vi)	mempercayai	[mempertʃajaj]
verwechseln (vt)	bingung membedakan	[biŋuŋ membedakan]
verzeihen (vi, vt)	memaafkan	[mema'afkan]
verzeihen (vt)	memaafkan	[mema'afkan]
voraussehen (vt)	menduga	[mənduga]

vorschlagen (vt)	mengusulkan	[məŋusulkan]
vorziehen (vt)	lebih suka	[lebih suka]
wählen (vt)	memilih	[memilih]
warnen (vt)	memperingatkan	[memperiŋatkan]
warten (vi)	menunggu	[mənuŋgu]
weinen (vi)	menangis	[mənaŋis]

wissen (vt)	tahu	[tahu]
Witz machen	bergurau	[bərgurau]
wollen (vt)	mau, ingin	[mau], [iŋin]
zahlen (vt)	membayar	[membajar]
zeigen (jemandem etwas)	menunjukkan	[mənundʒ'u'kan]

zu Abend essen	makan malam	[makan malam]
zu Mittag essen	makan siang	[makan siaŋ]
zubereiten (vt)	memasak	[memasa']
zustimmen (vi)	setuju	[setudʒ'u]
zweifeln (vi)	ragu-ragu	[ragu-ragu]

14. Farben

Farbe (f)	warna	[warna]
Schattierung (f)	nuansa	[nuansa]
Farbton (m)	warna	[warna]
Regenbogen (m)	pelangi	[pelaŋi]
weiß	putih	[putih]
schwarz	hitam	[hitam]
grau	kelabu	[kelabu]
grün	hijau	[hidʒ¦au]
gelb	kuning	[kuniŋ]
rot	merah	[merah]
blau	biru	[biru]
hellblau	biru muda	[biru muda]
rosa	pink	[pinʔ]
orange	oranye, jingga	[oranje], [dʒiŋga]
violett	violet, ungu muda	[violet], [uŋu muda]
braun	cokelat	[tʃokelat]
golden	keemasan	[keemasan]
silbrig	keperakan	[keperakan]
beige	abu-abu kecokelatan	[abu-abu ketʃokelatan]
cremefarben	krem	[krem]
türkis	pirus	[pirus]
kirschrot	merah tua	[merah tua]
lila	ungu	[uŋu]
himbeerrot	merah lembayung	[merah lembajuŋ]
hell	terang	[teraŋ]
dunkel	gelap	[gelap]
grell	terang	[teraŋ]
Farb- (z.B. -stifte)	berwarna	[bərwarna]
Farb- (z.B. -film)	warna	[warna]
schwarz-weiß	hitam-putih	[hitam-putih]
einfarbig	polos, satu warna	[polos], [satu warna]
bunt	berwarna-warni	[bərwarna-warni]

15. Fragen

Wer?	Siapa?	[siapa?]
Was?	Apa?	[apa?]
Wo?	Di mana?	[di mana?]
Wohin?	Ke mana?	[ke mana?]
Woher?	Dari mana?	[dari mana?]
Wann?	Kapan?	[kapan?]
Wozu?	Mengapa?	[məŋapa?]
Warum?	Mengapa?	[məŋapa?]
Wofür?	Untuk apa?	[untuʔ apa?]

| Wie? | Bagaimana? | [bagajmana?] |
| Welcher? | Apa? Yang mana? | [apa?], [yaŋ mana?] |

Wem?	Kepada siapa?	[kepada siapa?],
	Untuk siapa?	[untu' siapa?]
Über wen?	Tentang siapa?	[tentaŋ siapa?]
Wovon? (~ sprichst du?)	Tentang apa?	[tentaŋ apa?]
Mit wem?	Dengan siapa?	[deŋan siapa?]

| Wie viel? Wie viele? | Berapa? | [berapa?] |
| Wessen? | Milik siapa? | [mili' siapa?] |

16. Präpositionen

mit (Frau ~ Katzen)	dengan	[deŋan]
ohne (~ Dich)	tanpa	[tanpa]
nach (~ London)	ke	[ke]
über (~ Geschäfte sprechen)	tentang ...	[tentaŋ ...]
vor (z.B. ~ acht Uhr)	sebelum	[sebelum]
vor (z.B. ~ dem Haus)	di depan ...	[di depan ...]

unter (~ dem Schirm)	di bawah	[di bawah]
über (~ dem Meeresspiegel)	di atas	[di atas]
auf (~ dem Tisch)	di atas	[di atas]
aus (z.B. ~ München)	dari	[dari]
aus (z.B. ~ Porzellan)	dari	[dari]

| in (~ zwei Tagen) | dalam | [dalam] |
| über (~ zaun) | melalui | [melalui] |

17. Funktionswörter. Adverbien. Teil 1

Wo?	Di mana?	[di mana?]
hier	di sini	[di sini]
dort	di sana	[di sana]

| irgendwo | di suatu tempat | [di suatu tempat] |
| nirgends | tak ada di mana pun | [ta' ada di mana pun] |

| an (bei) | dekat | [dekat] |
| am Fenster | dekat jendela | [dekat dʒʲendela] |

Wohin?	Ke mana?	[ke mana?]
hierher	ke sini	[ke sini]
dahin	ke sana	[ke sana]
von hier	dari sini	[dari sini]
von da	dari sana	[dari sana]

nah (Adv)	dekat	[dekat]
weit, fern (Adv)	jauh	[dʒʲauh]
in der Nähe von ...	dekat	[dekat]
in der Nähe	dekat	[dekat]

unweit (~ unseres Hotels)	tidak jauh	[tida' dʒʲauh]
link (Adj)	kiri	[kiri]
links (Adv)	di kiri	[di kiri]
nach links	ke kiri	[ke kiri]

recht (Adj)	kanan	[kanan]
rechts (Adv)	di kanan	[di kanan]
nach rechts	ke kanan	[ke kanan]

vorne (Adv)	di depan	[di depan]
Vorder-	depan	[depan]
vorwärts	ke depan	[ke depan]

hinten (Adv)	di belakang	[di belakaŋ]
von hinten	dari belakang	[dari belakaŋ]
rückwärts (Adv)	mundur	[mundur]

Mitte (f)	tengah	[teŋah]
in der Mitte	di tengah	[di teŋah]

seitlich (Adv)	di sisi, di samping	[di sisi], [di sampiŋ]
überall (Adv)	di mana-mana	[di mana-mana]
ringsherum (Adv)	di sekitar	[di sekitar]

von innen (Adv)	dari dalam	[dari dalam]
irgendwohin (Adv)	ke suatu tempat	[ke suatu tempat]
geradeaus (Adv)	terus	[terus]
zurück (Adv)	kembali	[kembali]

irgendwoher (Adv)	dari mana pun	[dari mana pun]
von irgendwo (Adv)	dari suatu tempat	[dari suatu tempat]

erstens	pertama	[pərtama]
zweitens	kedua	[kedua]
drittens	ketiga	[ketiga]

plötzlich (Adv)	tiba-tiba	[tiba-tiba]
zuerst (Adv)	mula-mula	[mula-mula]
zum ersten Mal	untuk pertama kalinya	[untu' pərtama kalinja]
lange vor...	jauh sebelum ...	[dʒʲauh sebelum ...]
von Anfang an	kembali	[kembali]
für immer	untuk selama-lamanya	[untu' selama-lamanja]

nie (Adv)	tidak pernah	[tida' pərnah]
wieder (Adv)	lagi, kembali	[lagi], [kembali]
jetzt (Adv)	sekarang	[sekaraŋ]
oft (Adv)	sering, seringkali	[seriŋ], [seriŋkali]
damals (Adv)	ketika itu	[ketika itu]
dringend (Adv)	segera	[segera]
gewöhnlich (Adv)	biasanya	[biasanja]

übrigens, ...	ngomong-ngomong ...	[ŋomoŋ-ŋomoŋ ...]
möglicherweise (Adv)	mungkin	[muŋkin]
wahrscheinlich (Adv)	mungkin	[muŋkin]
vielleicht (Adv)	mungkin	[muŋkin]
außerdem ...	selain itu ...	[selajn itu ...]

deshalb ...	karena itu ...	[karena itu ...]
trotz ...	meskipun ...	[meskipun ...]
dank ...	berkat ...	[berkat ...]

was (~ ist denn?)	apa	[apa]
das (~ ist alles)	bahwa	[bahwa]
etwas	sesuatu	[sesuatu]
irgendwas	sesuatu	[sesuatu]
nichts	tidak sesuatu pun	[tida' sesuatu pun]

wer (~ ist ~?)	siapa	[siapa]
jemand	seseorang	[seseoraŋ]
irgendwer	seseorang	[seseoraŋ]

niemand	tidak seorang pun	[tida' seoraŋ pun]
nirgends	tidak ke mana pun	[tida' ke mana pun]
niemandes (~ Eigentum)	tidak milik siapa pun	[tida' mili' siapa pun]
jemandes	milik seseorang	[mili' seseoraŋ]

so (derart)	sangat	[saŋat]
auch	juga	[dʒ'uga]
ebenfalls	juga	[dʒ'uga]

18. Funktionswörter. Adverbien. Teil 2

Warum?	Mengapa?	[məŋapa?]
aus irgendeinem Grund	entah mengapa	[entah məŋapa]
weil ...	karena ...	[karena ...]
zu irgendeinem Zweck	untuk tujuan tertentu	[untu' tudʒ'uan tərtentu]

und	dan	[dan]
oder	atau	[atau]
aber	tetapi, namun	[tetapi], [namun]
für (präp)	untuk	[untu']

zu (~ viele)	terlalu	[tərlalu]
nur (~ einmal)	hanya	[hanja]
genau (Adv)	tepat	[tepat]
etwa	sekitar	[sekitar]

ungefähr (Adv)	kira-kira	[kira-kira]
ungefähr (Adj)	kira-kira	[kira-kira]
fast	hampir	[hampir]
Übrige (n)	selebihnya, sisanya	[selebihnja], [sisanja]

der andere	kedua	[kedua]
andere	lain	[lain]
jeder (~ Mann)	setiap	[setiap]
beliebig (Adj)	sebarang	[sebaraŋ]
viel	banyak	[banja']
viele Menschen	banyak orang	[banja' oraŋ]
alle (wir ~)	semua	[semua]
im Austausch gegen ...	sebagai ganti ...	[sebagaj ganti ...]
dafür (Adv)	sebagai gantinya	[sebagaj gantinja]

| mit der Hand (Hand-) | dengan tangan | [deŋan taŋan] |
| schwerlich (Adv) | hampir tidak | [hampir tida⁷] |

wahrscheinlich (Adv)	mungkin	[muŋkin]
absichtlich (Adv)	sengaja	[seŋadʒia]
zufällig (Adv)	tidak sengaja	[tida' seŋadʒia]

sehr (Adv)	sangat	[saŋat]
zum Beispiel	misalnya	[misalnja]
zwischen	antara	[antara]
unter (Wir sind ~ Mördern)	di antara	[di antara]
so viele (~ Ideen)	banyak sekali	[banja' sekali]
besonders (Adv)	terutama	[tərutama]

Grundbegriffe. Teil 2

19. Wochentage

Montag (m)	Hari Senin	[hari senin]
Dienstag (m)	Hari Selasa	[hari selasa]
Mittwoch (m)	Hari Rabu	[hari rabu]
Donnerstag (m)	Hari Kamis	[hari kamis]
Freitag (m)	Hari Jumat	[hari dʒʲumat]
Samstag (m)	Hari Sabtu	[hari sabtu]
Sonntag (m)	Hari Minggu	[hari miŋgu]
heute	hari ini	[hari ini]
morgen	besok	[besoʔ]
übermorgen	besok lusa	[besoʔ lusa]
gestern	kemarin	[kemarin]
vorgestern	kemarin dulu	[kemarin dulu]
Tag (m)	hari	[hari]
Arbeitstag (m)	hari kerja	[hari kerdʒʲa]
Feiertag (m)	hari libur	[hari libur]
freier Tag (m)	hari libur	[hari libur]
Wochenende (n)	akhir pekan	[ahir pekan]
den ganzen Tag	seharian	[seharian]
am nächsten Tag	hari berikutnya	[hari berikutnja]
zwei Tage vorher	dua hari lalu	[dua hari lalu]
am Vortag	hari sebelumnya	[hari sebelumnja]
täglich (Adj)	harian	[harian]
täglich (Adv)	tiap hari	[tiap hari]
Woche (f)	minggu	[miŋgu]
letzte Woche	minggu lalu	[miŋgu lalu]
nächste Woche	minggu berikutnya	[miŋgu berikutnja]
wöchentlich (Adj)	mingguan	[miŋguan]
wöchentlich (Adv)	tiap minggu	[tiap miŋgu]
zweimal pro Woche	dua kali seminggu	[dua kali semiŋgu]
jeden Dienstag	tiap Hari Selasa	[tiap hari selasa]

20. Stunden. Tag und Nacht

Morgen (m)	pagi	[pagi]
morgens	pada pagi hari	[pada pagi hari]
Mittag (m)	tengah hari	[teŋah hari]
nachmittags	pada sore hari	[pada sore hari]
Abend (m)	sore, malam	[sore], [malam]
abends	waktu sore	[waktu sore]

Nacht (f)	malam	[malam]
nachts	pada malam hari	[pada malam hari]
Mitternacht (f)	tengah malam	[teŋah malam]

Sekunde (f)	detik	[deti²]
Minute (f)	menit	[menit]
Stunde (f)	jam	[dʒ͡am]
eine halbe Stunde	setengah jam	[seteŋah dʒ͡am]
Viertelstunde (f)	seperempat jam	[seperempat dʒ͡am]
fünfzehn Minuten	lima belas menit	[lima belas menit]
Tag und Nacht	siang-malam	[siaŋ-malam]

Sonnenaufgang (m)	matahari terbit	[matahari tərbit]
Morgendämmerung (f)	subuh	[subuh]
früher Morgen (m)	dini pagi	[dini pagi]
Sonnenuntergang (m)	matahari terbenam	[matahari tərbenam]

früh am Morgen	pagi-pagi	[pagi-pagi]
heute Morgen	pagi ini	[pagi ini]
morgen früh	besok pagi	[beso' pagi]

heute Mittag	sore ini	[sore ini]
nachmittags	pada sore hari	[pada sore hari]
morgen Nachmittag	besok sore	[beso' sore]

| heute Abend | sore ini | [sore ini] |
| morgen Abend | besok malam | [beso' malam] |

Punkt drei Uhr	pukul 3 tepat	[pukul tiga tepat]
gegen vier Uhr	sekitar pukul 4	[sekitar pukul empat]
um zwölf Uhr	pada pukul 12	[pada pukul belas]

in zwanzig Minuten	dalam 20 menit	[dalam dua puluh menit]
in einer Stunde	dalam satu jam	[dalam satu dʒ͡am]
rechtzeitig (Adv)	tepat waktu	[tepat waktu]

Viertel vor ...	... kurang seperempat	[... kuraŋ seperempat]
innerhalb einer Stunde	selama sejam	[selama sedʒ͡am]
alle fünfzehn Minuten	tiap 15 menit	[tiap lima belas menit]
Tag und Nacht	siang-malam	[siaŋ-malam]

21. Monate. Jahreszeiten

Januar (m)	Januari	[dʒ͡anuari]
Februar (m)	Februari	[februari]
März (m)	Maret	[maret]
April (m)	April	[april]
Mai (m)	Mei	[mei]
Juni (m)	Juni	[dʒ͡uni]

Juli (m)	Juli	[dʒ͡uli]
August (m)	Augustus	[augustus]
September (m)	September	[september]
Oktober (m)	Oktober	[oktober]

November (m)	November	[november]
Dezember (m)	Desember	[desember]

Frühling (m)	musim semi	[musim semi]
im Frühling	pada musim semi	[pada musim semi]
Frühlings-	musim semi	[musim semi]

Sommer (m)	musim panas	[musim panas]
im Sommer	pada musim panas	[pada musim panas]
Sommer-	musim panas	[musim panas]

Herbst (m)	musim gugur	[musim gugur]
im Herbst	pada musim gugur	[pada musim gugur]
Herbst-	musim gugur	[musim gugur]

Winter (m)	musim dingin	[musim diŋin]
im Winter	pada musim dingin	[pada musim diŋin]
Winter-	musim dingin	[musim diŋin]

Monat (m)	bulan	[bulan]
in diesem Monat	bulan ini	[bulan ini]
nächsten Monat	bulan depan	[bulan depan]
letzten Monat	bulan lalu	[bulan lalu]
vor einem Monat	sebulan lalu	[sebulan lalu]
über eine Monat	dalam satu bulan	[dalam satu bulan]
in zwei Monaten	dalam 2 bulan	[dalam dua bulan]
den ganzen Monat	sebulan penuh	[sebulan penuh]

monatlich (Adj)	bulanan	[bulanan]
monatlich (Adv)	tiap bulan	[tiap bulan]
jeden Monat	tiap bulan	[tiap bulan]
zweimal pro Monat	dua kali sebulan	[dua kali sebulan]

Jahr (n)	tahun	[tahun]
dieses Jahr	tahun ini	[tahun ini]
nächstes Jahr	tahun depan	[tahun depan]
voriges Jahr	tahun lalu	[tahun lalu]

vor einem Jahr	setahun lalu	[setahun lalu]
in einem Jahr	dalam satu tahun	[dalam satu tahun]
in zwei Jahren	dalam 2 tahun	[dalam dua tahun]
das ganze Jahr	setahun penuh	[setahun penuh]

jedes Jahr	tiap tahun	[tiap tahun]
jährlich (Adj)	tahunan	[tahunan]
jährlich (Adv)	tiap tahun	[tiap tahun]
viermal pro Jahr	empat kali setahun	[empat kali setahun]

Datum (heutige ~)	tanggal	[taŋgal]
Datum (Geburts-)	tanggal	[taŋgal]
Kalender (m)	kalender	[kalender]

ein halbes Jahr	setengah tahun	[seteŋah tahun]
Halbjahr (n)	enam bulan	[enam bulan]
Saison (f)	musim	[musim]
Jahrhundert (n)	abad	[abad]

22. Zeit. Verschiedenes

Zeit (f)	waktu	[waktu]
Augenblick (m)	sekejap	[sekedʒʲap]
Moment (m)	saat, waktu	[sa'at], [waktu]
augenblicklich (Adj)	seketika	[seketika]
Zeitspanne (f)	jangka waktu	[dʒʲaŋka waktu]
Leben (n)	kehidupan, hidup	[kehidupan], [hidup]
Ewigkeit (f)	keabadiaan	[keabadia'an]
Epoche (f)	zaman	[zaman]
Ära (f)	era	[era]
Zyklus (m)	siklus	[siklus]
Periode (f)	periode, kurun waktu	[pəriode], [kurun waktu]
Frist (äußerste ~)	jangka waktu	[dʒʲaŋka waktu]
Zukunft (f)	masa depan	[masa depan]
zukünftig (Adj)	yang akan datang	[yaŋ akan dataŋ]
nächstes Mal	lain kali	[lain kali]
Vergangenheit (f)	masa lalu	[masa lalu]
vorig (Adj)	lalu	[lalu]
letztes Mal	terakhir kali	[terahir kali]
später (Adv)	kemudian	[kemudian]
danach	sesudah	[sesudah]
zur Zeit	sekarang	[sekaraŋ]
jetzt	saat ini	[sa'at ini]
sofort	segera	[segera]
bald	segera	[segera]
im Voraus	sebelumnya	[sebelumnja]
lange her	dahulu kala	[dahulu kala]
vor kurzem	baru-baru ini	[baru-baru ini]
Schicksal (n)	nasib	[nasib]
Erinnerungen (pl)	kenang-kenangan	[kenaŋ-kenaŋan]
Archiv (n)	arsip	[arsip]
während ...	selama ...	[selama ...]
lange (Adv)	lama	[lama]
nicht lange (Adv)	tidak lama	[tida' lama]
früh (~ am Morgen)	pagi-pagi	[pagi-pagi]
spät (Adv)	terlambat	[terlambat]
für immer	untuk selama-lamanya	[untu' selama-lamanja]
beginnen (vt)	memulai	[memulaj]
verschieben (vt)	menunda	[mənunda]
gleichzeitig	serentak	[serenta']
ständig (Adv)	tetap	[tetap]
konstant (Adj)	terus menerus	[terus menerus]
zeitweilig (Adj)	sementara	[sementara]
manchmal	kadang-kadang	[kadaŋ-kadaŋ]
selten (Adv)	jarang	[dʒʲaraŋ]
oft	sering, seringkali	[seriŋ], [seriŋkali]

23. Gegenteile

reich (Adj)	kaya	[kaja]
arm (Adj)	miskin	[miskin]
krank (Adj)	sakit	[sakit]
gesund (Adj)	sehat	[sehat]
groß (Adj)	besar	[besar]
klein (Adj)	kecil	[ketʃil]
schnell (Adv)	cepat	[tʃepat]
langsam (Adv)	perlahan-lahan	[pərlahan-lahan]
schnell (Adj)	cepat	[tʃepat]
langsam (Adj)	lambat	[lambat]
froh (Adj)	riang	[riaŋ]
traurig (Adj)	sedih	[sedih]
zusammen	bersama	[bərsama]
getrennt (Adv)	terpisah	[tərpisah]
laut (~ lesen)	dengan keras	[deŋan keras]
still (~ lesen)	dalam hati	[dalam hati]
hoch (Adj)	tinggi	[tiŋgi]
niedrig (Adj)	rendah	[rendah]
tief (Adj)	dalam	[dalam]
flach (Adj)	dangkal	[daŋkal]
ja	ya	[ya]
nein	tidak	[tidaʔ]
fern (Adj)	jauh	[dʒʲauh]
nah (Adj)	dekat	[dekat]
weit (Adv)	jauh	[dʒʲauh]
nebenan (Adv)	dekat	[dekat]
lang (Adj)	panjang	[pandʒʲaŋ]
kurz (Adj)	pendek	[pendeʔ]
gut (gütig)	baik hati	[bajʔ hati]
böse (der ~ Geist)	jahat	[dʒʲahat]
verheiratet (Ehemann)	menikah	[mənikah]
ledig (Adj)	bujang	[budʒʲaŋ]
verbieten (vt)	melarang	[melaraŋ]
erlauben (vt)	mengizinkan	[məŋizinkan]
Ende (n)	akhir	[ahir]
Anfang (m)	permulaan	[pərmulaʔan]

| link (Adj) | kiri | [kiri] |
| recht (Adj) | kanan | [kanan] |

| der erste | pertama | [pərtama] |
| der letzte | terakhir | [tərahir] |

| Verbrechen (n) | kejahatan | [kedʒ'ahatan] |
| Bestrafung (f) | hukuman | [hukuman] |

| befehlen (vt) | memerintahkan | [memerintahkan] |
| gehorchen (vi) | mematuhi | [mematuhi] |

| gerade (Adj) | lurus | [lurus] |
| krumm (Adj) | melengkung | [meleŋkuŋ] |

| Paradies (n) | surga | [surga] |
| Hölle (f) | neraka | [neraka] |

| geboren sein | lahir | [lahir] |
| sterben (vi) | mati, meninggal | [mati], [meniŋgal] |

| stark (Adj) | kuat | [kuat] |
| schwach (Adj) | lemah | [lemah] |

| alt | tua | [tua] |
| jung (Adj) | muda | [muda] |

| alt (Adj) | tua | [tua] |
| neu (Adj) | baru | [baru] |

| hart (Adj) | keras | [keras] |
| weich (Adj) | lunak | [luna'] |

| warm (Adj) | hangat | [haŋat] |
| kalt (Adj) | dingin | [diŋin] |

| dick (Adj) | gemuk | [gemu'] |
| mager (Adj) | kurus | [kurus] |

| eng (Adj) | sempit | [sempit] |
| breit (Adj) | lebar | [lebar] |

| gut (Adj) | baik | [baj'] |
| schlecht (Adj) | buruk | [buru'] |

| tapfer (Adj) | pemberani | [pemberani] |
| feige (Adj) | penakut | [penakut] |

24. Linien und Formen

Quadrat (n)	bujur sangkar	[budʒ'ur saŋkar]
quadratisch	persegi	[pərsegi]
Kreis (m)	lingkaran	[liŋkaran]
rund	bundar	[bundar]

| Dreieck (n) | segi tiga | [segi tiga] |
| dreieckig | segi tiga | [segi tiga] |

Oval (n)	oval	[oval]
oval	oval	[oval]
Rechteck (n)	segi empat	[segi empat]
rechteckig	siku-siku	[siku-siku]

Pyramide (f)	piramida	[piramida]
Rhombus (m)	rombus	[rombus]
Trapez (n)	trapesium	[trapesium]
Würfel (m)	kubus	[kubus]
Prisma (n)	prisma	[prisma]

Kreis (m)	lingkar	[liŋkar]
Sphäre (f)	bulatan	[bulatan]
Kugel (f)	bola	[bola]
Durchmesser (m)	diameter	[diameter]
Radius (m)	radius, jari-jari	[radius], [ʤⁱari-ʤⁱari]
Umfang (m)	perimeter	[perimeter]
Zentrum (n)	pusat	[pusat]

waagerecht (Adj)	horizontal, mendatar	[horizontal], [mendatar]
senkrecht (Adj)	vertikal, tegak lurus	[vertikal], [tega' lurus]
Parallele (f)	sejajar	[seʤⁱaʤⁱar]
parallel (Adj)	sejajar	[seʤⁱaʤⁱar]

Linie (f)	garis	[garis]
Strich (m)	garis	[garis]
Gerade (f)	garis lurus	[garis lurus]
Kurve (f)	garis lengkung	[garis leŋkuŋ]
dünn (schmal)	tipis	[tipis]
Kontur (f)	kontur	[kontur]

Schnittpunkt (m)	titik potong	[titi' potoŋ]
rechter Winkel (m)	sudut siku-siku	[sudut siku-siku]
Segment (n)	segmen	[segmen]
Sektor (m)	sektor	[sektor]
Seite (f)	segi	[segi]
Winkel (m)	sudut	[sudut]

25. Maßeinheiten

Gewicht (n)	berat	[berat]
Länge (f)	panjang	[panʤⁱaŋ]
Breite (f)	lebar	[lebar]
Höhe (f)	ketinggian	[ketiŋgian]
Tiefe (f)	kedalaman	[kedalaman]
Volumen (n)	volume, isi	[volume], [isi]
Fläche (f)	luas	[luas]

Gramm (n)	gram	[gram]
Milligramm (n)	miligram	[miligram]
Kilo (n)	kilogram	[kilogram]

Tonne (f)	ton	[ton]
Pfund (n)	pon	[pon]
Unze (f)	ons	[ons]

Meter (m)	meter	[meter]
Millimeter (m)	milimeter	[milimeter]
Zentimeter (m)	sentimeter	[sentimeter]
Kilometer (m)	kilometer	[kilometer]
Meile (f)	mil	[mil]

Zoll (m)	inci	[intʃi]
Fuß (m)	kaki	[kaki]
Yard (n)	yard	[yard]

Quadratmeter (m)	meter persegi	[meter pərsegi]
Hektar (n)	hektar	[hektar]

Liter (m)	liter	[liter]
Grad (m)	derajat	[deradʒ'at]
Volt (n)	volt	[volt]
Ampere (n)	ampere	[ampere]
Pferdestärke (f)	tenaga kuda	[tenaga kuda]

Anzahl (f)	kuantitas	[kuantitas]
etwas …	sedikit …	[sedikit …]
Hälfte (f)	setengah	[setəŋah]
Dutzend (n)	lusin	[lusin]
Stück (n)	buah	[buah]

Größe (f)	ukuran	[ukuran]
Maßstab (m)	skala	[skala]

minimal (Adj)	minimal	[minimal]
der kleinste	terkecil	[tərketʃil]
mittler, mittel-	sedang	[sedaŋ]
maximal (Adj)	maksimal	[maksimal]
der größte	terbesar	[tərbesar]

26. Behälter

Glas (Einmachglas)	gelas	[gelas]
Dose (z.B. Bierdose)	kaleng	[kaleŋ]
Eimer (m)	ember	[ember]
Fass (n), Tonne (f)	tong	[toŋ]

Waschschüssel (n)	baskom	[baskom]
Tank (m)	tangki	[taŋki]
Flachmann (m)	pelples	[pelples]
Kanister (m)	jeriken	[dʒ'eriken]
Zisterne (f)	tangki	[taŋki]

Kaffeebecher (m)	mangkuk	[maŋkuʔ]
Tasse (f)	cangkir	[tʃaŋkir]
Untertasse (f)	alas cangkir	[alas tʃaŋkir]

Wasserglas (n)	gelas	[gelas]
Weinglas (n)	gelas anggur	[gelas aŋgur]
Kochtopf (m)	panci	[pantʃi]

| Flasche (f) | botol | [botol] |
| Flaschenhals (m) | leher | [leher] |

Karaffe (f)	karaf	[karaf]
Tonkrug (m)	kendi	[kendi]
Gefäß (n)	wadah	[wadah]
Tontopf (m)	pot	[pot]
Vase (f)	vas	[vas]

Flakon (n)	botol	[botol]
Fläschchen (n)	botol kecil	[botol ketʃil]
Tube (z.b. Zahnpasta)	tabung	[tabuŋ]

Sack (~ Kartoffeln)	karung	[karuŋ]
Tüte (z.B. Plastiktüte)	kantong	[kantoŋ]
Schachtel (f)	bungkus	[buŋkus]
(z.B. Zigaretten~)		

Karton (z.B. Schuhkarton)	kotak, kardus	[kotak], [kardus]
Kiste (z.B. Bananenkiste)	kotak	[kotaʔ]
Korb (m)	bakul	[bakul]

27. Werkstoffe

Stoff (z.B. Baustoffe)	bahan	[bahan]
Holz (n)	kayu	[kaju]
hölzern	kayu	[kaju]

| Glas (n) | kaca | [katʃa] |
| gläsern, Glas- | kaca | [katʃa] |

| Stein (m) | batu | [batu] |
| steinern | batu | [batu] |

| Kunststoff (m) | plastik | [plastiʔ] |
| Kunststoff- | plastik | [plastiʔ] |

| Gummi (n) | karet | [karet] |
| Gummi- | karet | [karet] |

| Stoff (m) | kain | [kain] |
| aus Stoff | kain | [kain] |

| Papier (n) | kertas | [kertas] |
| Papier- | kertas | [kertas] |

Pappe (f)	karton	[karton]
Pappen-	karton	[karton]
Polyäthylen (n)	polietilena	[polietilena]
Zellophan (n)	selofana	[selofana]

| Linoleum (n) | linoleum | [linoleum] |
| Furnier (n) | kayu lapis | [kaju lapis] |

Porzellan (n)	porselen	[porselen]
aus Porzellan	porselen	[porselen]
Ton (m)	tanah liat	[tanah liat]
Ton-	gerabah	[gerabah]
Keramik (f)	keramik	[kerami']
keramisch	keramik	[kerami']

28. Metalle

Metall (n)	logam	[logam]
metallisch, Metall-	logam	[logam]
Legierung (f)	aloi, lakur	[aloy], [lakur]

Gold (n)	emas	[emas]
golden	emas	[emas]
Silber (n)	perak	[pera']
silbern, Silber-	perak	[pera']

Eisen (n)	besi	[besi]
eisern, Eisen-	besi	[besi]
Stahl (m)	baja	[badʒia]
stählern	baja	[badʒia]
Kupfer (n)	tembaga	[tembaga]
kupfern, Kupfer-	tembaga	[tembaga]

Aluminium (n)	aluminium	[aluminium]
Aluminium-	aluminium	[aluminium]
Bronze (f)	perunggu	[peruŋgu]
bronzen	perunggu	[peruŋgu]

Messing (n)	kuningan	[kuniŋan]
Nickel (n)	nikel	[nikel]
Platin (n)	platinum	[platinum]
Quecksilber (n)	air raksa	[air raksa]
Zinn (n)	timah	[timah]
Blei (n)	timbal	[timbal]
Zink (n)	seng	[seŋ]

DER MENSCH

Der Mensch. Körper

29. Menschen. Grundbegriffe

Mensch (m)	manusia	[manusia]
Mann (m)	laki-laki, pria	[laki-laki], [pria]
Frau (f)	perempuan, wanita	[perempuan], [wanita]
Kind (n)	anak	[ana']
Mädchen (n)	anak perempuan	[ana' perempuan]
Junge (m)	anak laki-laki	[ana' laki-laki]
Teenager (m)	remaja	[remadʒʲa]
Greis (m)	lelaki tua	[lelaki tua]
alte Frau (f)	perempuan tua	[perempuan tua]

30. Anatomie des Menschen

Organismus (m)	organisme	[organisme]
Herz (n)	jantung	[dʒʲantuŋ]
Blut (n)	darah	[darah]
Arterie (f)	arteri, pembuluh darah	[arteri], [pembuluh darah]
Vene (f)	vena	[vena]
Gehirn (n)	otak	[ota']
Nerv (m)	saraf	[saraf]
Nerven (pl)	saraf	[saraf]
Wirbel (m)	ruas	[ruas]
Wirbelsäule (f)	tulang belakang	[tulaŋ belakaŋ]
Magen (m)	lambung	[lambuŋ]
Gedärm (n)	usus	[usus]
Darm (z.B. Dickdarm)	usus	[usus]
Leber (f)	hati	[hati]
Niere (f)	ginjal	[gindʒʲal]
Knochen (m)	tulang	[tulaŋ]
Skelett (n)	skelet, rangka	[skelet], [raŋka]
Rippe (f)	tulang rusuk	[tulaŋ rusu']
Schädel (m)	tengkorak	[teŋkora']
Muskel (m)	otot	[otot]
Bizeps (m)	bisep	[bisep]
Trizeps (m)	trisep	[trisep]
Sehne (f)	tendon	[tendon]
Gelenk (n)	sendi	[sendi]

Lungen (pl)	paru-paru	[paru-paru]
Geschlechtsorgane (pl)	kemaluan	[kemaluan]
Haut (f)	kulit	[kulit]

31. Kopf

Kopf (m)	kepala	[kepala]
Gesicht (n)	wajah	[wadʒiah]
Nase (f)	hidung	[hiduŋ]
Mund (m)	mulut	[mulut]
Auge (n)	mata	[mata]
Augen (pl)	mata	[mata]
Pupille (f)	pupil, biji mata	[pupil], [bidʒi mata]
Augenbraue (f)	alis	[alis]
Wimper (f)	bulu mata	[bulu mata]
Augenlid (n)	kelopak mata	[kelopa' mata]
Zunge (f)	lidah	[lidah]
Zahn (m)	gigi	[gigi]
Lippen (pl)	bibir	[bibir]
Backenknochen (pl)	tulang pipi	[tulaŋ pipi]
Zahnfleisch (n)	gusi	[gusi]
Gaumen (m)	langit-langit mulut	[laŋit-laŋit mulut]
Nasenlöcher (pl)	lubang hidung	[lubaŋ hiduŋ]
Kinn (n)	dagu	[dagu]
Kiefer (m)	rahang	[rahaŋ]
Wange (f)	pipi	[pipi]
Stirn (f)	dahi	[dahi]
Schläfe (f)	pelipis	[pelipis]
Ohr (n)	telinga	[teliŋa]
Nacken (m)	tengkuk	[teŋku']
Hals (m)	leher	[leher]
Kehle (f)	tenggorok	[teŋgoro']
Haare (pl)	rambut	[rambut]
Frisur (f)	tatanan rambut	[tatanan rambut]
Haarschnitt (m)	potongan rambut	[potoŋan rambut]
Perücke (f)	wig, rambut palsu	[wig], [rambut palsu]
Schnurrbart (m)	kumis	[kumis]
Bart (m)	janggut	[dʒiaŋgut]
haben (einen Bart ~)	memelihara	[memelihara]
Zopf (m)	kepang	[kepaŋ]
Backenbart (m)	brewok	[brewo']
rothaarig	merah pirang	[merah piraŋ]
grau	beruban	[bəruban]
kahl	botak, plontos	[botak], [plontos]
Glatze (f)	botak	[bota']
Pferdeschwanz (m)	ekor kuda	[ekor kuda]
Pony (Ponyfrisur)	poni rambut	[poni rambut]

32. Menschlicher Körper

Hand (f)	tangan	[taŋan]
Arm (m)	lengan	[leŋan]

Finger (m)	jari	[dʒˈari]
Zehe (f)	jari	[dʒˈari]
Daumen (m)	jempol	[dʒˈempol]
kleiner Finger (m)	jari kelingking	[dʒˈari keliŋkiŋ]
Nagel (m)	kuku	[kuku]

Faust (f)	kepalan tangan	[kepalan taŋan]
Handfläche (f)	telapak	[telapaʔ]
Handgelenk (n)	pergelangan	[pərgelaŋan]
Unterarm (m)	lengan bawah	[leŋan bawah]
Ellbogen (m)	siku	[siku]
Schulter (f)	bahu	[bahu]

Bein (n)	kaki	[kaki]
Fuß (m)	telapak kaki	[telapaʔ kaki]
Knie (n)	lutut	[lutut]
Wade (f)	betis	[betis]
Hüfte (f)	paha	[paha]
Ferse (f)	tumit	[tumit]

Körper (m)	tubuh	[tubuh]
Bauch (m)	perut	[perut]
Brust (f)	dada	[dada]
Busen (m)	payudara	[pajudara]
Seite (f), Flanke (f)	rusuk	[rusuʔ]
Rücken (m)	punggung	[puŋguŋ]
Kreuz (n)	pinggang bawah	[piŋgaŋ bawah]
Taille (f)	pinggang	[piŋgaŋ]

Nabel (m)	pusar	[pusar]
Gesäßbacken (pl)	pantat	[pantat]
Hinterteil (n)	pantat	[pantat]

Leberfleck (m)	tanda lahir	[tanda lahir]
Muttermal (n)	tanda lahir	[tanda lahir]
Tätowierung (f)	tato	[tato]
Narbe (f)	parut luka	[parut luka]

Kleidung & Accessoires

33. Oberbekleidung. Mäntel

Kleidung (f)	pakaian	[pakajan]
Oberkleidung (f)	pakaian luar	[pakajan luar]
Winterkleidung (f)	pakaian musim dingin	[pakajan musim diŋin]
Mantel (m)	mantel	[mantel]
Pelzmantel (m)	mantel bulu	[mantel bulu]
Pelzjacke (f)	jaket bulu	[ʤʲaket bulu]
Daunenjacke (f)	jaket bulu halus	[ʤʲaket bulu halus]
Jacke (z.B. Lederjacke)	jaket	[ʤʲaket]
Regenmantel (m)	jas hujan	[ʤʲas huʤʲan]
wasserdicht	kedap air	[kedap air]

34. Herren- & Damenbekleidung

Hemd (n)	kemeja	[kemeʤʲa]
Hose (f)	celana	[ʧelana]
Jeans (pl)	celana jins	[ʧelana ʤins]
Jackett (n)	jas	[ʤʲas]
Anzug (m)	setelan	[setelan]
Damenkleid (n)	gaun	[gaun]
Rock (m)	rok	[roʔ]
Bluse (f)	blus	[blus]
Strickjacke (f)	jaket wol	[ʤʲaket wol]
Jacke (Damen Kostüm)	jaket	[ʤʲaket]
T-Shirt (n)	baju kaus	[baʤʲu kaus]
Shorts (pl)	celana pendek	[ʧelana pendeʔ]
Sportanzug (m)	pakaian olahraga	[pakajan olahraga]
Bademantel (m)	jubah mandi	[ʤʲubah mandi]
Schlafanzug (m)	piyama	[piyama]
Sweater (m)	sweter	[sweter]
Pullover (m)	pulover	[pulover]
Weste (f)	rompi	[rompi]
Frack (m)	jas berbuntut	[ʤʲas berbuntut]
Smoking (m)	jas malam	[ʤʲas malam]
Uniform (f)	seragam	[seragam]
Arbeitskleidung (f)	pakaian kerja	[pakajan kerʤʲa]
Overall (m)	baju monyet	[baʤʲu monjet]
Kittel (z.B. Arztkittel)	jas	[ʤʲas]

35. Kleidung. Unterwäsche

Unterwäsche (f)	pakaian dalam	[pakajan dalam]
Herrenslip (m)	celana dalam lelaki	[ʧelana dalam lelaki]
Damenslip (m)	celana dalam wanita	[ʧelana dalam wanita]
Unterhemd (n)	singlet	[siŋlet]
Socken (pl)	kaus kaki	[kaus kaki]

Nachthemd (n)	baju tidur	[badʒʲu tidur]
Büstenhalter (m)	beha	[beha]
Kniestrümpfe (pl)	kaus kaki selutut	[kaus kaki selutut]
Strumpfhose (f)	pantihos	[pantihos]
Strümpfe (pl)	kaus kaki panjang	[kaus kaki pandʒʲaŋ]
Badeanzug (m)	baju renang	[badʒʲu renaŋ]

36. Kopfbekleidung

Mütze (f)	topi	[topi]
Filzhut (m)	topi bulat	[topi bulat]
Baseballkappe (f)	topi bisbol	[topi bisbol]
Schiebermütze (f)	topi pet	[topi pet]

Baskenmütze (f)	baret	[baret]
Kapuze (f)	kerudung kepala	[keruduŋ kepala]
Panamahut (m)	topi panama	[topi panama]
Strickmütze (f)	topi rajut	[topi radʒʲut]

Kopftuch (n)	tudung kepala	[tuduŋ kepala]
Damenhut (m)	topi wanita	[topi wanita]

Schutzhelm (m)	topi baja	[topi badʒʲa]
Feldmütze (f)	topi lipat	[topi lipat]
Helm (z.B. Motorradhelm)	helm	[helm]

Melone (f)	topi bulat	[topi bulat]
Zylinder (m)	topi tinggi	[topi tiŋgi]

37. Schuhwerk

Schuhe (pl)	sepatu	[sepatu]
Stiefeletten (pl)	sepatu bot	[sepatu bot]
Halbschuhe (pl)	sepatu wanita	[sepatu wanita]
Stiefel (pl)	sepatu lars	[sepatu lars]
Hausschuhe (pl)	pantofel	[pantofel]

Tennisschuhe (pl)	sepatu tenis	[sepatu tenis]
Leinenschuhe (pl)	sepatu kets	[sepatu kets]
Sandalen (pl)	sandal	[sandal]

Schuster (m)	tukang sepatu	[tukaŋ sepatu]
Absatz (m)	tumit	[tumit]

Paar (n)	sepasang	[sepasaŋ]
Schnürsenkel (m)	tali sepatu	[tali sepatu]
schnüren (vt)	mengikat tali	[məŋikat tali]
Schuhlöffel (m)	sendok sepatu	[sendo' sepatu]
Schuhcreme (f)	semir sepatu	[semir sepatu]

38. Textilien. Stoffe

Baumwolle (f)	katun	[katun]
Baumwolle-	katun	[katun]
Leinen (m)	linen	[linen]
Leinen-	linen	[linen]

Seide (f)	sutra	[sutra]
Seiden-	sutra	[sutra]
Wolle (f)	wol	[wol]
Woll-	wol	[wol]

Samt (m)	beledu	[beledu]
Wildleder (n)	suede	[suede]
Cord (m)	korduroi	[korduroy]

Nylon (n)	nilon	[nilon]
Nylon-	nilon	[nilon]
Polyester (m)	poliester	[poliester]
Polyester-	poliester	[poliester]

Leder (n)	kulit	[kulit]
Leder-	kulit	[kulit]
Pelz (m)	kulit berbulu	[kulit bərbulu]
Pelz-	bulu	[bulu]

39. Persönliche Accessoires

Handschuhe (pl)	sarung tangan	[saruŋ taŋan]
Fausthandschuhe (pl)	sarung tangan	[saruŋ taŋan]
Schal (Kaschmir-)	selendang	[selendaŋ]

Brille (f)	kacamata	[katʃamata]
Brillengestell (n)	bingkai	[biŋkaj]
Regenschirm (m)	payung	[pajuŋ]
Spazierstock (m)	tongkat jalan	[toŋkat dʒʲalan]
Haarbürste (f)	sikat rambut	[sikat rambut]
Fächer (m)	kipas	[kipas]

Krawatte (f)	dasi	[dasi]
Fliege (f)	dasi kupu-kupu	[dasi kupu-kupu]
Hosenträger (pl)	bretel	[bretel]
Taschentuch (n)	sapu tangan	[sapu taŋan]

| Kamm (m) | sisir | [sisir] |
| Haarspange (f) | jepit rambut | [dʒʲepit rambut] |

Haarnadel (f)	harnal	[harnal]
Schnalle (f)	gesper	[gesper]
Gürtel (m)	sabuk	[sabuʔ]
Umhängegurt (m)	tali tas	[tali tas]
Tasche (f)	tas	[tas]
Handtasche (f)	tas tangan	[tas taŋan]
Rucksack (m)	ransel	[ransel]

40. Kleidung. Verschiedenes

Mode (f)	mode	[mode]
modisch	modis	[modis]
Modedesigner (m)	perancang busana	[perantʃaŋ busana]
Kragen (m)	kerah	[kerah]
Tasche (f)	saku	[saku]
Taschen-	saku	[saku]
Ärmel (m)	lengan	[leŋan]
Aufhänger (m)	tali kait	[tali kait]
Hosenschlitz (m)	golbi	[golbi]
Reißverschluss (m)	ritsleting	[ritsletiŋ]
Verschluss (m)	kancing	[kantʃiŋ]
Knopf (m)	kancing	[kantʃiŋ]
Knopfloch (n)	lubang kancing	[lubaŋ kantʃiŋ]
abgehen (Knopf usw.)	terlepas	[terlepas]
nähen (vi, vt)	menjahit	[mendʒiahit]
sticken (vt)	membordir	[membordir]
Stickerei (f)	bordiran	[bordiran]
Nadel (f)	jarum	[dʒiarum]
Faden (m)	benang	[benaŋ]
Naht (f)	setik	[setiʔ]
sich beschmutzen	kena kotor	[kena kotor]
Fleck (m)	bercak	[bertʃaʔ]
sich knittern	kumal	[kumal]
zerreißen (vt)	merobek	[merobeʔ]
Motte (f)	ngengat	[ŋeŋat]

41. Kosmetikartikel. Kosmetik

Zahnpasta (f)	pasta gigi	[pasta gigi]
Zahnbürste (f)	sikat gigi	[sikat gigi]
Zähne putzen	menggosok gigi	[meŋgoso' gigi]
Rasierer (m)	pisau cukur	[pisau tʃukur]
Rasiercreme (f)	krim cukur	[krim tʃukur]
sich rasieren	bercukur	[bertʃukur]
Seife (f)	sabun	[sabun]

Shampoo (n)	sampo	[sampo]
Schere (f)	gunting	[guntiŋ]
Nagelfeile (f)	kikir kuku	[kikir kuku]
Nagelzange (f)	pemotong kuku	[pemotoŋ kuku]
Pinzette (f)	pinset	[pinset]

Kosmetik (f)	kosmetik	[kosmeti']
Gesichtsmaske (f)	masker	[masker]
Maniküre (f)	manikur	[manikur]
Maniküre machen	melakukan manikur	[melakukan manikur]
Pediküre (f)	pedi	[pedi]

Kosmetiktasche (f)	tas kosmetik	[tas kosmeti']
Puder (m)	bedak	[beda']
Puderdose (f)	kotak bedak	[kota' beda']
Rouge (n)	perona pipi	[pərona pipi]

Parfüm (n)	parfum	[parfum]
Duftwasser (n)	minyak wangi	[minja' waŋi]
Lotion (f)	losion	[losjon]
Kölnischwasser (n)	kolonye	[kolone]

Lidschatten (m)	pewarna mata	[pewarna mata]
Kajalstift (m)	pensil alis	[pensil alis]
Wimperntusche (f)	celak	[tʃela']

Lippenstift (m)	lipstik	[lipsti']
Nagellack (m)	kuteks, cat kuku	[kuteks], [tʃat kuku]
Haarlack (m)	semprotan rambut	[semprotan rambut]
Deodorant (n)	deodoran	[deodoran]

Creme (f)	krim	[krim]
Gesichtscreme (f)	krim wajah	[krim wadʒʲah]
Handcreme (f)	krim tangan	[krim taŋan]
Anti-Falten-Creme (f)	krim antikerut	[krim antikerut]
Tagescreme (f)	krim siang	[krim siaŋ]
Nachtcreme (f)	krim malam	[krim malam]
Tages-	siang	[siaŋ]
Nacht-	malam	[malam]

Tampon (m)	tampon	[tampon]
Toilettenpapier (n)	kertas toilet	[kertas toylet]
Föhn (m)	pengering rambut	[peŋeriŋ rambut]

42. Schmuck

Schmuck (m)	perhiasan	[perhiasan]
Edel- (stein)	mulia, berharga	[mulia], [bərharga]
Repunze (f)	tanda kadar	[tanda kadar]

Ring (m)	cincin	[tʃintʃin]
Ehering (m)	cincin kawin	[tʃintʃin kawin]
Armband (n)	gelang	[gelaŋ]
Ohrringe (pl)	anting-anting	[antiŋ-antiŋ]

Kette (f)	kalung	[kaluŋ]
Krone (f)	mahkota	[mahkota]
Halskette (f)	kalung manik-manik	[kaluŋ maniʔ-maniʔ]

Brillant (m)	berlian	[bɜrlian]
Smaragd (m)	zamrud	[zamrud]
Rubin (m)	batu mirah delima	[batu mirah delima]
Saphir (m)	nilakandi	[nilakandi]
Perle (f)	mutiara	[mutiara]
Bernstein (m)	batu amber	[batu amber]

43. Armbanduhren Uhren

Armbanduhr (f)	arloji	[arloʤi]
Zifferblatt (n)	piringan jam	[piriŋan ʤʲam]
Zeiger (m)	jarum	[ʤʲarum]
Metallarmband (n)	rantai arloji	[rantaj arloʤi]
Uhrenarmband (n)	tali arloji	[tali arloʤi]

Batterie (f)	baterai	[bateraj]
verbraucht sein	mati	[mati]
die Batterie wechseln	mengganti baterai	[mɜŋganti bateraj]
vorgehen (vi)	cepat	[tʃepat]
nachgehen (vi)	terlambat	[tɜrlambat]

Wanduhr (f)	jam dinding	[ʤʲam dindiŋ]
Sanduhr (f)	jam pasir	[ʤʲam pasir]
Sonnenuhr (f)	jam matahari	[ʤʲam matahari]
Wecker (m)	weker	[weker]
Uhrmacher (m)	tukang jam	[tukaŋ ʤʲam]
reparieren (vt)	mereparasi, memperbaiki	[mereparasi], [memperbajki]

Essen. Ernährung

44. Essen

Fleisch (n)	daging	[dagiŋ]
Hühnerfleisch (n)	ayam	[ajam]
Küken (n)	anak ayam	[ana' ajam]
Ente (f)	bebek	[bebe']
Gans (f)	angsa	[aŋsa]
Wild (n)	binatang buruan	[binataŋ buruan]
Pute (f)	kalkun	[kalkun]
Schweinefleisch (n)	daging babi	[dagiŋ babi]
Kalbfleisch (n)	daging anak sapi	[dagiŋ ana' sapi]
Hammelfleisch (n)	daging domba	[dagiŋ domba]
Rindfleisch (n)	daging sapi	[dagiŋ sapi]
Kaninchenfleisch (n)	kelinci	[kelintʃi]
Wurst (f)	sosis	[sosis]
Würstchen (n)	sosis	[sosis]
Schinkenspeck (m)	bakon	[beykon]
Schinken (m)	ham, daging kornet	[ham], [dagiŋ kornet]
Räucherschinken (m)	ham	[ham]
Pastete (f)	pasta	[pasta]
Leber (f)	hati	[hati]
Hackfleisch (n)	daging giling	[dagiŋ giliŋ]
Zunge (f)	lidah	[lidah]
Ei (n)	telur	[telur]
Eier (pl)	telur	[telur]
Eiweiß (n)	putih telur	[putih telur]
Eigelb (n)	kuning telur	[kuniŋ telur]
Fisch (m)	ikan	[ikan]
Meeresfrüchte (pl)	makanan laut	[makanan laut]
Krebstiere (pl)	krustasea	[krustasea]
Kaviar (m)	caviar	[kaviar]
Krabbe (f)	kepiting	[kepitiŋ]
Garnele (f)	udang	[udaŋ]
Auster (f)	tiram	[tiram]
Languste (f)	lobster berduri	[lobster bərduri]
Krake (m)	gurita	[gurita]
Kalmar (m)	cumi-cumi	[tʃumi-tʃumi]
Störfleisch (n)	ikan sturgeon	[ikan sturdʒien]
Lachs (m)	salmon	[salmon]
Heilbutt (m)	ikan turbot	[ikan turbot]
Dorsch (m)	ikan kod	[ikan kod]

Makrele (f)	ikan kembung	[ikan kembuŋ]
Tunfisch (m)	tuna	[tuna]
Aal (m)	belut	[belut]

Forelle (f)	ikan forel	[ikan forel]
Sardine (f)	sarden	[sarden]
Hecht (m)	ikan pike	[ikan paik]
Hering (m)	ikan haring	[ikan hariŋ]

Brot (n)	roti	[roti]
Käse (m)	keju	[kedʒˈu]
Zucker (m)	gula	[gula]
Salz (n)	garam	[garam]

Reis (m)	beras, nasi	[beras], [nasi]
Teigwaren (pl)	makaroni	[makaroni]
Nudeln (pl)	mi	[mi]

Butter (f)	mentega	[məntega]
Pflanzenöl (n)	minyak nabati	[minjaʾ nabati]
Sonnenblumenöl (n)	minyak bunga matahari	[minjaʾ buŋa matahari]
Margarine (f)	margarin	[margarin]

| Oliven (pl) | buah zaitun | [buah zajtun] |
| Olivenöl (n) | minyak zaitun | [minjaʾ zajtun] |

Milch (f)	susu	[susu]
Kondensmilch (f)	susu kental	[susu kental]
Joghurt (m)	yogurt	[yogurt]
saure Sahne (f)	krim asam	[krim asam]
Sahne (f)	krim, kepala susu	[krim], [kepala susu]

| Mayonnaise (f) | mayones | [majones] |
| Buttercreme (f) | krim | [krim] |

Grütze (f)	menir	[menir]
Mehl (n)	tepung	[tepuŋ]
Konserven (pl)	makanan kalengan	[makanan kaleŋan]

Maisflocken (pl)	emping jagung	[empiŋ dʒˈaguŋ]
Honig (m)	madu	[madu]
Marmelade (f)	selai	[selaj]
Kaugummi (m, n)	permen karet	[pərmen karet]

45. Getränke

Wasser (n)	air	[air]
Trinkwasser (n)	air minum	[air minum]
Mineralwasser (n)	air mineral	[air mineral]

still	tanpa gas	[tanpa gas]
mit Kohlensäure	berkarbonasi	[bərkarbonasi]
mit Gas	bergas	[bərgas]
Eis (n)	es	[es]

mit Eis	dengan es	[deŋan es]
alkoholfrei (Adj)	tanpa alkohol	[tanpa alkohol]
alkoholfreies Getränk (n)	minuman ringan	[minuman riŋan]
Erfrischungsgetränk (n)	minuman penygar	[minuman penigar]
Limonade (f)	limun	[limun]

Spirituosen (pl)	minoman beralkohol	[minoman beralkohol]
Wein (m)	anggur	[aŋgur]
Weißwein (m)	anggur putih	[aŋgur putih]
Rotwein (m)	anggur merah	[aŋgur merah]

Likör (m)	likeur	[likeur]
Champagner (m)	sampanye	[sampanje]
Wermut (m)	vermouth	[vermut]

Whisky (m)	wiski	[wiski]
Wodka (m)	vodka	[vodka]
Gin (m)	jin, jenewer	[dʒin], [dʒʲenewer]
Kognak (m)	konyak	[konjaʔ]
Rum (m)	rum	[rum]

Kaffee (m)	kopi	[kopi]
schwarzer Kaffee (m)	kopi pahit	[kopi pahit]
Milchkaffee (m)	kopi susu	[kopi susu]
Cappuccino (m)	cappuccino	[kaputʃino]
Pulverkaffee (m)	kopi instan	[kopi instan]

Milch (f)	susu	[susu]
Cocktail (m)	koktail	[koktajl]
Milchcocktail (m)	susu kocok	[susu kotʃoʔ]

Saft (m)	jus	[dʒʲus]
Tomatensaft (m)	jus tomat	[dʒʲus tomat]
Orangensaft (m)	jus jeruk	[dʒʲus dʒʲeruʔ]
frisch gepresster Saft (m)	jus peras	[dʒʲus peras]

Bier (n)	bir	[bir]
Helles (n)	bir putih	[bir putih]
Dunkelbier (n)	bir hitam	[bir hitam]

Tee (m)	teh	[teh]
schwarzer Tee (m)	teh hitam	[teh hitam]
grüner Tee (m)	teh hijau	[teh hidʒʲau]

46. Gemüse

Gemüse (n)	sayuran	[sajuran]
grünes Gemüse (pl)	sayuran hijau	[sajuran hidʒʲau]

Tomate (f)	tomat	[tomat]
Gurke (f)	mentimun, ketimun	[məntimun], [ketimun]
Karotte (f)	wortel	[wortel]
Kartoffel (f)	kentang	[kentaŋ]
Zwiebel (f)	bawang	[bawaŋ]

Knoblauch (m)	bawang putih	[bawaŋ putih]
Kohl (m)	kol	[kol]
Blumenkohl (m)	kembang kol	[kembaŋ kol]
Rosenkohl (m)	kol Brussels	[kol brusels]
Brokkoli (m)	brokoli	[brokoli]

Rote Bete (f)	ubi bit merah	[ubi bit merah]
Aubergine (f)	terung, terong	[teruŋ], [teroŋ]
Zucchini (f)	labu siam	[labu siam]
Kürbis (m)	labu	[labu]
Rübe (f)	turnip	[turnip]

Petersilie (f)	peterseli	[peterseli]
Dill (m)	adas sowa	[adas sowa]
Kopf Salat (m)	selada	[selada]
Sellerie (m)	seledri	[seledri]
Spargel (m)	asparagus	[asparagus]
Spinat (m)	bayam	[bajam]

Erbse (f)	kacang polong	[katʃaŋ poloŋ]
Bohnen (pl)	kacang-kacangan	[katʃaŋ-katʃaŋan]
Mais (m)	jagung	[dʒˈaguŋ]
weiße Bohne (f)	kacang buncis	[katʃaŋ buntʃis]

Paprika (m)	cabai	[tʃabaj]
Radieschen (n)	radis	[radis]
Artischocke (f)	artisyok	[artiʃoˀ]

47. Obst. Nüsse

Frucht (f)	buah	[buah]
Apfel (m)	apel	[apel]
Birne (f)	pir	[pir]
Zitrone (f)	jeruk sitrun	[dʒˈeru' sitrun]
Apfelsine (f)	jeruk manis	[dʒˈeru' manis]
Erdbeere (f)	stroberi	[stroberi]

Mandarine (f)	jeruk mandarin	[dʒˈeru' mandarin]
Pflaume (f)	plum	[plum]
Pfirsich (m)	persik	[persiˀ]
Aprikose (f)	aprikot	[aprikot]
Himbeere (f)	buah frambus	[buah frambus]
Ananas (f)	nanas	[nanas]

Banane (f)	pisang	[pisaŋ]
Wassermelone (f)	semangka	[semaŋka]
Weintrauben (pl)	buah anggur	[buah aŋgur]
Sauerkirsche (f)	buah ceri asam	[buah tʃeri asam]
Süßkirsche (f)	buah ceri manis	[buah tʃeri manis]
Melone (f)	melon	[melon]

Grapefruit (f)	jeruk Bali	[dʒˈeru' bali]
Avocado (f)	avokad	[avokad]
Papaya (f)	pepaya	[pepaja]

Mango (f)	mangga	[maŋga]
Granatapfel (m)	buah delima	[buah delima]

rote Johannisbeere (f)	redcurrant	[redkaren]
schwarze Johannisbeere (f)	blackcurrant	[ble'karen]
Stachelbeere (f)	buah arbei hijau	[buah arbei hidʒiau]
Heidelbeere (f)	buah bilberi	[buah bilberi]
Brombeere (f)	beri hitam	[beri hitam]

Rosinen (pl)	kismis	[kismis]
Feige (f)	buah ara	[buah ara]
Dattel (f)	buah kurma	[buah kurma]

Erdnuss (f)	kacang tanah	[katʃaŋ tanah]
Mandel (f)	badam	[badam]
Walnuss (f)	buah walnut	[buah walnut]
Haselnuss (f)	kacang hazel	[katʃaŋ hazel]
Kokosnuss (f)	buah kelapa	[buah kelapa]
Pistazien (pl)	badam hijau	[badam hidʒiau]

48. Brot. Süßigkeiten

Konditorwaren (pl)	kue-mue	[kue-mue]
Brot (n)	roti	[roti]
Keks (m, n)	biskuit	[biskuit]

Schokolade (f)	cokelat	[tʃokelat]
Schokoladen-	cokelat	[tʃokelat]
Bonbon (m, n)	permen	[pərmen]
Kuchen (m)	kue	[kue]
Torte (f)	kue tar	[kue tar]

Kuchen (Apfel-)	pai	[pai]
Füllung (f)	inti	[inti]

Konfitüre (f)	selai buah utuh	[selaj buah utuh]
Marmelade (f)	marmelade	[marmelade]
Waffeln (pl)	wafel	[wafel]
Eis (n)	es krim	[es krim]
Pudding (m)	puding	[pudiŋ]

49. Gerichte

Gericht (n)	masakan, hidangan	[masakan], [hidaŋan]
Küche (f)	masakan	[masakan]
Rezept (n)	resep	[resep]
Portion (f)	porsi	[porsi]

Salat (m)	salada	[salada]
Suppe (f)	sup	[sup]
Brühe (f), Bouillon (f)	kaldu	[kaldu]
belegtes Brot (n)	roti lapis	[roti lapis]

Spiegelei (n)	telur mata sapi	[telur mata sapi]
Hamburger (m)	hamburger	[hamburger]
Beefsteak (n)	bistik	[bisti']

Beilage (f)	lauk	[lau']
Spaghetti (pl)	spageti	[spageti]
Kartoffelpüree (n)	kentang tumbuk	[kentaŋ tumbu']
Pizza (f)	piza	[piza]
Brei (m)	bubur	[bubur]
Omelett (n)	telur dadar	[telur dadar]

gekocht	rebus	[rebus]
geräuchert	asap	[asap]
gebraten	goreng	[goreŋ]
getrocknet	kering	[keriŋ]
tiefgekühlt	beku	[beku]
mariniert	marinade	[marinade]

süß	manis	[manis]
salzig	asin	[asin]
kalt	dingin	[diŋin]
heiß	panas	[panas]
bitter	pahit	[pahit]
lecker	enak	[ena']

kochen (vt)	merebus	[merebus]
zubereiten (vt)	memasak	[memasa']
braten (vt)	menggoreng	[məŋgoreŋ]
aufwärmen (vt)	memanaskan	[memanaskan]

salzen (vt)	menggarami	[məŋgarami]
pfeffern (vt)	membubuh merica	[membubuh meritʃa]
reiben (vt)	memarut	[memarut]
Schale (f)	kulit	[kulit]
schälen (vt)	mengupas	[məŋupas]

50. Gewürze

Salz (n)	garam	[garam]
salzig (Adj)	asin	[asin]
salzen (vt)	menggarami	[məŋgarami]

schwarzer Pfeffer (m)	merica	[meritʃa]
roter Pfeffer (m)	cabai merah	[tʃabaj merah]
Senf (m)	mustar	[mustar]
Meerrettich (m)	lobak pedas	[loba' pedas]

Gewürz (n)	bumbu	[bumbu]
Gewürz (n)	rempah-rempah	[rempah-rempah]
Soße (f)	saus	[saus]
Essig (m)	cuka	[tʃuka]

| Anis (m) | adas manis | [adas manis] |
| Basilikum (n) | selasih | [selasih] |

Nelke (f)	cengkih	[tʃeŋkih]
Ingwer (m)	jahe	[dʒɨahe]
Koriander (m)	ketumbar	[ketumbar]
Zimt (m)	kayu manis	[kaju manis]
Sesam (m)	wijen	[widʒɨen]
Lorbeerblatt (n)	daun salam	[daun salam]
Paprika (m)	cabai	[tʃabaj]
Kümmel (m)	jintan	[dʒintan]
Safran (m)	kuma-kuma	[kuma-kuma]

51. Mahlzeiten

Essen (n)	makanan	[makanan]
essen (vi, vt)	makan	[makan]
Frühstück (n)	makan pagi, sarapan	[makan pagi], [sarapan]
frühstücken (vi)	sarapan	[sarapan]
Mittagessen (n)	makan siang	[makan siaŋ]
zu Mittag essen	makan siang	[makan siaŋ]
Abendessen (n)	makan malam	[makan malam]
zu Abend essen	makan malam	[makan malam]
Appetit (m)	nafsu makan	[nafsu makan]
Guten Appetit!	Selamat makan!	[selamat makan!]
öffnen (vt)	membuka	[membuka]
verschütten (vt)	menumpahkan	[mənumpahkan]
kochen (vi)	mendidih	[məndidih]
kochen (Wasser ~)	mendidihkan	[məndidihkan]
gekocht (Adj)	masak	[masaʔ]
kühlen (vt)	mendinginkan	[məndiŋinkan]
abkühlen (vi)	mendingin	[məndiŋin]
Geschmack (m)	rasa	[rasa]
Beigeschmack (m)	nuansa rasa	[nuansa rasa]
auf Diät sein	berdiet	[berdiet]
Diät (f)	diet, pola makan	[diet], [pola makan]
Vitamin (n)	vitamin	[vitamin]
Kalorie (f)	kalori	[kalori]
Vegetarier (m)	vegetarian	[vegetarian]
vegetarisch (Adj)	vegetarian	[vegetarian]
Fett (n)	lemak	[lemaʔ]
Protein (n)	protein	[protein]
Kohlenhydrat (n)	karbohidrat	[karbohidrat]
Scheibchen (n)	irisan	[irisan]
Stück (ein ~ Kuchen)	potongan	[potoŋan]
Krümel (m)	remah	[remah]

52. Gedeck

Löffel (m)	sendok	[sendo']
Messer (n)	pisau	[pisau]
Gabel (f)	garpu	[garpu]
Tasse (eine ~ Tee)	cangkir	[tʃaŋkir]
Teller (m)	piring	[piriŋ]
Untertasse (f)	alas cangkir	[alas tʃaŋkir]
Serviette (f)	serbet	[serbet]
Zahnstocher (m)	tusuk gigi	[tusu' gigi]

53. Restaurant

Restaurant (n)	restoran	[restoran]
Kaffeehaus (n)	warung kopi	[waruŋ kopi]
Bar (f)	bar	[bar]
Teesalon (m)	warung teh	[waruŋ teh]
Kellner (m)	pelayan lelaki	[pelajan lelaki]
Kellnerin (f)	pelayan perempuan	[pelajan perempuan]
Barmixer (m)	pelayan bar	[pelajan bar]
Speisekarte (f)	menu	[menu]
Weinkarte (f)	daftar anggur	[daftar aŋgur]
einen Tisch reservieren	memesan meja	[memesan medʒʲa]
Gericht (n)	masakan, hidangan	[masakan], [hidaŋan]
bestellen (vt)	memesan	[memesan]
eine Bestellung aufgeben	memesan	[memesan]
Aperitif (m)	aperitif	[aperitif]
Vorspeise (f)	makanan ringan	[makanan riŋan]
Nachtisch (m)	hidangan penutup	[hidaŋan penutup]
Rechnung (f)	bon	[bon]
Rechnung bezahlen	membayar bon	[membajar bon]
das Wechselgeld geben	memberikan uang kembalian	[memberikan uaŋ kembalian]
Trinkgeld (n)	tip	[tip]

Familie, Verwandte und Freunde

54. Persönliche Informationen. Formulare

Vorname (m)	nama, nama depan	[nama], [nama depan]
Name (m)	nama keluarga	[nama keluarga]
Geburtsdatum (n)	tanggal lahir	[taŋgal lahir]
Geburtsort (m)	tempat lahir	[tempat lahir]
Nationalität (f)	kebangsaan	[kebaŋsa'an]
Wohnort (m)	tempat tinggal	[tempat tiŋgal]
Land (n)	negara, negeri	[negara], [negeri]
Beruf (m)	profesi	[profesi]
Geschlecht (n)	jenis kelamin	[dʒienis kelamin]
Größe (f)	tinggi badan	[tiŋgi badan]
Gewicht (n)	berat	[berat]

55. Familienmitglieder. Verwandte

Mutter (f)	ibu	[ibu]
Vater (m)	ayah	[ajah]
Sohn (m)	anak lelaki	[ana' lelaki]
Tochter (f)	anak perempuan	[ana' perempuan]
jüngste Tochter (f)	anak perempuan bungsu	[ana' perempuan buŋsu]
jüngste Sohn (m)	anak lelaki bungsu	[ana' lelaki buŋsu]
ältere Tochter (f)	anak perempuan sulung	[ana' perempuan suluŋ]
älterer Sohn (m)	anak lelaki sulung	[ana' lelaki suluŋ]
Bruder (m)	saudara lelaki	[saudara lelaki]
älterer Bruder (m)	kakak lelaki	[kaka' lelaki]
jüngerer Bruder (m)	adik lelaki	[adi' lelaki]
Schwester (f)	saudara perempuan	[saudara perempuan]
ältere Schwester (f)	kakak perempuan	[kaka' perempuan]
jüngere Schwester (f)	adik perempuan	[adi' perempuan]
Cousin (m)	sepupu lelaki	[sepupu lelaki]
Cousine (f)	sepupu perempuan	[sepupu perempuan]
Mama (f)	mama, ibu	[mama], [ibu]
Papa (m)	papa, ayah	[papa], [ajah]
Eltern (pl)	orang tua	[oraŋ tua]
Kind (n)	anak	[ana']
Kinder (pl)	anak-anak	[ana'-ana']
Großmutter (f)	nenek	[nene']
Großvater (m)	kakek	[kake']

Enkel (m)	cucu laki-laki	[ʧuʧu laki-laki]
Enkelin (f)	cucu perempuan	[ʧuʧu pərempuan]
Enkelkinder (pl)	cucu	[ʧuʧu]

Onkel (m)	paman	[paman]
Tante (f)	bibi	[bibi]
Neffe (m)	keponakan laki-laki	[keponakan laki-laki]
Nichte (f)	keponakan perempuan	[keponakan pərempuan]

Schwiegermutter (f)	ibu mertua	[ibu mertua]
Schwiegervater (m)	ayah mertua	[ajah mertua]
Schwiegersohn (m)	menantu laki-laki	[mənantu laki-laki]
Stiefmutter (f)	ibu tiri	[ibu tiri]
Stiefvater (m)	ayah tiri	[ajah tiri]

Säugling (m)	bayi	[baji]
Kleinkind (n)	bayi	[baji]
Kleine (m)	bocah cilik	[boʧah ʧili']

Frau (f)	istri	[istri]
Mann (m)	suami	[suami]
Ehemann (m)	suami	[suami]
Gemahlin (f)	istri	[istri]

verheiratet (Ehemann)	menikah, beristri	[mənikah], [bəristri]
verheiratet (Ehefrau)	menikah, bersuami	[mənikah], [bərsuami]
ledig	bujang	[buʤ'aŋ]
Junggeselle (m)	bujang	[buʤ'aŋ]
geschieden (Adj)	bercerai	[bərʧeraj]
Witwe (f)	janda	[ʤ'anda]
Witwer (m)	duda	[duda]

Verwandte (m)	kerabat	[kerabat]
naher Verwandter (m)	kerabat dekat	[kerabat dekat]
entfernter Verwandter (m)	kerabat jauh	[kerabat ʤ'auh]
Verwandte (pl)	kerabat, sanak saudara	[kerabat], [sana' saudara]

Waise (m, f)	yatim piatu	[yatim piatu]
Vormund (m)	wali	[wali]
adoptieren (einen Jungen)	mengadopsi	[məŋadopsi]
adoptieren (ein Mädchen)	mengadopsi	[məŋadopsi]

56. Freunde. Arbeitskollegen

Freund (m)	sahabat	[sahabat]
Freundin (f)	sahabat	[sahabat]
Freundschaft (f)	persahabatan	[pərsahabatan]
befreundet sein	bersahabat	[bərsahabat]

Freund (m)	teman	[teman]
Freundin (f)	teman	[teman]
Partner (m)	mitra	[mitra]
Chef (m)	atasan	[atasan]
Vorgesetzte (m)	atasan	[atasan]

Besitzer (m)	pemilik	[pemili']
Untergeordnete (m)	bawahan	[bawahan]
Kollege (m), Kollegin (f)	kolega	[kolega]

Bekannte (m)	kenalan	[kenalan]
Reisegefährte (m)	rekan seperjalanan	[rekan seperdʒalanan]
Mitschüler (m)	teman sekelas	[teman sekelas]

Nachbar (m)	tetangga	[tetaŋga]
Nachbarin (f)	tetangga	[tetaŋga]
Nachbarn (pl)	para tetangga	[para tetaŋga]

57. Mann. Frau

Frau (f)	perempuan, wanita	[pərempuan], [wanita]
Mädchen (n)	gadis	[gadis]
Braut (f)	mempelai perempuan	[mempelaj perempuan]

schöne	cantik	[ʧanti']
große	tinggi	[tiŋgi]
schlanke	ramping	[rampiŋ]
kleine (~ Frau)	pendek	[pende']

| Blondine (f) | orang berambut pirang | [oraŋ bərambut piraŋ] |
| Brünette (f) | orang berambut cokelat | [oraŋ bərambut ʧokelat] |

Damen-	wanita	[wanita]
Jungfrau (f)	perawan	[pərawan]
schwangere	hamil	[hamil]

Mann (m)	laki-laki, pria	[laki-laki], [pria]
Blonde (m)	orang berambut pirang	[oraŋ bərambut piraŋ]
Brünette (m)	orang berambut cokelat	[oraŋ bərambut ʧokelat]
hoch	tinggi	[tiŋgi]
klein	pendek	[pende']

grob	kasar	[kasar]
untersetzt	kekar	[kekar]
robust	tegap	[tegap]
stark	kuat	[kuat]
Kraft (f)	kekuatan	[kekuatan]

dick	gemuk	[gemu']
dunkelhäutig	berkulit hitam	[bərkulit hitam]
schlank	ramping	[rampiŋ]
elegant	anggun	[aŋgun]

58. Alter

Alter (n)	umur	[umur]
Jugend (f)	usia muda	[usia muda]
jung	muda	[muda]

| jünger (~ als Sie) | lebih muda | [lebih muda] |
| älter (~ als ich) | lebih tua | [lebih tua] |

Junge (m)	pemuda	[pemuda]
Teenager (m)	remaja	[remadʒʲa]
Bursche (m)	cowok	[tʃowoʔ]

| Greis (m) | lelaki tua | [lelaki tua] |
| alte Frau (f) | perempuan tua | [perempuan tua] |

Erwachsene (m)	dewasa	[dewasa]
in mittleren Jahren	paruh baya	[paruh baja]
älterer (Adj)	lansia	[lansia]
alt (Adj)	tua	[tua]

Ruhestand (m)	pensiun	[pensiun]
in Rente gehen	pensiun	[pensiun]
Rentner (m)	pensiunan	[pensiunan]

59. Kinder

Kind (n)	anak	[anaʔ]
Kinder (pl)	anak-anak	[anaʔ-anaʔ]
Zwillinge (pl)	kembar	[kembar]

Wiege (f)	buaian	[buajan]
Rassel (f)	ocehan	[otʃehan]
Windel (f)	popok	[popoʔ]

Schnuller (m)	dot	[dot]
Kinderwagen (m)	kereta bayi	[kereta baji]
Kindergarten (m)	taman kanak-kanak	[taman kanaʔ-kanaʔ]
Kinderfrau (f)	pengasuh anak	[peɳasuh anaʔ]

Kindheit (f)	masa kanak-kanak	[masa kanaʔ-kanaʔ]
Puppe (f)	boneka	[boneka]
Spielzeug (n)	mainan	[majnan]
Baukasten (m)	alat permainan bongkah	[alat permajnan boɳkah]

wohlerzogen	beradab	[beradab]
ungezogen	biadab	[biadab]
verwöhnt	manja	[mandʒʲa]

unartig sein	nakal	[nakal]
unartig	nakal	[nakal]
Unart (f)	kenakalan	[kenakalan]
Schelm (m)	anak nakal	[anaʔ nakal]

| gehorsam | patuh | [patuh] |
| ungehorsam | tidak patuh | [tidaʔ patuh] |

fügsam	penurut	[penurut]
klug	pandai, pintar	[pandaj], [pintar]
Wunderkind (n)	anak ajaib	[anaʔ adʒʲajb]

60. Ehepaare. Familienleben

küssen (vt)	mencium	[mənʧium]
sich küssen	berciuman	[bərʧiuman]
Familie (f)	keluarga	[keluarga]
Familien-	keluarga	[keluarga]
Paar (n)	pasangan	[pasaŋan]
Ehe (f)	pernikahan	[pərnikahan]
Heim (n)	rumah tangga	[rumah taŋga]
Dynastie (f)	dinasti	[dinasti]
Rendezvous (n)	kencan	[kenʧan]
Kuss (m)	ciuman	[ʧiuman]
Liebe (f)	cinta	[ʧinta]
lieben (vt)	mencintai	[mənʧintaj]
geliebt	kekasih	[kekasih]
Zärtlichkeit (f)	kelembutan	[kelembutan]
zärtlich	lembut	[lembut]
Treue (f)	kesetiaan	[kesetia'an]
treu (Adj)	setia	[setia]
Fürsorge (f)	perhatian	[pərhatian]
sorgsam	penuh perhatian	[penuh pərhatian]
Frischvermählte (pl)	pengantin baru	[peŋantin baru]
Flitterwochen (pl)	bulan madu	[bulan madu]
heiraten (einen Mann ~)	menikah, bersuami	[mənikah], [bərsuami]
heiraten (ein Frau ~)	menikah, beristri	[mənikah], [bəristri]
Hochzeit (f)	pernikahan	[pərnikahan]
goldene Hochzeit (f)	pernikahan emas	[pərnikahan emas]
Jahrestag (m)	hari jadi, HUT	[hari ʤ'adi], [ha-u-te]
Geliebte (m)	pria idaman lain	[pria idaman lajn]
Geliebte (f)	wanita idaman lain	[wanita idaman lajn]
Ehebruch (m)	perselingkuhan	[pərseliŋkuhan]
Ehebruch begehen	berselingkuh dari ...	[bərseliŋkuh dari ...]
eifersüchtig	cemburu	[ʧemburu]
eifersüchtig sein	cemburu	[ʧemburu]
Scheidung (f)	perceraian	[pərʧerajan]
sich scheiden lassen	bercerai	[bərʧeraj]
streiten (vi)	bertengkar	[bərteŋkar]
sich versöhnen	berdamai	[bərdamaj]
zusammen (Adv)	bersama	[bərsama]
Sex (m)	seks	[seks]
Glück (n)	kebahagiaan	[kebahagia'an]
glücklich	berbahagia	[bərbahagia]
Unglück (n)	kemalangan	[kemalaŋan]
unglücklich	malang	[malaŋ]

Charakter. Empfindungen. Gefühle

61. Empfindungen. Gefühle

Gefühl (n)	perasaan	[pərasa'an]
Gefühle (pl)	perasaan	[pərasa'an]
fühlen (vt)	merasa	[merasa]
Hunger (m)	kelaparan	[kelaparan]
hungrig sein	lapar	[lapar]
Durst (m)	kehausan	[kehausan]
Durst haben	haus	[haus]
Schläfrigkeit (f)	kantuk	[kantu']
schlafen wollen	mengantuk	[mərjantu']
Müdigkeit (f)	rasa lelah	[rasa lelah]
müde	lelah	[lelah]
müde werden	lelah	[lelah]
Laune (f)	suasana hati	[suasana hati]
Langeweile (f)	kebosanan	[kebosanan]
sich langweilen	bosan	[bosan]
Zurückgezogenheit (n)	kesendirian	[kesendirian]
sich zurückziehen	menyendiri	[mənjendiri]
beunruhigen (vt)	membuat khawatir	[membuat hawatir]
sorgen (vi)	khawatir	[hawatir]
Besorgnis (f)	kekhawatiran	[kehawatiran]
Angst (~ um ...)	kegelisahan	[kegelisahan]
besorgt (Adj)	prihatin	[prihatin]
nervös sein	gugup, gelisah	[gugup], [gelisah]
in Panik verfallen (vi)	panik	[pani']
Hoffnung (f)	harapan	[harapan]
hoffen (vi)	berharap	[bərharap]
Sicherheit (f)	kepastian	[kepastian]
sicher	pasti	[pasti]
Unsicherheit (f)	ketidakpastian	[ketidakpastian]
unsicher	tidak pasti	[tida' pasti]
betrunken	mabuk	[mabu']
nüchtern	sadar, tidak mabuk	[sadar], [tida' mabu']
schwach	lemah	[lemah]
glücklich	berbahagia	[bərbahagia]
erschrecken (vt)	menakuti	[mənakuti]
Wut (f)	kemarahan	[kemarahan]
Rage (f)	kemarahan	[kemarahan]
Depression (f)	depresi	[depresi]
Unbehagen (n)	ketidaknyamanan	[ketidaknjamanan]

Komfort (m)	kenyamanan	[kenjamanan]
bedauern (vt)	menyesal	[mənjesal]
Bedauern (n)	penyesalan	[penjesalan]
Missgeschick (n)	kesialan	[kesialan]
Kummer (m)	kekesalan	[kekesalan]

Scham (f)	rasa malu	[rasa malu]
Freude (f)	kegirangan	[kegiraŋan]
Begeisterung (f)	antusiasme	[antusiasme]
Enthusiast (m)	antusias	[antusias]
Begeisterung zeigen	memperlihatkan antusiasme	[memperlihatkan antusiasme]

62. Charakter. Persönlichkeit

Charakter (m)	watak	[wata²]
Charakterfehler (m)	kepincangan	[kepintʃaŋan]
Verstand (m)	otak	[ota²]
Vernunft (f)	akal	[akal]

Gewissen (n)	nurani	[nurani]
Gewohnheit (f)	kebiasaan	[kebiasa²an]
Fähigkeit (f)	kemampuan, bakat	[kemampuan], [bakat]
können (v mod)	dapat	[dapat]

geduldig	sabar	[sabar]
ungeduldig	tidak sabar	[tida² sabar]
neugierig	ingin tahu	[iŋin tahu]
Neugier (f)	rasa ingin tahu	[rasa iŋin tahu]

Bescheidenheit (f)	kerendahan hati	[kerendahan hati]
bescheiden	rendah hati	[rendah hati]
unbescheiden	tidak tahu malu	[tida² tahu malu]

Faulheit (f)	kemalasan	[kemalasan]
faul	malas	[malas]
Faulenzer (m)	pemalas	[pemalas]

Listigkeit (f)	kelicikan	[kelitʃikan]
listig	licik	[litʃi²]
Misstrauen (n)	ketidakpercayaan	[ketidakpertʃaja²an]
misstrauisch	tidak percaya	[tida² pertʃaja]

Freigebigkeit (f)	kemurahan hati	[kemurahan hati]
freigebig	murah hati	[murah hati]
talentiert	berbakat	[berbakat]
Talent (n)	bakat	[bakat]

tapfer	berani	[berani]
Tapferkeit (f)	keberanian	[keberanian]
ehrlich	jujur	[dʒⁱudʒⁱur]
Ehrlichkeit (f)	kejujuran	[kedʒⁱudʒⁱuran]
vorsichtig	berhati-hati	[berhati-hati]
tapfer	berani	[berani]

| ernst | serius | [serius] |
| streng | keras | [keras] |

entschlossen	tegas	[tegas]
unentschlossen	ragu-ragu	[ragu-ragu]
schüchtern	malu	[malu]
Schüchternheit (f)	sifat pemalu	[sifat pemalu]

Vertrauen (n)	kepercayaan	[kepertʃajaʔan]
vertrauen (vi)	percaya	[pərtʃaja]
vertrauensvoll	mudah percaya	[mudah pərtʃaja]

aufrichtig (Adv)	ikhlas	[ihlas]
aufrichtig (Adj)	ikhlas	[ihlas]
Aufrichtigkeit (f)	keikhlasan	[keihlasan]
offen	terbuka	[tərbuka]

still (Adj)	tenang	[tenaŋ]
freimütig	terus terang	[terus təraŋ]
naiv	naif	[naif]
zerstreut	lalai	[lalaj]
drollig, komisch	lucu	[lutʃu]

Gier (f)	kerakusan	[kerakusan]
habgierig	rakus	[rakus]
geizig	pelit, kikir	[pelit], [kikir]
böse	jahat	[dʒⁱahat]
hartnäckig	keras kepala, degil	[keras kepala], [degil]
unangenehm	tidak menyenangkan	[tidaʔ menjenaŋkan]

Egoist (m)	egois	[egois]
egoistisch	egoistis	[egoistis]
Feigling (m)	penakut	[penakut]
feige	penakut	[penakut]

63. Schlaf. Träume

schlafen (vi)	tidur	[tidur]
Schlaf (m)	tidur	[tidur]
Traum (m)	mimpi	[mimpi]
träumen (im Schlaf)	bermimpi	[bərmimpi]
verschlafen	mengantuk	[məŋantuʔ]

Bett (n)	ranjang	[randʒⁱaŋ]
Matratze (f)	kasur	[kasur]
Decke (f)	selimut	[selimut]
Kissen (n)	bantal	[bantal]
Laken (n)	seprai	[sepraj]

Schlaflosigkeit (f)	insomnia	[insomnia]
schlaflos	tanpa tidur	[tanpa tidur]
Schlafmittel (n)	obat tidur	[obat tidur]
Schlafmittel nehmen	meminum obat tidur	[meminum obat tidur]
schlafen wollen	mengantuk	[məŋantuʔ]

gähnen (vi)	menguap	[məŋuap]
schlafen gehen	tidur	[tidur]
das Bett machen	menyiapkan ranjang	[mənjiapkan randʒ'aŋ]
einschlafen (vi)	tertidur	[tərtidur]

Alptraum (m)	mimpi buruk	[mimpi buru']
Schnarchen (n)	dengkuran	[deŋkuran]
schnarchen (vi)	berdengkur	[bərdeŋkur]

Wecker (m)	weker	[weker]
aufwecken (vt)	membangunkan	[membaŋunkan]
erwachen (vi)	bangun	[baŋun]
aufstehen (vi)	bangun	[baŋun]
sich waschen	mencuci muka	[mənʧuʧi muka]

64. Humor. Lachen. Freude

Humor (m)	humor	[humor]
Sinn (m) für Humor	rasa humor	[rasa humor]
sich amüsieren	bersukaria	[bərsukaria]
froh (Adj)	riang, gembira	[riaŋ], [gembira]
Fröhlichkeit (f)	keriangan, kegembiraan	[keriaŋan], [kegembira'an]

Lächeln (n)	senyuman	[senyuman]
lächeln (vi)	tersenyum	[tərsenyum]
auflachen (vi)	tertawa	[tərtawa]
lachen (vi)	tertawa	[tərtawa]
Lachen (n)	gelak tawa	[gela' tawa]

Anekdote, Witz (m)	anekdot, lelucon	[anekdot], [leluʧon]
lächerlich	lucu	[luʧu]
komisch	lucu	[luʧu]

Witz machen	bergurau	[bərgurau]
Spaß (m)	lelucon	[leluʧon]
Freude (f)	kegembiraan	[kegembira'an]
sich freuen	bergembira	[bərgembira]
froh (Adj)	gembira	[gembira]

65. Diskussion, Unterhaltung. Teil 1

| Kommunikation (f) | komunikasi | [komunikasi] |
| kommunizieren (vi) | berkomunikasi | [bərkomunikasi] |

Konversation (f)	pembicaraan	[pembiʧara'an]
Dialog (m)	dialog	[dialog]
Diskussion (f)	diskusi	[diskusi]
Streitgespräch (n)	perdebatan	[pərdebatan]
streiten (vi)	berdebat	[bərdebat]

| Gesprächspartner (m) | lawan bicara | [lawan biʧara] |
| Thema (n) | topik, tema | [topik], [tema] |

Gesichtspunkt (m)	sudut pandang	[sudut pandaŋ]
Meinung (f)	opini, pendapat	[opini], [pendapat]
Rede (f)	pidato, tuturan	[pidato], [tuturan]

Besprechung (f)	pembicaraan	[pembitʃara'an]
besprechen (vt)	membicarakan	[membitʃarakan]
Gespräch (n)	pembicaraan	[pembitʃara'an]
Gespräche führen	berbicara	[bərbitʃara]
Treffen (n)	pertemuan	[pərtemuan]
sich treffen	bertemu	[bərtemu]

Sprichwort (n)	peribahasa	[pəribahasa]
Redensart (f)	peribahasa	[pəribahasa]
Rätsel (n)	teka-teki	[teka-teki]
ein Rätsel aufgeben	memberi teka-teki	[memberi teka-teki]
Parole (f)	kata sandi	[kata sandi]
Geheimnis (n)	rahasia	[rahasia]

Eid (m), Schwur (m)	sumpah	[sumpah]
schwören (vi, vt)	bersumpah	[bersumpah]
Versprechen (n)	janji	[dʒʲandʒi]
versprechen (vt)	berjanji	[bərdʒʲandʒi]

Rat (m)	nasihat	[nasihat]
raten (vt)	menasihati	[mənasihati]
einen Rat befolgen	mengikuti nasihat	[məŋikuti nasihat]
gehorchen (jemandem ~)	mendengar ...	[mɔndeŋar ...]

Neuigkeit (f)	berita	[berita]
Sensation (f)	sensasi	[sensasi]
Informationen (pl)	data, informasi	[data], [informasi]
Schlussfolgerung (f)	kesimpulan	[kesimpulan]
Stimme (f)	suara	[suara]
Kompliment (n)	pujian	[pudʒian]
freundlich	ramah	[ramah]

Wort (n)	kata	[kata]
Phrase (f)	frasa	[frasa]
Antwort (f)	jawaban	[dʒʲawaban]

| Wahrheit (f) | kebenaran | [kebenaran] |
| Lüge (f) | kebohongan | [kebohoŋan] |

Gedanke (m)	pikiran	[pikiran]
Idee (f)	ide	[ide]
Phantasie (f)	fantasi	[fantasi]

66. Diskussion, Unterhaltung. Teil 2

angesehen (Adj)	terhormat	[tərhormat]
respektieren (vt)	menghormati	[məŋhormati]
Respekt (m)	penghormatan	[pəŋhormatan]
Sehr geehrter ...	Yth. ... (Yang Terhormat)	[yaŋ tərhormat]
bekannt machen	memperkenalkan	[memperkenalkan]

kennenlernen (vt)	**berkenalan**	[bərkenalan]
Absicht (f)	**niat**	[niat]
beabsichtigen (vt)	**berniat**	[bərniat]
Wunsch (m)	**pengharapan**	[peŋharapan]
wünschen (vt)	**mengharapkan**	[məŋharapkan]
Staunen (n)	**keheranan**	[keheranan]
erstaunen (vt)	**mengherankan**	[məŋherankan]
staunen (vi)	**heran**	[heran]
geben (vt)	**memberi**	[memberi]
nehmen (vt)	**mengambil**	[məŋambil]
herausgeben (vt)	**mengembalikan**	[məŋembalikan]
zurückgeben (vt)	**mengembalikan**	[məŋembalikan]
sich entschuldigen	**meminta maaf**	[meminta ma'af]
Entschuldigung (f)	**permintaan maaf**	[pərminta'an ma'af]
verzeihen (vt)	**memaafkan**	[mema'afkan]
sprechen (vi)	**berbicara**	[bərbitʃara]
hören (vt), zuhören (vi)	**mendengarkan**	[məndeŋarkan]
sich anhören	**mendengar**	[məndeŋar]
verstehen (vt)	**mengerti**	[məŋerti]
zeigen (vt)	**menunjukkan**	[mənundʒˡuˀkan]
ansehen (vt)	**melihat ...**	[melihat ...]
rufen (vt)	**memanggil**	[memaŋgil]
belästigen (vt)	**mengganggu**	[məŋgaŋgu]
stören (vt)	**mengganggu**	[məŋgaŋgu]
übergeben (vt)	**menyampaikan**	[mənjampajkan]
Bitte (f)	**permintaan**	[pərminta'an]
bitten (vt)	**meminta**	[meminta]
Verlangen (n)	**tuntutan**	[tuntutan]
verlangen (vt)	**menuntut**	[mənuntut]
necken (vt)	**mengejek**	[mənedʒˡeˀ]
spotten (vi)	**mencemooh**	[məntʃemooh]
Spott (m)	**cemoohan**	[tʃemoohan]
Spitzname (m)	**nama panggilan**	[nama paŋilan]
Andeutung (f)	**isyarat**	[iʃarat]
andeuten (vt)	**mengisyaratkan**	[məŋiʃaratkan]
meinen (vt)	**berarti**	[bərarti]
Beschreibung (f)	**penggambaran**	[peŋgambaran]
beschreiben (vt)	**menggambarkan**	[məŋgambarkan]
Lob (n)	**pujian**	[pudʒian]
loben (vt)	**memuji**	[memudʒi]
Enttäuschung (f)	**kekecewaan**	[keketʃewa'an]
enttäuschen (vt)	**mengecewakan**	[mənetʃewakan]
enttäuscht sein	**kecewa**	[ketʃewa]
Vermutung (f)	**dugaan**	[duga'an]
vermuten (vt)	**menduga**	[mənduga]

| Warnung (f) | peringatan | [pəriŋatan] |
| warnen (vt) | memperingatkan | [memperiŋatkan] |

67. Diskussion, Unterhaltung. Teil 3

| überreden (vt) | meyakinkan | [meyakinkan] |
| beruhigen (vt) | menenangkan | [mənenaŋkan] |

Schweigen (n)	kebisuan	[kebisuan]
schweigen (vi)	membisu	[membisu]
flüstern (vt)	berbisik	[bərbisi']
Flüstern (n)	bisikan	[bisikan]

| offen (Adv) | terus terang | [terus teraŋ] |
| meiner Meinung nach ... | menurut saya ... | [mənurut saja ...] |

Detail (n)	detail, perincian	[detajl], [pərintʃian]
ausführlich (Adj)	mendetail	[məndetajl]
ausführlich (Adv)	dengan mendetail	[deŋan mendetajl]

| Tipp (m) | petunjuk | [petundʒ'u'] |
| einen Tipp geben | memberi petunjuk | [memberi petundʒ'u'] |

Blick (m)	melihat	[melihat]
anblicken (vt)	melihat	[melihat]
starr (z.B. -en Blick)	kaku	[kaku]
blinzeln (mit den Augen)	berkedip	[bərkedip]
zwinkern (mit den Augen)	mengedipkan mata	[məŋedipkan mata]
nicken (vi)	mengangguk	[məŋaŋgu']

Seufzer (m)	desah	[desah]
aufseufzen (vi)	mendesah	[məndesah]
zusammenzucken (vi)	tersentak	[tərsenta']
Geste (f)	gerak tangan	[gera' taŋan]
berühren (vt)	menyentuh	[mənjentuh]
ergreifen (vt)	memegang	[memegaŋ]
klopfen (vt)	menepuk	[mənepu']

Vorsicht!	Awas! Hati-hati!	[awas!], [hati-hati!]
Wirklich?	Sungguh?	[suŋguh?]
Sind Sie sicher?	Kamu yakin?	[kamu yakin?]
Viel Glück!	Semoga behasil!	[semoga behasil!]
Klar!	Begitu!	[begitu!]
Schade!	Sayang sekali!	[sajaŋ sekali!]

68. Zustimmung. Ablehnung

Einverständnis (n)	persetujuan	[pərsetudʒ'uan]
zustimmen (vi)	setuju, ijin	[setudʒ'u], [idʒin]
Billigung (f)	persetujuan	[pərsetudʒ'uan]
billigen (vt)	menyetujui	[mənjetudʒ'ui]
Absage (f)	penolakan	[penolakan]

sich weigern	menolak	[mənolaʔ]
Ausgezeichnet!	Bagus!	[bagus!]
Ganz recht!	Baiklah! Baik!	[bajklah!], [bajʔ!]
Gut! Okay!	Baiklah! Baik!	[bajklah!], [bajʔ!]

verboten (Adj)	larangan	[laraŋan]
Es ist verboten	dilarang	[dilaraŋ]
Es ist unmöglich	mustahil	[mustahil]
falsch	salah	[salah]

ablehnen (vt)	menolak	[mənolaʔ]
unterstützen (vt)	mendukung	[məndukuŋ]
akzeptieren (vt)	menerima	[mənerima]

bestätigen (vt)	mengonfirmasi	[məŋonfirmasi]
Bestätigung (f)	konfirmasi	[konfirmasi]
Erlaubnis (f)	izin	[izin]
erlauben (vt)	mengizinkan	[məŋizinkan]
Entscheidung (f)	keputusan	[keputusan]
schweigen (nicht antworten)	membisu	[membisu]

Bedingung (f)	syarat	[ʃarat]
Ausrede (f)	alasan, dalih	[alasan], [dalih]
Lob (n)	pujian	[pudʒian]
loben (vt)	memuji	[memudʒi]

69. Erfolg. Alles Gute. Misserfolg

Erfolg (m)	sukses, berhasil	[sukses], [bərhasil]
erfolgreich (Adv)	dengan sukses	[deŋan sukses]
erfolgreich (Adj)	sukses, berhasil	[sukses], [bərhasil]

Glück (Glücksfall)	keberuntungan	[keberuntuŋan]
Viel Glück!	Semoga behasil!	[semoga behasil!]
Glücks- (z.B. -tag)	beruntung	[bəruntuŋ]
glücklich (Adj)	beruntung	[bəruntuŋ]

Misserfolg (m)	kegagalan	[kegagalan]
Missgeschick (n)	kesialan	[kesialan]
Unglück (n)	kesialan	[kesialan]

missglückt (Adj)	gagal	[gagal]
Katastrophe (f)	gagal total	[gagal total]

Stolz (m)	kebanggaan	[kebaŋgaʔan]
stolz	bangga	[baŋga]
stolz sein	bangga	[baŋga]

Sieger (m)	pemenang	[pemenaŋ]
siegen (vi)	menang	[menaŋ]
verlieren (Spiel usw.)	kalah	[kalah]
Versuch (m)	percobaan	[pərtʃobaʔan]
versuchen (vt)	mencoba	[məntʃoba]
Chance (f)	kans, peluang	[kans], [peluaŋ]

70. Streit. Negative Gefühle

Schrei (m)	teriakan	[təriakan]
schreien (vi)	berteriak	[bərteria']
beginnen zu schreien	berteriak	[bərteria']
Zank (m)	pertengkaran	[pərteŋkaran]
sich zanken	bertengkar	[bərteŋkar]
Riesenkrach (m)	pertengkaran	[pərteŋkaran]
Krach haben	bertengkar	[bərteŋkar]
Konflikt (m)	konflik	[konfli']
Missverständnis (n)	kesalahpahaman	[kesalahpahaman]
Kränkung (f)	penghinaan	[peŋhina'an]
kränken (vt)	menghina	[məŋhina]
gekränkt (Adj)	terhina	[tərhina]
Beleidigung (f)	perasaan tersinggung	[pərasa'an tərsiŋguŋ]
beleidigen (vt)	menyinggung	[məɲiŋguŋ]
sich beleidigt fühlen	tersinggung	[tərsiŋguŋ]
Empörung (f)	kemarahan	[kemarahan]
sich empören	marah	[marah]
Klage (f)	komplain, pengaduan	[kompleyn], [peŋaduan]
klagen (vi)	mengeluh	[məŋeluh]
Entschuldigung (f)	permintaan maaf	[pərminta'an ma'af]
sich entschuldigen	meminta maaf	[meminta ma'af]
um Entschuldigung bitten	minta maaf	[minta ma'af]
Kritik (f)	kritik	[kriti']
kritisieren (vt)	mengkritik	[məŋkriti']
Anklage (f)	tuduhan	[tuduhan]
anklagen (vt)	menuduh	[mənuduh]
Rache (f)	dendam	[dendam]
rächen (vt)	membalas dendam	[membalas dendam]
sich rächen	membalas	[membalas]
Verachtung (f)	penghinaan	[peŋhina'an]
verachten (vt)	benci, membenci	[bentʃi], [membentʃi]
Hass (m)	rasa benci	[rasa bentʃi]
hassen (vt)	membenci	[membentʃi]
nervös	gugup, grogi	[gugup], [grogi]
nervös sein	gugup, gelisah	[gugup], [gelisah]
verärgert	marah	[marah]
ärgern (vt)	membuat marah	[membuat marah]
Erniedrigung (f)	penghinaan	[peŋhina'an]
erniedrigen (vt)	merendahkan	[merendahkan]
sich erniedrigen	merendahkan diri sendiri	[merendahkan diri sendiri]
Schock (m)	keterkejutan	[keterkedʒ'utan]
schockieren (vt)	mengejutkan	[məŋedʒ'utkan]
Ärger (m)	kesulitan	[kesulitan]

unangenehm	tidak menyenangkan	[tida' menjenaŋkan]
Angst (f)	ketakutan	[ketakutan]
furchtbar (z.B. -e Sturm)	dahsyat	[dahʃat]
schrecklich	menakutkan	[mənakutkan]
Entsetzen (n)	horor, ketakutan	[horor], [ketakutan]
entsetzlich	buruk, parah	[buruk], [parah]

zittern (vi)	gemetar	[gemetar]
weinen (vi)	menangis	[mənaŋis]
anfangen zu weinen	menangis	[mənaŋis]
Träne (f)	air mata	[air mata]

Schuld (f)	kesalahan	[kesalahan]
Schuldgefühl (n)	rasa bersalah	[rasa bərsalah]
Schmach (f)	aib	[aib]
Protest (m)	protes	[protes]
Stress (m)	stres	[stres]

stören (vt)	mengganggu	[məŋgaŋgu]
sich ärgern	marah	[marah]
ärgerlich	marah	[marah]
abbrechen (vi)	menghentikan	[məŋhentikan]
schelten (vi)	menyumpahi	[mənyumpahi]

erschrecken (vi)	takut	[takut]
schlagen (vt)	memukul	[memukul]
sich prügeln	berkelahi	[bərkelahi]

beilegen (Konflikt usw.)	menyelesaikan	[mənjelesajkan]
unzufrieden	tidak puas	[tida' puas]
wütend	garam	[garam]

Das ist nicht gut!	Tidak baik!	[tida' bai'!]
Das ist schlecht!	Jelek! Buruk!	[dʒ!ele'!], [buru'!]

Medizin

71. Krankheiten

Krankheit (f)	penyakit	[penjakit]
krank sein	sakit	[sakit]
Gesundheit (f)	kesehatan	[kesehatan]
Schnupfen (m)	hidung meler	[hiduŋ meler]
Angina (f)	radang tonsil	[radaŋ tonsil]
Erkältung (f)	pilek, selesma	[pilek], [selesma]
sich erkälten	masuk angin	[masuʾ aŋin]
Bronchitis (f)	bronkitis	[bronkitis]
Lungenentzündung (f)	radang paru-paru	[radaŋ paru-paru]
Grippe (f)	flu	[flu]
kurzsichtig	rabun jauh	[rabun dʒʲauh]
weitsichtig	rabun dekat	[rabun dekat]
Schielen (n)	mata juling	[mata dʒʲuliŋ]
schielend (Adj)	bermata juling	[bərmata dʒʲuliŋ]
grauer Star (m)	katarak	[kataraʾ]
Glaukom (n)	glaukoma	[glaukoma]
Schlaganfall (m)	stroke	[stroke]
Infarkt (m)	infark	[infarʾ]
Herzinfarkt (m)	serangan jantung	[seraŋan dʒʲantuŋ]
Lähmung (f)	kelumpuhan	[kelumpuhan]
lähmen (vt)	melumpuhkan	[melumpuhkan]
Allergie (f)	alergi	[alergi]
Asthma (n)	asma	[asma]
Diabetes (m)	diabetes	[diabetes]
Zahnschmerz (m)	sakit gigi	[sakit gigi]
Karies (f)	karies	[karies]
Durchfall (m)	diare	[diare]
Verstopfung (f)	konstipasi, sembelit	[konstipasi], [sembelit]
Magenverstimmung (f)	gangguan pencernaan	[gaŋuan penʧarnaʾan]
Vergiftung (f)	keracunan makanan	[keraʧunan makanan]
Vergiftung bekommen	keracunan makanan	[keraʧunan makanan]
Arthritis (f)	artritis	[artritis]
Rachitis (f)	rakitis	[rakitis]
Rheumatismus (m)	rematik	[rematiʾ]
Atherosklerose (f)	aterosklerosis	[aterosklerosis]
Gastritis (f)	radang perut	[radaŋ pərut]
Blinddarmentzündung (f)	apendisitis	[apendisitis]

Cholezystitis (f)	radang pundi empedu	[radaŋ pundi empedu]
Geschwür (n)	tukak lambung	[tuka' lambuŋ]

Masern (pl)	penyakit campak	[penjakit tʃampa']
Röteln (pl)	penyakit campak Jerman	[penjakit tʃampa' dʒ'erman]
Gelbsucht (f)	sakit kuning	[sakit kuniŋ]
Hepatitis (f)	hepatitis	[hepatitis]

Schizophrenie (f)	skizofrenia	[skizofrenia]
Tollwut (f)	rabies	[rabies]
Neurose (f)	neurosis	[neurosis]
Gehirnerschütterung (f)	gegar otak	[gegar ota']

Krebs (m)	kanker	[kanker]
Sklerose (f)	sklerosis	[sklerosis]
multiple Sklerose (f)	sklerosis multipel	[sklerosis multipel]

Alkoholismus (m)	alkoholisme	[alkoholisme]
Alkoholiker (m)	alkoholik	[alkoholi']
Syphilis (f)	sifilis	[sifilis]
AIDS	AIDS	[ajds]

Tumor (m)	tumor	[tumor]
bösartig	ganas	[ganas]
gutartig	jinak	[dʒina']

Fieber (n)	demam	[demam]
Malaria (f)	malaria	[malaria]
Gangrän (f, n)	gangren	[gaŋren]
Seekrankheit (f)	mabuk laut	[mabu' laut]
Epilepsie (f)	epilepsi	[epilepsi]

Epidemie (f)	epidemi	[epidemi]
Typhus (m)	tifus	[tifus]
Tuberkulose (f)	tuberkulosis	[tuberkulosis]
Cholera (f)	kolera	[kolera]
Pest (f)	penyakit pes	[penjakit pes]

72. Symptome. Behandlungen. Teil 1

Symptom (n)	gejala	[gedʒ'ala]
Temperatur (f)	temperatur, suhu	[temperatur], [suhu]
Fieber (n)	temperatur tinggi	[temperatur tiŋgi]
Puls (m)	denyut nadi	[denyut nadi]

Schwindel (m)	rasa pening	[rasa peniŋ]
heiß (Stirne usw.)	panas	[panas]
Schüttelfrost (m)	menggigil	[meŋgigil]
blass (z.B. -es Gesicht)	pucat	[putʃat]

Husten (m)	batuk	[batu']
husten (vi)	batuk	[batu']
niesen (vi)	bersin	[bersin]
Ohnmacht (f)	pingsan	[piŋsan]

ohnmächtig werden	jatuh pingsan	[dʒatuh piŋsan]
blauer Fleck (m)	luka memar	[luka memar]
Beule (f)	bengkak	[beŋkaʔ]
sich stoßen	terantuk	[tərantuʔ]
Prellung (f)	luka memar	[luka memar]
sich stoßen	kena luka memar	[kena luka memar]
hinken (vi)	pincang	[pintʃaŋ]
Verrenkung (f)	keseleo	[keseleo]
ausrenken (vt)	keseleo	[keseleo]
Fraktur (f)	fraktura, patah tulang	[fraktura], [patah tulaŋ]
brechen (Arm usw.)	patah tulang	[patah tulaŋ]
Schnittwunde (f)	teriris	[təriris]
sich schneiden	teriris	[təriris]
Blutung (f)	perdarahan	[pərdarahan]
Verbrennung (f)	luka bakar	[luka bakar]
sich verbrennen	menderita luka bakar	[mənderita luka bakar]
stechen (vt)	menusuk	[mənusuʔ]
sich stechen	tertusuk	[tərtusuʔ]
verletzen (vt)	melukai	[melukaj]
Verletzung (f)	cedera	[tʃedera]
Wunde (f)	luka	[luka]
Trauma (n)	trauma	[trauma]
irrereden (vi)	mengigau	[məŋigau]
stottern (vi)	gagap	[gagap]
Sonnenstich (m)	sengatan matahari	[səŋatan matahari]

73. Symptome. Behandlungen. Teil 2

Schmerz (m)	sakit	[sakit]
Splitter (m)	selumbar	[selumbar]
Schweiß (m)	keringat	[keriŋat]
schwitzen (vi)	berkeringat	[bərkeriŋat]
Erbrechen (n)	muntah	[muntah]
Krämpfe (pl)	kram	[kram]
schwanger	hamil	[hamil]
geboren sein	lahir	[lahir]
Geburt (f)	persalinan	[pərsalinan]
gebären (vt)	melahirkan	[melahirkan]
Abtreibung (f)	aborsi	[aborsi]
Atem (m)	pernapasan	[pərnapasan]
Atemzug (m)	tarikan napas	[tarikan napas]
Ausatmung (f)	napas keluar	[napas keluar]
ausatmen (vt)	mengembuskan napas	[məŋembuskan napas]
einatmen (vt)	menarik napas	[mənariʔ napas]
Invalide (m)	penderita cacat	[penderita tʃatʃat]
Krüppel (m)	penderita cacat	[penderita tʃatʃat]

Drogenabhängiger (m)	pecandu narkoba	[petʃandu narkoba]
taub	tunarungu	[tunaruŋu]
stumm	tunawicara	[tunawitʃara]
taubstumm	tunarungu-wicara	[tunaruŋu-witʃara]

verrückt (Adj)	gila	[gila]
Irre (m)	lelaki gila	[lelaki gila]
Irre (f)	perempuan gila	[pərempuan gila]
den Verstand verlieren	menggila	[məŋgila]

Gen (n)	gen	[gen]
Immunität (f)	imunitas	[imunitas]
erblich	turun-temurun	[turun-temurun]
angeboren	bawaan	[bawaʔan]

Virus (m, n)	virus	[virus]
Mikrobe (f)	mikroba	[mikroba]
Bakterie (f)	bakteri	[bakteri]
Infektion (f)	infeksi	[infeksi]

74. Symptome. Behandlungen. Teil 3

| Krankenhaus (n) | rumah sakit | [rumah sakit] |
| Patient (m) | pasien | [pasien] |

Diagnose (f)	diagnosis	[diagnosis]
Heilung (f)	perawatan	[pərawatan]
Behandlung (f)	pengobatan medis	[pəŋobatan medis]
Behandlung bekommen	berobat	[bərobat]
behandeln (vt)	merawat	[merawat]
pflegen (Kranke)	merawat	[merawat]
Pflege (f)	pengasuhan	[pəŋasuhan]

Operation (f)	operasi, pembedahan	[operasi], [pembedahan]
verbinden (vt)	membalut	[membalut]
Verband (m)	pembalutan	[pembalutan]

Impfung (f)	vaksinasi	[vaksinasi]
impfen (vt)	memvaksinasi	[memvaksinasi]
Spritze (f)	suntikan	[suntikan]
eine Spritze geben	menyuntik	[mənyuntiʔ]

Anfall (m)	serangan	[seraŋan]
Amputation (f)	amputasi	[amputasi]
amputieren (vt)	mengamputasi	[məŋamputasi]
Koma (n)	koma	[koma]
im Koma liegen	dalam keadaan koma	[dalam keadaʔan koma]
Reanimation (f)	perawatan intensif	[pərawatan intensif]

genesen von ... (vi)	sembuh	[sembuh]
Zustand (m)	keadaan	[keadaʔan]
Bewusstsein (n)	kesadaran	[kesadaran]
Gedächtnis (n)	memori, daya ingat	[memori], [daja iŋat]
ziehen (einen Zahn ~)	mencabut	[məntʃabut]

| Plombe (f) | tambalan | [tambalan] |
| plombieren (vt) | menambal | [mənambal] |

| Hypnose (f) | hipnosis | [hipnosis] |
| hypnotisieren (vt) | menghipnosis | [mənhipnosis] |

75. Ärzte

Arzt (m)	dokter	[dokter]
Krankenschwester (f)	suster, juru rawat	[suster], [dʒʲuru rawat]
Privatarzt (m)	dokter pribadi	[dokter pribadi]

Zahnarzt (m)	dokter gigi	[dokter gigi]
Augenarzt (m)	dokter mata	[dokter mata]
Internist (m)	ahli penyakit dalam	[ahli penjakit dalam]
Chirurg (m)	dokter bedah	[dokter bedah]

Psychiater (m)	psikiater	[psikiater]
Kinderarzt (m)	dokter anak	[dokter ana']
Psychologe (m)	psikolog	[psikolog]
Frauenarzt (m)	ginekolog	[ginekolog]
Kardiologe (m)	kardiolog	[kardiolog]

76. Medizin. Medikamente. Accessoires

Arznei (f)	obat	[obat]
Heilmittel (n)	obat	[obat]
verschreiben (vt)	meresepkan	[meresepkan]
Rezept (n)	resep	[resep]

Tablette (f)	pil, tablet	[pil], [tablet]
Salbe (f)	salep	[salep]
Ampulle (f)	ampul	[ampul]
Mixtur (f)	obat cair	[obat tʃajr]
Sirup (m)	sirop	[sirop]
Pille (f)	pil	[pil]
Pulver (n)	bubuk	[bubu']

Verband (m)	perban	[perban]
Watte (f)	kapas	[kapas]
Jod (n)	iodium	[iodium]

Pflaster (n)	plester obat	[plester obat]
Pipette (f)	tetes mata	[tetes mata]
Thermometer (n)	termometer	[tərmometər]
Spritze (f)	alat suntik	[alat sunti']

| Rollstuhl (m) | kursi roda | [kursi roda] |
| Krücken (pl) | kruk | [kru'] |

| Betäubungsmittel (n) | obat bius | [obat bius] |
| Abführmittel (n) | laksatif, obat pencuci perut | [laksatif], [obat pentʃutʃi pərut] |

Spiritus (m)	spiritus, alkohol	[spiritus], [alkohol]
Heilkraut (n)	tanaman obat	[tanaman obat]
Kräuter- (z.B. Kräutertee)	herbal	[herbal]

77. Rauchen. Tabakwaren

Tabak (m)	tembakau	[tembakau]
Zigarette (f)	rokok	[roko']
Zigarre (f)	cerutu	[ʧerutu]
Pfeife (f)	pipa	[pipa]
Packung (f)	bungkus	[buŋkus]

Streichhölzer (pl)	korek api	[kore' api]
Streichholzschachtel (f)	kotak korek api	[kota' kore' api]
Feuerzeug (n)	pemantik	[pemanti']
Aschenbecher (m)	asbak	[asba']
Zigarettenetui (n)	selepa	[selepa]

| Mundstück (n) | pemegang rokok | [pemegaŋ roko'] |
| Filter (n) | filter | [filter] |

rauchen (vi, vt)	merokok	[meroko']
anrauchen (vt)	menyulut rokok	[menyulut roko']
Rauchen (n)	merokok	[meroko']
Raucher (m)	perokok	[peroko']

Stummel (m)	puntung rokok	[puntuŋ roko']
Rauch (m)	asap	[asap]
Asche (f)	abu	[abu]

LEBENSRAUM DES MENSCHEN

Stadt

78. Stadt. Leben in der Stadt

Stadt (f)	kota	[kota]
Hauptstadt (f)	ibu kota	[ibu kota]
Dorf (n)	desa	[desa]
Stadtplan (m)	peta kota	[peta kota]
Stadtzentrum (n)	pusat kota	[pusat kota]
Vorort (m)	pinggir kota	[piŋgir kota]
Vorort-	pinggir kota	[piŋgir kota]
Stadtrand (m)	pinggir	[piŋgir]
Umgebung (f)	daerah sekitarnya	[daerah sekitarnja]
Stadtviertel (n)	blok	[blo⁷]
Wohnblock (m)	blok perumahan	[blo⁷ pərumahan]
Straßenverkehr (m)	lalu lintas	[lalu lintas]
Ampel (f)	lampu lalu lintas	[lampu lalu lintas]
Stadtverkehr (m)	angkot	[aŋkot]
Straßenkreuzung (f)	persimpangan	[pərsimpaŋan]
Übergang (m)	penyeberangan	[penjeberaŋan]
Fußgängerunterführung (f)	terowongan penyeberangan	[tərowoŋan penjeberaŋan]
überqueren (vt)	menyeberang	[mənjeberaŋ]
Fußgänger (m)	pejalan kaki	[peʤalan kaki]
Gehweg (m)	trotoar	[trotoar]
Brücke (f)	jembatan	[ʤembatan]
Kai (m)	tepi sungai	[tepi suŋaj]
Springbrunnen (m)	air mancur	[air manʧur]
Allee (f)	jalan kecil	[ʤalan ketʃil]
Park (m)	taman	[taman]
Boulevard (m)	bulevar, adimarga	[bulevar], [adimarga]
Platz (m)	lapangan	[lapaŋan]
Avenue (f)	jalan raya	[ʤalan raja]
Straße (f)	jalan	[ʤalan]
Gasse (f)	gang	[gaŋ]
Sackgasse (f)	jalan buntu	[ʤalan buntu]
Haus (n)	rumah	[rumah]
Gebäude (n)	gedung	[geduŋ]
Wolkenkratzer (m)	pencakar langit	[penʧakar laŋit]
Fassade (f)	bagian depan	[bagian depan]

Dach (n)	atap	[atap]
Fenster (n)	jendela	[dʒʲendela]
Bogen (m)	lengkungan	[leŋkuŋan]
Säule (f)	pilar	[pilar]
Ecke (f)	sudut	[sudut]

Schaufenster (n)	etalase	[etalase]
Firmenschild (n)	papan nama	[papan nama]
Anschlag (m)	poster	[poster]
Werbeposter (m)	poster iklan	[poster iklan]
Werbeschild (n)	papan iklan	[papan iklan]

Müll (m)	sampah	[sampah]
Mülleimer (m)	tong sampah	[toŋ sampah]
Abfall wegwerfen	menyampah	[mənjampah]
Mülldeponie (f)	tempat pemrosesan akhir (TPA)	[tempat pemrosesan ahir]

Telefonzelle (f)	gardu telepon umum	[gardu telepon umum]
Straßenlaterne (f)	tiang lampu	[tiaŋ lampu]
Bank (Park-)	bangku	[baŋku]

Polizist (m)	polisi	[polisi]
Polizei (f)	polisi, kepolisian	[polisi], [kepolisian]
Bettler (m)	pengemis	[peŋemis]
Obdachlose (m)	tuna wisma	[tuna wisma]

79. Innerstädtische Einrichtungen

Laden (m)	toko	[toko]
Apotheke (f)	apotek, toko obat	[apotek], [toko obat]
Optik (f)	optik	[optiʔ]
Einkaufszentrum (n)	toserba	[toserba]
Supermarkt (m)	pasar swalayan	[pasar swalajan]

Bäckerei (f)	toko roti	[toko roti]
Bäcker (m)	pembuat roti	[pembuat roti]
Konditorei (f)	toko kue	[toko kue]
Lebensmittelladen (m)	toko pangan	[toko paŋan]
Metzgerei (f)	toko daging	[toko dagiŋ]

Gemüseladen (m)	toko sayur	[toko sajur]
Markt (m)	pasar	[pasar]

Kaffeehaus (n)	warung kopi	[waruŋ kopi]
Restaurant (n)	restoran	[restoran]
Bierstube (f)	kedai bir	[kedaj bir]
Pizzeria (f)	kedai piza	[kedaj piza]

Friseursalon (m)	salon rambut	[salon rambut]
Post (f)	kantor pos	[kantor pos]
chemische Reinigung (f)	penatu kimia	[penatu kimia]
Fotostudio (n)	studio foto	[studio foto]
Schuhgeschäft (n)	toko sepatu	[toko sepatu]

| Buchhandlung (f) | toko buku | [toko buku] |
| Sportgeschäft (n) | toko alat olahraga | [toko alat olahraga] |

Kleiderreparatur (f)	reparasi pakaian	[reparasi pakajan]
Bekleidungsverleih (m)	rental pakaian	[rental pakajan]
Videothek (f)	rental film	[rental film]

Zirkus (m)	sirkus	[sirkus]
Zoo (m)	kebun binatang	[kebun binataŋ]
Kino (n)	bioskop	[bioskop]
Museum (n)	museum	[museum]
Bibliothek (f)	perpustakaan	[pərpustaka'an]

Theater (n)	teater	[teater]
Opernhaus (n)	opera	[opera]
Nachtklub (m)	klub malam	[klub malam]
Kasino (n)	kasino	[kasino]

Moschee (f)	masjid	[masdʒid]
Synagoge (f)	sinagoga, kanisah	[sinagoga], [kanisah]
Kathedrale (f)	katedral	[katedral]
Tempel (m)	kuil, candi	[kuil], [tʃandi]
Kirche (f)	gereja	[geredʒ'a]

Institut (n)	institut, perguruan tinggi	[institut], [pərguruan tiŋgi]
Universität (f)	universitas	[universitas]
Schule (f)	sekolah	[sekolah]

Präfektur (f)	prefektur, distrik	[prefektur], [distri']
Rathaus (n)	balai kota	[balaj kota]
Hotel (n)	hotel	[hotel]
Bank (f)	bank	[ban']

Botschaft (f)	kedutaan besar	[keduta'an besar]
Reisebüro (n)	kantor pariwisata	[kantor pariwisata]
Informationsbüro (n)	kantor penerangan	[kantor peneraŋan]
Wechselstube (f)	kantor penukaran uang	[kantor penukaran uaŋ]

| U-Bahn (f) | kereta api bawah tanah | [kereta api bawah tanah] |
| Krankenhaus (n) | rumah sakit | [rumah sakit] |

| Tankstelle (f) | SPBU, stasiun bensin | [es-pe-be-u], [stasjun bensin] |
| Parkplatz (m) | tempat parkir | [tempat parkir] |

80. Schilder

Firmenschild (n)	papan nama	[papan nama]
Aufschrift (f)	tulisan	[tulisan]
Plakat (n)	poster	[poster]
Wegweiser (m)	penunjuk arah	[penundʒ'u' arah]
Pfeil (m)	anak panah	[ana' panah]

| Vorsicht (f) | peringatan | [pəriŋatan] |
| Warnung (f) | tanda peringatan | [tanda pəriŋatan] |

warnen (vt)	memperingatkan	[memperiŋatkan]
freier Tag (m)	hari libur	[hari libur]
Fahrplan (m)	jadwal	[dʒ¹adwal]
Öffnungszeiten (pl)	jam buka	[dʒ¹am buka]

HERZLICH WILLKOMMEN!	SELAMAT DATANG!	[selamat dataŋ!]
EINGANG	MASUK	[masuʔ]
AUSGANG	KELUAR	[keluar]

DRÜCKEN	DORONG	[doroŋ]
ZIEHEN	TARIK	[tariʔ]
GEÖFFNET	BUKA	[buka]
GESCHLOSSEN	TUTUP	[tutup]

| DAMEN, FRAUEN | WANITA | [wanita] |
| HERREN, MÄNNER | PRIA | [pria] |

AUSVERKAUF	DISKON	[diskon]
REDUZIERT	OBRAL	[obral]
NEU!	BARU!	[baru!]
GRATIS	GRATIS	[gratis]

ACHTUNG!	PERHATIAN!	[pərhatian!]
ZIMMER BELEGT	PENUH	[penuh]
RESERVIERT	DIRESERVASI	[direservasi]

| VERWALTUNG | ADMINISTRASI | [administrasi] |
| NUR FÜR PERSONAL | KHUSUS STAF | [husus staf] |

VORSICHT BISSIGER HUND	AWAS, ANJING GALAK!	[awas], [andʒiŋ galaʔ!]
RAUCHEN VERBOTEN!	DILARANG MEROKOK!	[dilaraŋ merokoʔ!]
BITTE NICHT BERÜHREN	JANGAN SENTUH!	[dʒ¹aŋan sentuh!]

GEFÄHRLICH	BERBAHAYA	[bərbahaja]
VORSICHT!	BAHAYA	[bahaja]
HOCHSPANNUNG	TEGANGAN TINGGI	[tegaŋan tiŋgi]
BADEN VERBOTEN	DILARANG BERENANG!	[dilaraŋ bərenaŋ!]
AUßER BETRIEB	RUSAK	[rusaʔ]

LEICHTENTZÜNDLICH	BAHAN MUDAH TERBAKAR	[bahan mudah tərbakar]
VERBOTEN	DILARANG	[dilaraŋ]
DURCHGANG VERBOTEN	DILARANG MASUK!	[dilaraŋ masuʔ!]
FRISCH GESTRICHEN	AWAS CAT BASAH	[awas tʃat basah]

81. Innerstädtischer Transport

Bus (m)	bus	[bus]
Straßenbahn (f)	trem	[trem]
Obus (m)	bus listrik	[bus listriʔ]
Linie (f)	trayek	[traeʔ]
Nummer (f)	nomor	[nomor]
mit ... fahren	naik ...	[naiʔ ...]

| einsteigen (vi) | naik | [naiʔ] |
| aussteigen (aus dem Bus) | turun ... | [turun ...] |

Haltestelle (f)	halte, pemberhentian	[halte], [pemberhentian]
nächste Haltestelle (f)	halte berikutnya	[halte bərikutnja]
Endhaltestelle (f)	halte terakhir	[halte tərahir]
Fahrplan (m)	jadwal	[dʒˈadwal]
warten (vi, vt)	menunggu	[mənuŋgu]

| Fahrkarte (f) | tiket | [tiket] |
| Fahrpreis (m) | harga karcis | [harga kartʃis] |

Kassierer (m)	kasir	[kasir]
Fahrkartenkontrolle (f)	pemeriksaan tiket	[pemeriksaʔan tiket]
Fahrkartenkontrolleur (m)	kondektur	[kondektur]

sich verspäten	terlambat ...	[tərlambat ...]
versäumen (Zug usw.)	ketinggalan	[ketiŋgalan]
sich beeilen	tergesa-gesa	[tərgesa-gesa]

Taxi (n)	taksi	[taksi]
Taxifahrer (m)	sopir taksi	[sopir taksi]
mit dem Taxi	naik taksi	[naiʔ taksi]
Taxistand (m)	pangkalan taksi	[paŋkalan taksi]
ein Taxi rufen	memanggil taksi	[memaŋgil taksi]
ein Taxi nehmen	menaiki taksi	[mənajki taksi]

Straßenverkehr (m)	lalu lintas	[lalu lintas]
Stau (m)	kemacetan lalu lintas	[kematʃetan lalu lintas]
Hauptverkehrszeit (f)	jam sibuk	[dʒˈam sibuʔ]
parken (vi)	parkir	[parkir]
parken (vt)	memarkir	[memarkir]
Parkplatz (m)	tempat parkir	[tempat parkir]

U-Bahn (f)	kereta api bawah tanah	[kereta api bawah tanah]
Station (f)	stasiun	[stasiun]
mit der U-Bahn fahren	naik kereta api bawah tanah	[naiʔ kereta api bawah tanah]
Zug (m)	kereta api	[kereta api]
Bahnhof (m)	stasiun kereta api	[stasiun kereta api]

82. Sehenswürdigkeiten

Denkmal (n)	monumen, patung	[monumen], [patuŋ]
Festung (f)	benteng	[benteŋ]
Palast (m)	istana	[istana]
Schloss (n)	kastil	[kastil]
Turm (m)	menara	[mənara]
Mausoleum (n)	mausoleum	[mausoleum]

Architektur (f)	arsitektur	[arsitektur]
mittelalterlich	abad pertengahan	[abad pərteŋahan]
alt (antik)	kuno	[kuno]
national	nasional	[nasional]

berühmt	terkenal	[tərkenal]
Tourist (m)	turis, wisatawan	[turis], [wisatawan]
Fremdenführer (m)	pemandu wisata	[pemandu wisata]
Ausflug (m)	ekskursi	[ekskursi]
zeigen (vt)	menunjukkan	[mənundʒ'u'kan]
erzählen (vt)	menceritakan	[məntʃeritakan]

finden (vt)	mendapatkan	[məndapatkan]
sich verlieren	tersesat	[tərsesat]
Karte (U-Bahn ~)	denah	[denah]
Karte (Stadt-)	peta	[peta]

Souvenir (n)	suvenir	[suvenir]
Souvenirladen (m)	toko suvenir	[toko suvenir]
fotografieren (vt)	memotret	[memotret]
sich fotografieren	berfoto	[bərfoto]

83. Shopping

kaufen (vt)	membeli	[membeli]
Einkauf (m)	belanjaan	[beland'ʒ'a'an]
einkaufen gehen	berbelanja	[bərbeland'ʒ'a]
Einkaufen (n)	berbelanja	[bərbeland'ʒ'a]

| offen sein (Laden) | buka | [buka] |
| zu sein | tutup | [tutup] |

Schuhe (pl)	sepatu	[sepatu]
Kleidung (f)	pakaian	[pakajan]
Kosmetik (f)	kosmetik	[kosmeti']
Lebensmittel (pl)	produk makanan	[produ' makanan]
Geschenk (n)	hadiah	[hadiah]

| Verkäufer (m) | pramuniaga | [pramuniaga] |
| Verkäuferin (f) | pramuniaga perempuan | [pramuniaga pərempuan] |

Kasse (f)	kas	[kas]
Spiegel (m)	cermin	[tʃermin]
Ladentisch (m)	konter	[konter]
Umkleidekabine (f)	kamar pas	[kamar pas]

anprobieren (vt)	mengepas	[məŋepas]
passen (Schuhe, Kleid)	pas, cocok	[pas], [tʃotʃo']
gefallen (vi)	suka	[suka]

Preis (m)	harga	[harga]
Preisschild (n)	label harga	[label harga]
kosten (vt)	berharga	[bərharga]
Wie viel?	Berapa?	[bərapa?]
Rabatt (m)	diskon	[diskon]

preiswert	tidak mahal	[tida' mahal]
billig	murah	[murah]
teuer	mahal	[mahal]

Das ist teuer	Ini mahal	[ini mahal]
Verleih (m)	rental, persewaan	[rental], [persewa'an]
leihen, mieten (ein Auto usw.)	menyewa	[mənjewa]
Kredit (m), Darlehen (n)	kredit	[kredit]
auf Kredit	secara kredit	[setʃara kredit]

84. Geld

Geld (n)	uang	[uaŋ]
Austausch (m)	pertukaran mata uang	[pərtukaran mata uaŋ]
Kurs (m)	nilai tukar	[nilaj tukar]
Geldautomat (m)	Anjungan Tunai Mandiri, ATM	[andʒ'uŋan tunaj mandiri], [a-te-em]
Münze (f)	koin	[koin]

| Dollar (m) | dolar | [dolar] |
| Euro (m) | euro | [euro] |

Lira (f)	lira	[lira]
Mark (f)	Mark Jerman	[mar' dʒ'erman]
Franken (m)	franc	[frantʃ]
Pfund Sterling (n)	poundsterling	[paundsterliŋ]
Yen (m)	yen	[yen]

Schulden (pl)	utang	[utaŋ]
Schuldner (m)	pengutang	[pəŋutaŋ]
leihen (vt)	meminjamkan	[memindʒ'amkan]
leihen, borgen (Geld usw.)	meminjam	[memindʒ'am]

Bank (f)	bank	[ban']
Konto (n)	rekening	[rekeniŋ]
einzahlen (vt)	memasukkan	[memasu'kan]
auf ein Konto einzahlen	memasukkan ke rekening	[memasu'kan ke rekeniŋ]
abheben (vt)	menarik uang	[mənari' uaŋ]

Kreditkarte (f)	kartu kredit	[kartu kredit]
Bargeld (n)	uang kontan, uang tunai	[uaŋ kontan], [uaŋ tunaj]
Scheck (m)	cek	[tʃe']
einen Scheck schreiben	menulis cek	[mənulis tʃe']
Scheckbuch (n)	buku cek	[buku tʃe']

Geldtasche (f)	dompet	[dompet]
Geldbeutel (m)	dompet, pundi-pundi	[dompet], [pundi-pundi]
Safe (m)	brankas	[brankas]

Erbe (m)	pewaris	[pewaris]
Erbschaft (f)	warisan	[warisan]
Vermögen (n)	kekayaan	[kekaja'an]

Pacht (f)	sewa	[sewa]
Miete (f)	uang sewa	[uaŋ sewa]
mieten (vt)	menyewa	[mənjewa]
Preis (m)	harga	[harga]
Kosten (pl)	harga	[harga]

Summe (f)	jumlah	[dʒʲumlah]
ausgeben (vt)	menghabiskan	[məŋhabiskan]
Ausgaben (pl)	ongkos	[oŋkos]
sparen (vt)	menghemat	[məŋhemat]
sparsam	hemat	[hemat]
zahlen (vt)	membayar	[membajar]
Lohn (m)	pembayaran	[pembajaran]
Wechselgeld (n)	kembalian	[kembalian]
Steuer (f)	pajak	[padʒʲaʔ]
Geldstrafe (f)	denda	[denda]
bestrafen (vt)	mendenda	[məndenda]

85. Post. Postdienst

Post (Postamt)	kantor pos	[kantor pos]
Post (Postsendungen)	surat	[surat]
Briefträger (m)	tukang pos	[tukaŋ pos]
Öffnungszeiten (pl)	jam buka	[dʒʲam buka]
Brief (m)	surat	[surat]
Einschreibebrief (m)	surat tercatat	[surat tərtʃatat]
Postkarte (f)	kartu pos	[kartu pos]
Telegramm (n)	telegram	[telegram]
Postpaket (n)	parsel, paket pos	[parsel], [paket pos]
Geldanweisung (f)	wesel pos	[wesel pos]
bekommen (vt)	menerima	[mənerima]
abschicken (vt)	mengirim	[məŋirim]
Absendung (f)	pengiriman	[peŋiriman]
Postanschrift (f)	alamat	[alamat]
Postleitzahl (f)	kode pos	[kode pos]
Absender (m)	pengirim	[peŋirim]
Empfänger (m)	penerima	[penerima]
Vorname (m)	nama	[nama]
Nachname (m)	nama keluarga	[nama keluarga]
Tarif (m)	tarif	[tarif]
Standard- (Tarif)	biasa, standar	[biasa], [standar]
Spar- (-tarif)	ekonomis	[ekonomis]
Gewicht (n)	berat	[berat]
abwiegen (vt)	menimbang	[mənimbaŋ]
Briefumschlag (m)	amplop	[amplop]
Briefmarke (f)	prangko	[praŋko]
Briefmarke aufkleben	menempelkan prangko	[mənempelkan praŋko]

Wohnung. Haus. Zuhause

86. Haus. Wohnen

Haus (n)	rumah	[rumah]
zu Hause	di rumah	[di rumah]
Hof (m)	pekarangan	[pekaraŋan]
Zaun (m)	pagar	[pagar]
Ziegel (m)	bata, batu bata	[bata], [batu bata]
Ziegel-	bata, batu bata	[bata], [batu bata]
Stein (m)	batu	[batu]
Stein-	batu	[batu]
Beton (m)	beton	[beton]
Beton-	beton	[beton]
neu	baru	[baru]
alt	tua	[tua]
baufällig	reyot	[reyot]
modern	modern	[modern]
mehrstöckig	susun	[susun]
hoch	tinggi	[tiŋgi]
Stock (m)	lantai	[lantaj]
einstöckig	berlantai satu	[bərlantaj satu]
Erdgeschoß (n)	lantai bawah	[lantaj bawah]
oberster Stock (m)	lantai atas	[lantaj atas]
Dach (n)	atap	[atap]
Schlot (m)	cerobong	[tʃeroboŋ]
Dachziegel (m)	genting	[gentiŋ]
Dachziegel-	bergenting	[bərgentiŋ]
Dachboden (m)	loteng	[loteŋ]
Fenster (n)	jendela	[dʒʲendela]
Glas (n)	kaca	[katʃa]
Fensterbrett (n)	ambang jendela	[ambaŋ dʒʲendela]
Fensterläden (pl)	daun jendela	[daun dʒʲendela]
Wand (f)	dinding	[dindiŋ]
Balkon (m)	balkon	[balkon]
Regenfallrohr (n)	pipa talang	[pipa talaŋ]
nach oben	di atas	[di atas]
hinaufgehen (vi)	naik	[naiʔ]
herabsteigen (vi)	turun	[turun]
umziehen (vi)	pindah	[pindah]

87. Haus. Eingang. Lift

Eingang (m)	pintu masuk	[pintu masuʔ]
Treppe (f)	tangga	[taŋga]
Stufen (pl)	anak tangga	[anaʔ taŋga]
Geländer (n)	pegangan tangan	[pegaŋan taŋan]
Halle (f)	lobi, ruang depan	[lobi], [ruaŋ depan]
Briefkasten (m)	kotak pos	[kotaʔ pos]
Müllkasten (m)	tong sampah	[toŋ sampah]
Müllschlucker (m)	saluran pembuangan sampah	[saluran pembuaŋan sampah]
Aufzug (m)	elevator	[elevator]
Lastenaufzug (m)	lift barang	[lift baraŋ]
Aufzugkabine (f)	kabin lift	[kabin lift]
Aufzug nehmen	naik elevator	[naiʔ elevator]
Wohnung (f)	apartemen	[apartemen]
Mieter (pl)	penghuni	[peŋhuni]
Nachbar (m)	tetangga	[tetaŋga]
Nachbarin (f)	tetangga	[tetaŋga]
Nachbarn (pl)	para tetangga	[para tetaŋga]

88. Haus. Elektrizität

Elektrizität (f)	listrik	[listriʔ]
Glühbirne (f)	bohlam	[bohlam]
Schalter (m)	sakelar	[sakelar]
Sicherung (f)	sekring	[sekriŋ]
Draht (m)	kabel, kawat	[kabel], [kawat]
Leitung (f)	rangkaian kabel	[raŋkajan kabel]
Stromzähler (m)	meteran listrik	[meteran listriʔ]
Zählerstand (m)	pencatatan	[pentʃatatan]

89. Haus. Türen. Schlösser

Tür (f)	pintu	[pintu]
Tor (der Villa usw.)	pintu gerbang	[pintu gerbaŋ]
Griff (m)	gagang pintu	[gagaŋ pintu]
aufschließen (vt)	membuka kunci	[membuka kuntʃi]
öffnen (vt)	membuka	[membuka]
schließen (vt)	menutup	[menutup]
Schlüssel (m)	kunci	[kuntʃi]
Bündel (n)	serangkaian kunci	[seraŋkajan kuntʃi]
knarren (vi)	bergerit	[bergerit]
Knarren (n)	gerit	[gerit]
Türscharnier (n)	engsel	[eŋsel]
Fußmatte (f)	tikar	[tikar]

Schloss (n)	**kunci pintu**	[kuntʃi pintu]
Schlüsselloch (n)	**lubang kunci**	[lubaŋ kuntʃi]
Türriegel (m)	**gerendel**	[gerendel]
kleiner Türriegel (m)	**gerendel**	[gerendel]
Vorhängeschloss (n)	**gembok**	[gemboʔ]
klingeln (vi)	**membunyikan**	[membunjikan]
Klingel (Laut)	**dering**	[deriŋ]
Türklingel (f)	**bel**	[bel]
Knopf (m)	**kenop**	[kenop]
Klopfen (n)	**ketukan**	[ketukan]
anklopfen (vi)	**mengetuk**	[meŋetuʔ]
Code (m)	**kode**	[kode]
Zahlenschloss (n)	**gembok berkode**	[gemboʔ berkode]
Sprechanlage (f)	**interkom**	[interkom]
Nummer (f)	**nomor**	[nomor]
Türschild (n)	**papan tanda**	[papan tanda]
Türspion (m)	**lubang intip**	[lubaŋ intip]

90. Landhaus

Dorf (n)	**desa**	[desa]
Gemüsegarten (m)	**kebun sayur**	[kebun sajur]
Zaun (m)	**pagar**	[pagar]
Lattenzaun (m)	**pagar**	[pagar]
Zauntür (f)	**pintu pagar**	[pintu pagar]
Speicher (m)	**lumbung**	[lumbuŋ]
Keller (m)	**kelder**	[kelder]
Schuppen (m)	**gubuk**	[gubuʔ]
Brunnen (m)	**sumur**	[sumur]
Ofen (m)	**tungku**	[tuŋku]
heizen (Ofen ~)	**menyalakan tungku**	[meɲalakan tuŋku]
Holz (n)	**kayu bakar**	[kaju bakar]
Holzscheit (n)	**potongan kayu bakar**	[potoŋan kaju bakar]
Veranda (f)	**beranda**	[beranda]
Terrasse (f)	**teras**	[teras]
Außentreppe (f)	**anjungan depan**	[andʒˈuŋan depan]
Schaukel (f)	**ayunan**	[ajunan]

91. Villa. Schloss

Landhaus (n)	**rumah luar kota**	[rumah luar kota]
Villa (f)	**vila**	[vila]
Flügel (m)	**sayap**	[sajap]
Garten (m)	**kebun**	[kebun]
Park (m)	**taman**	[taman]
Orangerie (f)	**rumah kaca**	[rumah katʃa]

pflegen (Garten usw.)	memelihara	[memelihara]
Schwimmbad (n)	kolam renang	[kolam renaŋ]
Kraftraum (m)	gym	[dʒim]
Tennisplatz (m)	lapangan tenis	[lapaŋan tenis]
Heimkinoraum (m)	bioskop rumah	[bioskop rumah]
Garage (f)	garasi	[garasi]

Privateigentum (n)	milik pribadi	[miliʔ pribadi]
Privatgrundstück (n)	tanah pribadi	[tanah pribadi]

Warnung (f)	peringatan	[pəriŋatan]
Warnschild (n)	tanda peringatan	[tanda pəriŋatan]

Bewachung (f)	keamanan	[keamanan]
Wächter (m)	satpam, pengawal	[satpam], [pəŋawal]
Alarmanlage (f)	alarm antirampok	[alarm antirampoʔ]

92. Burg. Palast

Schloss (n)	kastil	[kastil]
Palast (m)	istana	[istana]
Festung (f)	benteng	[benteŋ]
Mauer (f)	tembok	[temboʔ]
Turm (m)	menara	[mənara]
Bergfried (m)	menara utama	[mənara utama]

Fallgatter (n)	jeruji pintu kota	[dʒˈerudʒi pintu kota]
Tunnel (n)	jalan bawah tanah	[dʒˈalan bawah tanah]
Graben (m)	parit	[parit]
Kette (f)	rantai	[rantaj]
Schießscharte (f)	laras panah, lop panah	[laras panah], [lop panah]

großartig, prächtig	megah	[megah]
majestätisch	megah sekali	[megah sekali]
unnahbar	sulit dicapai	[sulit diʧapaj]
mittelalterlich	abad pertengahan	[abad pərteŋahan]

93. Wohnung

Wohnung (f)	apartemen	[apartemen]
Zimmer (n)	kamar	[kamar]
Schlafzimmer (n)	kamar tidur	[kamar tidur]
Esszimmer (n)	ruang makan	[ruaŋ makan]
Wohnzimmer (n)	ruang tamu	[ruaŋ tamu]
Arbeitszimmer (n)	ruang kerja	[ruaŋ kerdʒˈa]

Vorzimmer (n)	ruang depan	[ruaŋ depan]
Badezimmer (n)	kamar mandi	[kamar mandi]
Toilette (f)	kamar kecil	[kamar keʧil]
Decke (f)	plafon, langit-langit	[plafon], [laŋit-laŋit]
Fußboden (m)	lantai	[lantaj]
Ecke (f)	sudut	[sudut]

94. Wohnung. Saubermachen

aufräumen (vt)	membereskan	[membereskan]
weglegen (vt)	meletakkan	[meleta'kan]

Staub (m)	debu	[debu]
staubig	debu	[debu]
Staub abwischen	menyapu debu	[mənjapu debu]
Staubsauger (m)	pengisap debu	[peɲisap debu]
Staub saugen	membersihkan dengan pengisap debu	[membersihkan deŋan peɲisap debu]

kehren, fegen (vt)	menyapu	[mənjapu]
Kehricht (m, n)	sampah	[sampah]
Ordnung (f)	kerapian	[kerapian]
Unordnung (f)	berantakan	[bərantakan]

Schrubber (m)	kain pel	[kain pel]
Lappen (m)	lap	[lap]
Besen (m)	sapu lidi	[sapu lidi]
Kehrichtschaufel (f)	pengki	[peŋki]

95. Möbel. Innenausstattung

Möbel (n)	mebel	[mebel]
Tisch (m)	meja	[medʒ'a]
Stuhl (m)	kursi	[kursi]
Bett (n)	ranjang	[randʒ'aŋ]
Sofa (n)	dipan	[dipan]
Sessel (m)	kursi malas	[kursi malas]

Bücherschrank (m)	lemari buku	[lemari buku]
Regal (n)	rak	[ra']

Schrank (m)	lemari pakaian	[lemari pakajan]
Hakenleiste (f)	kapstok	[kapsto']
Kleiderständer (m)	kapstok berdiri	[kapsto' bərdiri]

Kommode (f)	lemari laci	[lemari latʃi]
Couchtisch (m)	meja kopi	[medʒ'a kopi]

Spiegel (m)	cermin	[tʃermin]
Teppich (m)	permadani	[pərmadani]
Matte (kleiner Teppich)	karpet kecil	[karpet ketʃil]

Kamin (m)	perapian	[pərapian]
Kerze (f)	lilin	[lilin]
Kerzenleuchter (m)	kaki lilin	[kaki lilin]

Vorhänge (pl)	gorden	[gorden]
Tapete (f)	kertas dinding	[kertas dindiŋ]
Jalousie (f)	kerai	[keraj]
Tischlampe (f)	lampu meja	[lampu medʒ'a]

Leuchte (f)	lampu dinding	[lampu dindiŋ]
Stehlampe (f)	lampu lantai	[lampu lantaj]
Kronleuchter (m)	lampu bercabang	[lampu bertʃabaŋ]

Bein (Tischbein usw.)	kaki	[kaki]
Armlehne (f)	lengan	[leŋan]
Lehne (f)	sandaran	[sandaran]
Schublade (f)	laci	[latʃi]

96. Bettwäsche

Bettwäsche (f)	kain kasur	[kain kasur]
Kissen (n)	bantal	[bantal]
Kissenbezug (m)	sarung bantal	[saruŋ bantal]
Bettdecke (f)	selimut	[selimut]
Laken (n)	seprai	[sepraj]
Tagesdecke (f)	selubung kasur	[selubuŋ kasur]

97. Küche

Küche (f)	dapur	[dapur]
Gas (n)	gas	[gas]
Gasherd (m)	kompor gas	[kompor gas]
Elektroherd (m)	kompor listrik	[kompor listri']
Backofen (m)	oven	[oven]
Mikrowellenherd (m)	microwave	[majkrowav]

Kühlschrank (m)	lemari es, kulkas	[lemari es], [kulkas]
Tiefkühltruhe (f)	lemari pembeku	[lemari pembeku]
Geschirrspülmaschine (f)	mesin pencuci piring	[mesin pentʃutʃi piriŋ]

Fleischwolf (m)	alat pelumat daging	[alat pelumat dagiŋ]
Saftpresse (f)	mesin sari buah	[mesin sari buah]
Toaster (m)	alat pemanggang roti	[alat pemaŋgaŋ roti]
Mixer (m)	pencampur	[pentʃampur]

Kaffeemaschine (f)	mesin pembuat kopi	[mesin pembuat kopi]
Kaffeekanne (f)	teko kopi	[teko kopi]
Kaffeemühle (f)	mesin penggiling kopi	[mesin peŋgiliŋ kopi]

Wasserkessel (m)	cerek	[tʃere']
Teekanne (f)	teko	[teko]
Deckel (m)	tutup	[tutup]
Teesieb (n)	saringan teh	[sariŋan teh]

Löffel (m)	sendok	[sendo']
Teelöffel (m)	sendok teh	[sendo' teh]
Esslöffel (m)	sendok makan	[sendo' makan]
Gabel (f)	garpu	[garpu]
Messer (n)	pisau	[pisau]
Geschirr (n)	piring mangkuk	[piriŋ maŋku']
Teller (m)	piring	[piriŋ]

Untertasse (f)	alas cangkir	[alas ʧaŋkir]
Schnapsglas (n)	seloki	[seloki]
Glas (n)	gelas	[gelas]
Tasse (f)	cangkir	[ʧaŋkir]

Zuckerdose (f)	wadah gula	[wadah gula]
Salzstreuer (m)	wadah garam	[wadah garam]
Pfefferstreuer (m)	wadah merica	[wadah meriʧa]
Butterdose (f)	wadah mentega	[wadah mentega]

Kochtopf (m)	panci	[panʧi]
Pfanne (f)	kuali	[kuali]
Schöpflöffel (m)	sudu	[sudu]
Durchschlag (m)	saringan	[sariŋan]
Tablett (n)	talam	[talam]

Flasche (f)	botol	[botol]
Glas (Einmachglas)	gelas	[gelas]
Dose (f)	kaleng	[kaleŋ]

Flaschenöffner (m)	pembuka botol	[pembuka botol]
Dosenöffner (m)	pembuka kaleng	[pembuka kaleŋ]
Korkenzieher (m)	kotrek	[kotreʔ]
Filter (n)	saringan	[sariŋan]
filtern (vt)	saringan	[sariŋan]

| Müll (m) | sampah | [sampah] |
| Mülleimer, Treteimer (m) | tong sampah | [toŋ sampah] |

98. Bad

Badezimmer (n)	kamar mandi	[kamar mandi]
Wasser (n)	air	[air]
Wasserhahn (m)	keran	[keran]
Warmwasser (n)	air panas	[air panas]
Kaltwasser (n)	air dingin	[air diŋin]

Zahnpasta (f)	pasta gigi	[pasta gigi]
Zähne putzen	menggosok gigi	[məŋgosoʔ gigi]
Zahnbürste (f)	sikat gigi	[sikat gigi]

sich rasieren	bercukur	[berʧukur]
Rasierschaum (m)	busa cukur	[busa ʧukur]
Rasierer (m)	pisau cukur	[pisau ʧukur]

waschen (vt)	mencuci	[mənʧuʧi]
sich waschen	mandi	[mandi]
Dusche (f)	pancuran	[panʧuran]
sich duschen	mandi pancuran	[mandi panʧuran]

Badewanne (f)	bak mandi	[baʔ mandi]
Klosettbecken (n)	kloset	[kloset]
Waschbecken (n)	wastafel	[wastafel]
Seife (f)	sabun	[sabun]

Seifenschale (f)	wadah sabun	[wadah sabun]
Schwamm (m)	spons	[spons]
Shampoo (n)	sampo	[sampo]
Handtuch (n)	handuk	[handuʔ]
Bademantel (m)	jubah mandi	[dʒubah mandi]

Wäsche (f)	pencucian	[pentʃutʃian]
Waschmaschine (f)	mesin cuci	[mesin tʃutʃi]
waschen (vt)	mencuci	[mentʃutʃi]
Waschpulver (n)	deterjen cuci	[deterdʒien tʃutʃi]

99. Haushaltsgeräte

Fernseher (m)	pesawat TV	[pesawat ti-vi]
Tonbandgerät (n)	alat perekam	[alat perekam]
Videorekorder (m)	video, VCR	[vidio], [vi-si-er]
Empfänger (m)	radio	[radio]
Player (m)	pemutar	[pemutar]

Videoprojektor (m)	proyektor video	[proektor video]
Heimkino (n)	bioskop rumah	[bioskop rumah]
DVD-Player (m)	pemutar DVD	[pemutar di-vi-di]
Verstärker (m)	penguat	[peŋuat]
Spielkonsole (f)	konsol permainan video	[konsol permajnan video]

Videokamera (f)	kamera video	[kamera video]
Kamera (f)	kamera	[kamera]
Digitalkamera (f)	kamera digital	[kamera digital]

Staubsauger (m)	pengisap debu	[peŋisap debu]
Bügeleisen (n)	setrika	[setrika]
Bügelbrett (n)	papan setrika	[papan setrika]

Telefon (n)	telepon	[telepon]
Mobiltelefon (n)	ponsel	[ponsel]
Schreibmaschine (f)	mesin ketik	[mesin ketiʔ]
Nähmaschine (f)	mesin jahit	[mesin dʒiahit]

Mikrophon (n)	mikrofon	[mikrofon]
Kopfhörer (m)	headphone, fonkepala	[headphone], [fonkepala]
Fernbedienung (f)	panel kendali	[panel kendali]

CD (f)	cakram kompak	[tʃakram kompaʔ]
Kassette (f)	kaset	[kaset]
Schallplatte (f)	piringan hitam	[piriŋan hitam]

100. Reparaturen. Renovierung

Renovierung (f)	renovasi	[renovasi]
renovieren (vt)	merenovasi	[merenovasi]
reparieren (vt)	mereparasi, memperbaiki	[mereparasi], [memperbajki]
in Ordnung bringen	membereskan	[membereskan]

noch einmal machen	mengulangi	[məŋulaŋi]
Farbe (f)	cat	[t∫at]
streichen (vt)	mengecat	[məŋet∫at]
Anstreicher (m)	tukang cat	[tukaŋ t∫at]
Pinsel (m)	kuas	[kuas]

| Kalkfarbe (f) | cat kapur | [t∫at kapur] |
| weißen (vt) | mengapur | [məŋapur] |

Tapete (f)	kertas dinding	[kertas dindiŋ]
tapezieren (vt)	memasang kertas dinding	[memasaŋ kertas dindiŋ]
Lack (z.B. Parkettlack)	pernis	[pernis]
lackieren (vt)	memernis	[memernis]

101. Rohrleitungen

Wasser (n)	air	[air]
Warmwasser (n)	air panas	[air panas]
Kaltwasser (n)	air dingin	[air diŋin]
Wasserhahn (m)	keran	[keran]

Tropfen (m)	tetes	[tetes]
tropfen (vi)	menetes	[mənetes]
durchsickern (vi)	bocor	[bot∫or]
Leck (n)	kebocoran	[kebot∫oran]
Lache (f)	kubangan	[kubaŋan]

Rohr (n)	pipa	[pipa]
Ventil (n)	katup	[katup]
sich verstopfen	tersumbat	[tərsumbat]

Werkzeuge (pl)	peralatan	[pəralatan]
Engländer (m)	kunci inggris	[kunt∫i iŋgris]
abdrehen (vt)	mengendurkan	[məŋendurkan]
zudrehen (vt)	mengencangkan	[məŋent∫aŋkan]

reinigen (Rohre ~)	membersihkan	[membersihkan]
Klempner (m)	tukang pipa	[tukaŋ pipa]
Keller (m)	rubanah	[rubanah]
Kanalisation (f)	riol	[riol]

102. Feuer. Brand

Feuer (n)	kebakaran	[kebakaran]
Flamme (f)	nyala api	[njala api]
Funke (m)	percikan api	[pərt∫ikan api]
Rauch (m)	asap	[asap]
Fackel (f)	obor	[obor]
Lagerfeuer (n)	api unggun	[api uŋgun]

| Benzin (n) | bensin | [bensin] |
| Kerosin (n) | minyak tanah | [minja' tanah] |

brennbar	**mudah terbakar**	[mudah tərbakar]
explosiv	**mudah meledak**	[mudah meleda⁷]
RAUCHEN VERBOTEN!	**DILARANG MEROKOK!**	[dilaraŋ meroko⁷!]
Sicherheit (f)	**keamanan**	[keamanan]
Gefahr (f)	**bahaya**	[bahaja]
gefährlich	**berbahaya**	[bərbahaja]
sich entflammen	**menyala**	[mənjala]
Explosion (f)	**ledakan**	[ledakan]
in Brand stecken	**membakar**	[membakar]
Brandstifter (m)	**pelaku pembakaran**	[pelaku pembakaran]
Brandstiftung (f)	**pembakaran**	[pembakaran]
flammen (vi)	**berkobar**	[bərkobar]
brennen (vi)	**menyala**	[mənjala]
verbrennen (vi)	**terbakar**	[tərbakar]
die Feuerwehr rufen	**memanggil pemadam kebakaran**	[memaŋgil pemadam kebakaran]
Feuerwehrmann (m)	**pemadam kebakaran**	[pemadam kebakaran]
Feuerwehrauto (n)	**branwir**	[branwir]
Feuerwehr (f)	**pemadam kebakaran**	[pemadam kebakaran]
Drehleiter (f)	**tangga branwir**	[taŋga branwir]
Feuerwehrschlauch (m)	**selang pemadam**	[selaŋ pemadam]
Feuerlöscher (m)	**pemadam api**	[pemadam api]
Helm (m)	**helm**	[helm]
Sirene (f)	**sirene**	[sirene]
schreien (vi)	**berteriak**	[bərteria⁷]
um Hilfe rufen	**meminta pertolongan**	[meminta pərtoloŋan]
Retter (m)	**penyelamat**	[penjelamat]
retten (vt)	**menyelamatkan**	[mənjelamatkan]
ankommen (vi)	**datang**	[dataŋ]
löschen (vt)	**memadamkan**	[memadamkan]
Wasser (n)	**air**	[air]
Sand (m)	**pasir**	[pasir]
Trümmer (pl)	**reruntuhan**	[reruntuhan]
zusammenbrechen (vi)	**runtuh**	[runtuh]
einfallen (vi)	**roboh**	[roboh]
einstürzen (Decke)	**roboh**	[roboh]
Bruchstück (n)	**serpihan**	[serpihan]
Asche (f)	**abu**	[abu]
ersticken (vi)	**mati lemas**	[mati lemas]
ums Leben kommen	**mati, tewas**	[mati], [tewas]

AKTIVITÄTEN DES MENSCHEN

Beruf. Geschäft. Teil 1

103. Büro. Arbeiten im Büro

Büro (Firmensitz)	kantor	[kantor]
Büro (~ des Direktors)	ruang kerja	[ruaŋ kerdʒia]
Rezeption (f)	resepsionis kantor	[resepsionis kantor]
Sekretär (m)	sekretaris	[sekretaris]
Sekretärin (f)	sekretaris	[sekretaris]
Direktor (m)	direktur	[direktur]
Manager (m)	manajer	[manadʒier]
Buchhalter (m)	akuntan	[akuntan]
Mitarbeiter (m)	karyawan	[karjawan]
Möbel (n)	mebel	[mebel]
Tisch (m)	meja	[medʒia]
Schreibtischstuhl (m)	kursi malas	[kursi malas]
Rollcontainer (m)	meja samping ranjang	[medʒia sampiŋ randʒiaŋ]
Kleiderständer (m)	kapstok berdiri	[kapsto' berdiri]
Computer (m)	komputer	[komputer]
Drucker (m)	printer, pencetak	[printer], [pentʃeta']
Fax (n)	mesin faks	[mesin faks]
Kopierer (m)	mesin fotokopi	[mesin fotokopi]
Papier (n)	kertas	[kertas]
Büromaterial (n)	alat tulis kantor	[alat tulis kantor]
Mousepad (n)	bantal tetikus	[bantal tetikus]
Blatt (n) Papier	lembar	[lembar]
Ordner (m)	map	[map]
Katalog (m)	katalog	[katalog]
Adressbuch (n)	buku telepon	[buku telepon]
Dokumentation (f)	dokumentasi	[dokumentasi]
Broschüre (f)	brosur	[brosur]
Flugblatt (n)	selebaran	[selebaran]
Muster (n)	sampel, contoh	[sampel], [tʃontoh]
Training (n)	latihan	[latihan]
Meeting (n)	rapat	[rapat]
Mittagspause (f)	waktu makan siang	[waktu makan siaŋ]
eine Kopie machen	membuat salinan	[membuat salinan]
vervielfältigen (vt)	memperbanyak	[memperbanja']
ein Fax bekommen	menerima faks	[menerima faks]
ein Fax senden	mengirim faks	[meŋirim faks]

anrufen (vt)	menelepon	[mənelepon]
antworten (vi)	menjawab	[məndʒawab]
verbinden (vt)	menyambungkan	[mənjambuŋkan]

ausmachen (vt)	menetapkan	[mənetapkan]
demonstrieren (vt)	memeragakan	[memeragakan]
fehlen (am Arbeitsplatz ~)	absen, tidak hadir	[absen], [tidaʔ hadir]
Abwesenheit (f)	absensi, ketidakhadiran	[absensi], [ketidahadiran]

104. Geschäftsabläufe. Teil 1

| Geschäft (n) (z.B. ~ in Wolle) | bisnis | [bisnis] |
| Angelegenheit (f) | urusan | [urusan] |

Firma (f)	firma	[firma]
Gesellschaft (f)	maskapai	[maskapaj]
Konzern (m)	korporasi	[korporasi]
Unternehmen (n)	perusahaan	[perusahaʔan]
Agentur (f)	biro, kantor	[biro], [kantor]

Vereinbarung (f)	perjanjian	[pərdʒandʒian]
Vertrag (m)	kontrak	[kontraʔ]
Geschäft (Transaktion)	transaksi	[transaksi]
Auftrag (Bestellung)	pesanan	[pesanan]
Bedingung (f)	syarat	[ʃarat]

en gros (im Großen)	grosir	[grosir]
Großhandels-	grosir	[grosir]
Großhandel (m)	penjualan grosir	[pendʒualan grosir]
Einzelhandels-	eceran	[etʃeran]
Einzelhandel (m)	pengeceran	[peŋetʃeran]

Konkurrent (m)	kompetitor, pesaing	[kompetitor], [pesajŋ]
Konkurrenz (f)	kompetisi, persaingan	[kompetisi], [persajŋan]
konkurrieren (vi)	bersaing	[bərsajŋ]

| Partner (m) | mitra | [mitra] |
| Partnerschaft (f) | kemitraan | [kemitraʔan] |

Krise (f)	krisis	[krisis]
Bankrott (m)	kebangkrutan	[kebaŋkrutan]
Bankrott machen	jatuh bangkrut	[dʒatuh baŋkrut]
Schwierigkeit (f)	kesukaran	[kesukaran]
Problem (n)	masalah	[masalah]
Katastrophe (f)	gagal total	[gagal total]

Wirtschaft (f)	ekonomi	[ekonomi]
wirtschaftlich	ekonomi	[ekonomi]
Rezession (f)	resesi ekonomi	[resesi ekonomi]

Ziel (n)	tujuan	[tudʒuan]
Aufgabe (f)	tugas	[tugas]
handeln (Handel treiben)	berdagang	[bərdagaŋ]
Netz (Verkaufs-)	jaringan	[dʒariŋan]

| Lager (n) | inventaris | [inventaris] |
| Sortiment (n) | penyortiran | [penjortiran] |

führende Unternehmen (n)	pemimpin	[pemimpin]
groß (-e Firma)	besar	[besar]
Monopol (n)	monopoli	[monopoli]

Theorie (f)	teori	[teori]
Praxis (f)	praktik	[prakti']
Erfahrung (f)	pengalaman	[peɲalaman]
Tendenz (f)	tendensi	[tendensi]
Entwicklung (f)	perkembangan	[pərkembaŋan]

105. Geschäftsabläufe. Teil 2

| Vorteil (m) | keuntungan | [keuntuŋan] |
| vorteilhaft | menguntungkan | [məŋuntuŋkan] |

Delegation (f)	delegasi	[delegasi]
Lohn (m)	gaji, upah	[gadʒi], [upah]
korrigieren (vt)	mengoreksi	[məɲoreksi]
Dienstreise (f)	perjalanan dinas	[pərdʒialanan dinas]
Kommission (f)	panitia	[panitia]

kontrollieren (vt)	mengontrol	[məɲontrol]
Konferenz (f)	konferensi	[konferensi]
Lizenz (f)	lisensi, izin	[lisensi], [izin]
zuverlässig	yang bisa dipercaya	[yaŋ bisa dipertʃaja]

Initiative (f)	inisiatif	[inisiatif]
Norm (f)	norma	[norma]
Umstand (m)	keadaan sekitar	[keada'an sekitar]
Pflicht (f)	tugas	[tugas]

Unternehmen (n)	organisasi	[organisasi]
Organisation (Prozess)	pengurusan	[peɲurusan]
organisiert (Adj)	terurus	[tərurus]
Abschaffung (f)	pembatalan	[pembatalan]
abschaffen (vt)	membatalkan	[membatalkan]
Bericht (m)	laporan	[laporan]

Patent (n)	paten	[paten]
patentieren (vt)	mematenkan	[mematenkan]
planen (vt)	merencanakan	[merentʃanakan]

Prämie (f)	bonus	[bonus]
professionell	profesional	[profesional]
Prozedur (f)	prosedur	[prosedur]

prüfen (Vertrag ~)	mempertimbangkan	[mempertimbaŋkan]
Berechnung (f)	perhitungan	[pərhituŋan]
Ruf (m)	reputasi	[reputasi]
Risiko (n)	risiko	[risiko]
leiten (vt)	memimpin	[memimpin]

Informationen (pl)	data, informasi	[data], [informasi]
Eigentum (n)	milik	[miliʔ]
Bund (m)	persatuan, serikat	[pərsatuan], [serikat]

Lebensversicherung (f)	asuransi jiwa	[asuransi dʒiwa]
versichern (vt)	mengasuransikan	[məɲasuransikan]
Versicherung (f)	asuransi	[asuransi]

Auktion (f)	lelang	[lelaŋ]
benachrichtigen (vt)	memberitahu	[memberitahu]
Verwaltung (f)	manajemen	[manadʒʲemen]
Dienst (m)	jasa	[dʒʲasa]

Forum (n)	forum	[forum]
funktionieren (vi)	berfungsi	[bərfuŋsi]
Etappe (f)	tahap	[tahap]
juristisch	hukum	[hukum]
Jurist (m)	ahli hukum	[ahli hukum]

106. Fertigung. Arbeiten

Werk (n)	pabrik	[pabriʔ]
Fabrik (f)	pabrik	[pabriʔ]
Werkstatt (f)	bengkel	[beŋkel]
Betrieb (m)	perusahaan	[pərusahaʔan]

Industrie (f)	industri	[industri]
Industrie-	industri	[industri]
Schwerindustrie (f)	industri berat	[industri bərat]
Leichtindustrie (f)	industri ringan	[industri riŋan]

Produktion (f)	produksi	[produksi]
produzieren (vt)	memproduksi	[memproduksi]
Rohstoff (m)	bahan baku	[bahan baku]

Vorarbeiter (m), Meister (m)	mandor	[mandor]
Arbeitsteam (n)	regu pekerja	[regu pekerdʒʲa]
Arbeiter (m)	buruh, pekerja	[buruh], [pekerdʒʲa]

Arbeitstag (m)	hari kerja	[hari kerdʒʲa]
Pause (f)	perhentian	[pərhentian]
Versammlung (f)	rapat	[rapat]
besprechen (vt)	membicarakan	[membitʃarakan]

Plan (m)	rencana	[rentʃana]
den Plan erfüllen	melaksanakan rencana	[melaksanakan rentʃana]
Arbeitsertrag (m)	kecepatan produksi	[ketʃepatan produksi]
Qualität (f)	kualitas, mutu	[kualitas], [mutu]
Prüfung, Kontrolle (f)	kontrol, kendali	[kontrol], [kendali]
Gütekontrolle (f)	kendali mutu	[kendali mutu]

Arbeitsplatzsicherheit (f)	keselamatan kerja	[keselamatan kerdʒʲa]
Disziplin (f)	disiplin	[disiplin]
Übertretung (f)	pelanggaran	[pelaŋgaran]

übertreten (vt)	melanggar	[melaŋgar]
Streik (m)	pemogokan	[pemogokan]
Streikender (m)	pemogok	[pemogoʔ]
streiken (vi)	mogok	[mogoʔ]
Gewerkschaft (f)	serikat pekerja	[serikat pekerdʒʲa]

erfinden (vt)	menemukan	[mənemukan]
Erfindung (f)	penemuan	[penemuan]
Erforschung (f)	riset, penelitian	[riset], [penelitian]
verbessern (vt)	memperbaiki	[memperbajki]
Technologie (f)	teknologi	[teknologi]
technische Zeichnung (f)	gambar teknik	[gambar tekniʔ]

Ladung (f)	muatan	[muatan]
Ladearbeiter (m)	kuli	[kuli]
laden (vt)	memuat	[memuat]
Beladung (f)	pemuatan	[pemuatan]
entladen (vt)	membongkar	[memboŋkɑr]
Entladung (f)	pembongkaran	[pemboŋkaran]

Transport (m)	transportasi, angkutan	[transportasi], [aŋkutan]
Transportunternehmen (n)	perusahaan transportasi	[perusahaʔan transportasi]
transportieren (vt)	mengangkut	[məŋaŋkut]

Güterwagen (m)	gerbong barang	[gerboŋ baraŋ]
Zisterne (f)	tangki	[taŋki]
Lastkraftwagen (m)	truk	[truʔ]

Werkzeugmaschine (f)	mesin	[mesin]
Mechanismus (m)	mekanisme	[mekanisme]

Industrieabfälle (pl)	limbah industri	[limbah industri]
Verpacken (n)	pengemasan	[peŋemasan]
verpacken (vt)	mengemas	[məŋemas]

107. Vertrag. Zustimmung

Vertrag (m), Auftrag (m)	kontrak	[kontraʔ]
Vereinbarung (f)	perjanjian	[pərdʒʲandʒian]
Anhang (m)	lampiran	[lampiran]

einen Vertrag abschließen	menandatangani kontrak	[mənandataŋani kontraʔ]
Unterschrift (f)	tanda tangan	[tanda taŋan]
unterschreiben (vt)	menandatangani	[mənandataŋani]
Stempel (m)	cap	[tʃap]

Vertragsgegenstand (m)	subjek perjanjian	[subdʒʲeʔ pərdʒʲandʒian]
Punkt (m)	ayat, pasal	[ajat], [pasal]
Parteien (pl)	pihak	[pihaʔ]
rechtmäßige Anschrift (f)	alamat sah	[alamat sah]

Vertrag brechen	melanggar kontrak	[melaŋgar kontraʔ]
Verpflichtung (f)	komitmen, kewajiban	[komitmen], [kewadʒiban]
Verantwortlichkeit (f)	tanggung jawab	[taŋguŋ dʒʲawab]

Force majeure (f)	keadaan kahar	[keada'an kahar]
Streit (m)	sengketa	[seŋketa]
Strafsanktionen (pl)	sanksi, penalti	[sanksi], [penalti]

108. Import & Export

Import (m)	impor	[impor]
Importeur (m)	importir	[importir]
importieren (vt)	mengimpor	[məŋimpor]
Import-	impor	[impor]

Export (m)	ekspor	[ekspor]
Exporteur (m)	eksportir	[eksportir]
exportieren (vt)	mengekspor	[məŋekspor]
Export-	ekspor	[ekspor]

Waren (pl)	barang dagangan	[baraŋ dagaŋan]
Partie (f), Ladung (f)	partai	[partaj]

Gewicht (n)	berat	[berat]
Volumen (n)	volume, isi	[volume], [isi]
Kubikmeter (m)	meter kubik	[meter kubi']

Hersteller (m)	produsen	[produsen]
Transportunternehmen (n)	perusahaan transportasi	[pərusaha'an transportasi]
Container (m)	peti kemas	[peti kemas]

Grenze (f)	perbatasan	[pərbatasan]
Zollamt (n)	pabean	[pabean]
Zoll (m)	bea cukai	[bea ʧukaj]
Zollbeamter (m)	petugas pabean	[petugas pabean]
Schmuggel (m)	penyelundupan	[penjelundupan]
Schmuggelware (f)	barang-barang selundupan	[baraŋ-baraŋ selundupan]

109. Finanzen

Aktie (f)	saham	[saham]
Obligation (f)	obligasi	[obligasi]
Wechsel (m)	wesel	[wesel]

Börse (f)	bursa efek	[bursa efe']
Aktienkurs (m)	kurs saham	[kurs saham]

billiger werden	menjadi murah	[mənʤˈadi murah]
teuer werden	menjadi mahal	[mənʤˈadi mahal]

Anteil (m)	kepemilikan saham	[kepemilikan saham]
Mehrheitsbeteiligung (f)	mayoritas saham	[majoritas saham]

Investitionen (pl)	investasi	[investasi]
investieren (vt)	berinvestasi	[bərinvestasi]
Prozent (n)	persen	[pərsen]

Zinsen (pl)	**suku bunga**	[suku buŋa]
Gewinn (m)	**profit, untung**	[profit], [untuŋ]
gewinnbringend	**beruntung**	[bəruntuŋ]
Steuer (f)	**pajak**	[padʒia']

Währung (f)	**valas**	[valas]
Landes-	**nasional**	[nasional]
Geldumtausch (m)	**pertukaran**	[pərtukaran]

Buchhalter (m)	**akuntan**	[akuntan]
Buchhaltung (f)	**akuntansi**	[akuntansi]

Bankrott (m)	**kebangkrutan**	[kebaŋkrutan]
Zusammenbruch (m)	**keruntuhan**	[keruntuhan]
Pleite (f)	**kebangkrutan**	[kebaŋkrutan]
pleite gehen	**bangkrut**	[baŋkrut]
Inflation (f)	**inflasi**	[inflasi]
Abwertung (f)	**devaluasi**	[devaluasi]

Kapital (n)	**modal**	[modal]
Einkommen (n)	**pendapatan**	[pendapatan]
Umsatz (m)	**omzet**	[omzet]
Mittel (Reserven)	**sumber daya**	[sumber daja]
Geldmittel (pl)	**dana**	[dana]

Gemeinkosten (pl)	**beaya umum**	[beaja umum]
reduzieren (vt)	**mengurangi**	[məŋuraŋi]

110. Marketing

Marketing (n)	**pemasaran**	[pemasaran]
Markt (m)	**pasar**	[pasar]
Marktsegment (n)	**segmen pasar**	[segmen pasar]
Produkt (n)	**produk**	[produ']
Waren (pl)	**barang dagangan**	[baraŋ dagaŋan]

Schutzmarke (f)	**merek**	[mere']
Handelsmarke (f)	**merek dagang**	[mere' dagaŋ]
Firmenzeichen (n)	**logo dagang**	[logo dagaŋ]
Logo (n)	**logo**	[logo]

Nachfrage (f)	**permintaan**	[pərminta'an]
Angebot (n)	**penawaran**	[penawaran]
Bedürfnis (n)	**kebutuhan**	[kebutuhan]
Verbraucher (m)	**konsumen**	[konsumen]

Analyse (f)	**analisis**	[analisis]
analysieren (vt)	**menganalisis**	[məŋanalisis]
Positionierung (f)	**pemosisian**	[pemosisian]
positionieren (vt)	**memosisikan**	[memosisikan]

Preis (m)	**harga**	[harga]
Preispolitik (f)	**politik harga**	[politi' harga]
Preisbildung (f)	**penentuan harga**	[penentuan harga]

111. Werbung

Werbung (f)	iklan	[iklan]
werben (vt)	mengiklankan	[məŋiklankan]
Budget (n)	anggaran belanja	[aŋgaran belandʒʲa]
Werbeanzeige (f)	iklan	[iklan]
Fernsehwerbung (f)	iklan TV	[iklan ti-vi]
Radiowerbung (f)	iklan radio	[iklan radio]
Außenwerbung (f)	iklan luar ruangan	[iklan luar ruaŋan]
Massenmedien (pl)	media massa	[media massa]
Zeitschrift (f)	terbitan berkala	[tərbitan bərkala]
Image (n)	citra	[tʃitra]
Losung (f)	slogan, semboyan	[slogan], [semboyan]
Motto (n)	moto	[moto]
Kampagne (f)	kampanye	[kampanje]
Werbekampagne (f)	kampanye iklan	[kampanje iklan]
Zielgruppe (f)	khalayak sasaran	[halajaʔ sasaran]
Visitenkarte (f)	kartu nama	[kartu nama]
Flugblatt (n)	selebaran	[selebaran]
Broschüre (f)	brosur	[brosur]
Faltblatt (n)	pamflet	[pamflet]
Informationsblatt (n)	buletin	[buletin]
Firmenschild (n)	papan nama	[papan nama]
Plakat (n)	poster	[poster]
Werbeschild (n)	papan iklan	[papan iklan]

112. Bankgeschäft

Bank (f)	bank	[banʔ]
Filiale (f)	cabang	[tʃabaŋ]
Berater (m)	konsultan	[konsultan]
Leiter (m)	manajer	[manadʒʲer]
Konto (n)	rekening	[rekeniŋ]
Kontonummer (f)	nomor rekening	[nomor rekeniŋ]
Kontokorrent (n)	rekening koran	[rekeniŋ koran]
Sparkonto (n)	rekening simpanan	[rekeniŋ simpanan]
ein Konto eröffnen	membuka rekening	[membuka rekeniŋ]
das Konto schließen	menutup rekening	[mənutup rekeniŋ]
einzahlen (vt)	memasukkan ke rekening	[memasuʔkan ke rekeniŋ]
abheben (vt)	menarik uang	[mənariʔ uaŋ]
Einzahlung (f)	deposito	[deposito]
eine Einzahlung machen	melakukan setoran	[melakukan setoran]
Überweisung (f)	transfer kawat	[transfer kawat]

überweisen (vt)	mentransfer	[məntransfer]
Summe (f)	jumlah	[dʒjumlah]
Wieviel?	Berapa?	[bərapa?]

| Unterschrift (f) | tanda tangan | [tanda taŋan] |
| unterschreiben (vt) | menandatangani | [mənandataŋani] |

Kreditkarte (f)	kartu kredit	[kartu kredit]
Code (m)	kode	[kode]
Kreditkartennummer (f)	nomor kartu kredit	[nomor kartu kredit]
Geldautomat (m)	Anjungan Tunai Mandiri, ATM	[andʒjuŋan tunaj mandiri], [a-te-em]

Scheck (m)	cek	[tʃe']
einen Scheck schreiben	menulis cek	[mənulis tʃe']
Scheckbuch (n)	buku cek	[buku tʃe']

Darlehen (m)	kredit, pinjaman	[kredit], [pındʒjaman]
ein Darlehen beantragen	meminta kredit	[meminta kredit]
ein Darlehen aufnehmen	mendapatkan kredit	[məndapatkan kredit]
ein Darlehen geben	memberikan kredit	[memberikan kredit]
Sicherheit (f)	jaminan	[dʒjaminan]

113. Telefon. Telefongespräche

Telefon (n)	telepon	[telepon]
Mobiltelefon (n)	ponsel	[ponsel]
Anrufbeantworter (m)	mesin penjawab panggilan	[mesin pendʒjawab paŋgilan]

| anrufen (vt) | menelepon | [mənelepon] |
| Anruf (m) | panggilan telepon | [paŋgilan telepon] |

eine Nummer wählen	memutar nomor telepon	[memutar nomor telepon]
Hallo!	Halo!	[halo!]
fragen (vt)	bertanya	[bərtanja]
antworten (vi)	menjawab	[məndʒjawab]

hören (vt)	mendengar	[məndeŋar]
gut (~ aussehen)	baik	[baj']
schlecht (Adv)	buruk, jelek	[buruk], [dʒjele']
Störungen (pl)	bising, gangguan	[bisiŋ], [gaŋguan]

Hörer (m)	gagang	[gagaŋ]
den Hörer abnehmen	mengangkat telepon	[məŋaŋkat telepon]
auflegen (den Hörer ~)	menutup telepon	[mənutup telepon]

besetzt	sibuk	[sibu']
läuten (vi)	berdering	[bərderiŋ]
Telefonbuch (n)	buku telepon	[buku telepon]

Orts-	lokal	[lokal]
Ortsgespräch (n)	panggilan lokal	[paŋgilan lokal]
Auslands-	internasional	[internasional]
Auslandsgespräch (n)	panggilan internasional	[paŋgilan internasional]

| Fern- | interlokal | [interlokal] |
| Ferngespräch (n) | panggilan interlokal | [paŋgilan interlokal] |

114. Mobiltelefon

Mobiltelefon (n)	ponsel	[ponsel]
Display (n)	layar	[lajar]
Knopf (m)	kenop	[kenop]
SIM-Karte (f)	kartu SIM	[kartu sim]

Batterie (f)	baterai	[bateraj]
leer sein (Batterie)	mati	[mati]
Ladegerät (n)	pengisi baterai, pengecas	[peɲisi bateraj], [peɲetʃas]

| Menü (n) | menu | [menu] |
| Einstellungen (pl) | penyetelan | [penjetelan] |

| Melodie (f) | nada panggil | [nada paŋgil] |
| auswählen (vt) | memilih | [memilih] |

Rechner (m)	kalkulator	[kalkulator]
Anrufbeantworter (m)	penjawab telepon	[pendʒawab telepon]
Wecker (m)	weker	[weker]
Kontakte (pl)	buku telepon	[buku telepon]

| SMS-Nachricht (f) | pesan singkat | [pesan siŋkat] |
| Teilnehmer (m) | pelanggan | [pelaŋgan] |

115. Bürobedarf

| Kugelschreiber (m) | bolpen | [bolpen] |
| Federhalter (m) | pena celup | [pena tʃelup] |

Bleistift (m)	pensil	[pensil]
Faserschreiber (m)	spidol	[spidol]
Filzstift (m)	spidol	[spidol]

| Notizblock (m) | buku catatan | [buku tʃatatan] |
| Terminkalender (m) | agenda | [agenda] |

Lineal (n)	mistar, penggaris	[mistar], [peŋgaris]
Rechner (m)	kalkulator	[kalkulator]
Radiergummi (m)	karet penghapus	[karet peŋhapus]

| Reißzwecke (f) | paku payung | [paku pajuŋ] |
| Heftklammer (f) | penjepit kertas | [pendʒepit kertas] |

| Klebstoff (m) | lem | [lem] |
| Hefter (m) | stapler | [stapler] |

| Locher (m) | alat pelubang kertas | [alat pelubaŋ kertas] |
| Bleistiftspitzer (m) | rautan pensil | [rautan pensil] |

116. Verschiedene Dokumente

Bericht (m)	laporan	[laporan]
Abkommen (n)	perjanjian	[pərdʒiandʒian]
Anmeldeformular (n)	formulir pendaftaran	[formulir pendaftaran]
Original-	otentik, asli	[otentik], [asli]
Namensschild (n)	label identitas	[label identitas]
Visitenkarte (f)	kartu nama	[kartu nama]

Zertifikat (n)	sertifikat	[sertifikat]
Scheck (m)	cek	[t͡ʃeʔ]
Rechnung (im Restaurant)	bon	[bon]
Verfassung (f)	Konstitusi, Undang-Undang Dasar	[konstitusi], [undaŋ-undaŋ dasar]

Vertrag (m)	perjanjian	[pərdʒiandʒian]
Kopie (f)	salinan, tembusan	[salinan], [tembusan]
Kopie (~ des Vertrages)	eksemplar	[eksemplar]

Zolldeklaration (f)	pernyataan pabean	[pərnjataʔan pabean]
Dokument (n)	dokumen	[dokumen]
Führerschein (m)	Surat Izin Mengemudi, SIM	[surat izin məŋemudi], [sim]
Anlage (f)	lampiran	[lampiran]
Fragebogen (m)	formulir	[formulir]

Ausweis (m)	kartu identitas	[kartu identitas]
Anfrage (f)	pertanyaan	[pərtanjaʔan]
Einladungskarte (f)	surat undangan	[surat undaŋan]
Rechnung (von Firma)	faktur, tagihan	[faktur], [tagihan]

Gesetz (n)	undang-undang	[undaŋ-undaŋ]
Brief (m)	surat	[surat]
Briefbogen (n)	kop surat	[kop surat]
Liste (schwarze ~)	daftar	[daftar]
Manuskript (n)	manuskrip	[manuskrip]
Informationsblatt (n)	buletin	[buletin]
Zettel (m)	nota, catatan	[nota], [t͡ʃatatan]

Passierschein (m)	pas masuk	[pas masuʔ]
Pass (m)	paspor	[paspor]
Erlaubnis (f)	surat izin	[surat izin]
Lebenslauf (m)	resume	[resume]
Schuldschein (m)	kuitansi	[kuitansi]
Quittung (f)	kuitansi	[kuitansi]
Kassenzettel (m)	slip penjualan	[slip pendʒiualan]
Bericht (m)	laporan	[laporan]

vorzeigen (vt)	memperlihatkan	[memperlihatkan]
unterschreiben (vt)	menandatangani	[mənandataŋani]
Unterschrift (f)	tanda tangan	[tanda taŋan]
Stempel (m)	cap	[t͡ʃap]
Text (m)	teks	[teks]
Eintrittskarte (f)	tiket	[tiket]
streichen (vt)	mencoret	[mənt͡ʃoret]
ausfüllen (vt)	mengisi	[məŋisi]

Frachtbrief (m)	faktur	[faktur]
Testament (n)	surat wasiat	[surat wasiat]

117. Geschäftsarten

Buchführung (f)	jasa akuntansi	[dʒ|asa akuntansi]
Werbung (f)	periklanan	[pəriklanan]
Werbeagentur (f)	biro periklanan	[biro periklanan]
Klimaanlagen (pl)	penyejuk udara	[penjedʒ|u' udara]
Fluggesellschaft (f)	maskapai penerbangan	[maskapaj penerbaŋan]
Spirituosen (pl)	minuman beralkohol	[minuman bəralkohol]
Antiquitäten (pl)	antikuariat	[antikuariat]
Kunstgalerie (f)	galeri seni	[galeri seni]
Rechnungsprüfung (f)	jasa audit	[dʒ|asa audit]
Bankwesen (n)	industri perbankan	[industri pərbankan]
Bar (f)	bar	[bar]
Schönheitssalon (m)	salon kecantikan	[salon ketʃantikan]
Buchhandlung (f)	toko buku	[toko buku]
Bierbrauerei (f)	pabrik bir	[pabri' bir]
Bürogebäude (n)	pusat bisnis	[pusat bisnis]
Business-Schule (f)	sekolah bisnis	[sekolah bisnis]
Kasino (n)	kasino	[kasino]
Bau (m)	pembangunan	[pembaŋunan]
Beratung (f)	jasa konsultasi	[dʒ|asa konsultasi]
Stomatologie (f)	klinik gigi	[klini' gigi]
Design (n)	desain	[desajn]
Apotheke (f)	apotek, toko obat	[apotek], [toko obat]
chemische Reinigung (f)	penatu kimia	[penatu kimia]
Personalagentur (f)	biro tenaga kerja	[biro tenaga kerdʒ|a]
Finanzdienstleistungen (pl)	jasa finansial	[dʒ|asa finansial]
Nahrungsmittel (pl)	produk makanan	[produ' makanan]
Bestattungsinstitut (n)	rumah duka	[rumah duka]
Möbel (n)	mebel	[mebel]
Kleidung (f)	pakaian, busana	[pakajan], [busana]
Hotel (n)	hotel	[hotel]
Eis (n)	es krim	[es krim]
Industrie (f)	industri	[industri]
Versicherung (f)	asuransi	[asuransi]
Internet (n)	Internet	[internet]
Investitionen (pl)	investasi	[investasi]
Juwelier (m)	tukang perhiasan	[tukaŋ pərhiasan]
Juwelierwaren (pl)	perhiasan	[pərhiasan]
Wäscherei (f)	penatu	[penatu]
Rechtsberatung (f)	penasihat hukum	[penasihat hukum]
Leichtindustrie (f)	industri ringan	[industri riŋan]
Zeitschrift (f)	majalah	[madʒ|alah]
Versandhandel (m)	perniagaan pesanan pos	[pərniaga'an pesanan pos]

Medizin (f)	kedokteran	[kedokteran]
Kino (Filmtheater)	bioskop	[bioskop]
Museum (n)	museum	[museum]

Nachrichtenagentur (f)	kantor berita	[kantor berita]
Zeitung (f)	koran	[koran]
Nachtklub (m)	klub malam	[klub malam]

Erdöl (n)	petroleum, minyak	[petroleum], [minja⁷]
Kurierdienst (m)	jasa kurir	[dʒ¡asa kurir]
Pharmaindustrie (f)	farmasi	[farmasi]
Druckindustrie (f)	percetakan	[pertʃetakan]
Verlag (m)	penerbit	[penerbit]

Rundfunk (m)	radio	[radio]
Immobilien (pl)	properti, lahan yasan	[properti], [lahan yasan]
Restaurant (n)	restoran	[restoran]

Sicherheitsagentur (f)	biro keamanan	[biro keamanan]
Sport (m)	olahraga	[olahraga]
Börse (f)	bursa efek	[bursa efe⁷]
Laden (m)	toko	[toko]
Supermarkt (m)	pasar swalayan	[pasar swalajan]
Schwimmbad (n)	kolam renang	[kolam renaŋ]

Atelier (n)	rumah jahit	[rumah dʒ¡ahit]
Fernsehen (n)	televisi	[televisi]
Theater (n)	teater	[teater]
Handel (m)	perdagangan	[perdagaŋan]
Transporte (pl)	transportasi, angkutan	[transportasi], [aŋkutan]
Reisen (pl)	pariwisata	[pariwisata]

Tierarzt (m)	dokter hewan	[dokter hewan]
Warenlager (n)	gudang	[gudaŋ]
Müllabfuhr (f)	pemungutan sampah	[pemuŋutan sampah]

Arbeit. Geschäft. Teil 2

118. Show. Ausstellung

Ausstellung (f)	pameran	[pameran]
Handelsausstellung (f)	pameran perdagangan	[pameran pərdagaŋan]
Teilnahme (f)	partisipasi	[partisipasi]
teilnehmen (vi)	turut serta	[turut serta]
Teilnehmer (m)	partisipan, peserta	[partisipan], [peserta]
Direktor (m)	direktur	[direktur]
Messeverwaltung (f)	biro penyelenggara kegiatan	[biro peneleŋgara kegiatan]
Organisator (m)	penyelenggara	[penjeleŋgara]
veranstalten (vt)	menyelenggarakan	[mənjeleŋgarakan]
Anmeldeformular (n)	formulir keikutsertaan	[formulir keikutserta'an]
ausfüllen (vt)	mengisi	[məŋisi]
Details (pl)	detail	[detajl]
Information (f)	informasi	[informasi]
Preis (m)	harga	[harga]
einschließlich	termasuk	[tərmasu']
einschließen (vt)	mencakup	[məntʃakup]
zahlen (vt)	membayar	[membajar]
Anmeldegebühr (f)	biaya pendaftaran	[biaja pendaftaran]
Eingang (m)	masuk	[masu']
Pavillon (m)	paviliun	[paviliun]
registrieren (vt)	mendaftar	[məndaftar]
Namensschild (n)	label identitas	[label identitas]
Stand (m)	stand	[stand]
reservieren (vt)	memesan	[memesan]
Vitrine (f)	dagang layar kaca	[dagaŋ lajar katʃa]
Strahler (m)	lampu	[lampu]
Design (n)	desain	[desajn]
stellen (vt)	menempatkan	[mənempatkan]
gelegen sein	diletakkan	[dileta'kan]
Distributor (m)	penyalur	[penjalur]
Lieferant (m)	penyuplai	[penyuplaj]
liefern (vt)	menyuplai	[mənyuplaj]
Land (n)	negara, negeri	[negara], [negeri]
ausländisch	asing	[asiŋ]
Produkt (n)	produk	[produ']
Assoziation (f)	asosiasi, perhimpunan	[asosiasi], [pərhimpunan]

Konferenzraum (m)	gedung pertemuan	[geduŋ pərtemuan]
Kongress (m)	kongres	[koŋres]
Wettbewerb (m)	kontes	[kontes]

Besucher (m)	pengunjung	[pəŋundʒʲuŋ]
besuchen (vt)	mendatangi	[məndataŋi]
Auftraggeber (m)	pelanggan	[pelaŋgan]

119. Massenmedien

Zeitung (f)	koran	[koran]
Zeitschrift (f)	majalah	[madʒʲalah]
Presse (f)	pers	[pers]
Rundfunk (m)	radio	[radio]
Rundfunkstation (f)	stasiun radio	[stasiun radio]
Fernsehen (n)	televisi	[televisi]

Moderator (m)	pembawa acara	[pembawa atʃara]
Sprecher (m)	penyiar	[penjiar]
Kommentator (m)	komentator	[komentator]

Journalist (m)	wartawan	[wartawan]
Korrespondent (m)	koresponden	[koresponden]
Bildberichterstatter (m)	fotografer pers	[fotografer pərs]
Reporter (m)	reporter, pewarta	[reporter], [pewarta]

| Redakteur (m) | editor, penyunting | [editor], [penyuntiŋ] |
| Chefredakteur (m) | editor kepala | [editor kepala] |

abonnieren (vt)	berlangganan ...	[bərlaŋganan ...]
Abonnement (n)	langganan	[laŋganan]
Abonnent (m)	pelanggan	[pelaŋgan]
lesen (vi, vt)	membaca	[membatʃa]
Leser (m)	pembaca	[pembatʃa]

Auflage (f)	oplah	[oplah]
monatlich (Adj)	bulanan	[bulanan]
wöchentlich (Adj)	mingguan	[miŋguan]
Ausgabe (Zeitschrift)	edisi	[edisi]
neueste (~ Ausgabe)	baru	[baru]

Titel (m)	kepala berita	[kepala bərita]
Notiz (f)	artikel singkat	[artikel siŋkat]
Rubrik (f)	kolom	[kolom]
Artikel (m)	artikel	[artikel]
Seite (f)	halaman	[halaman]

Reportage (f)	reportase	[reportase]
Ereignis (n)	peristiwa, kejadian	[peristiwa], [kedʒʲadian]
Sensation (f)	sensasi	[sensasi]
Skandal (m)	skandal	[skandal]
skandalös	penuh skandal	[penuh skandal]
groß (-er Skandal)	besar	[besar]
Sendung (f)	program	[program]

Interview (n)	wawancara	[wawantʃara]
Live-Übertragung (f)	siaran langsung	[siaran laŋsuŋ]
Kanal (m)	saluran	[saluran]

120. Landwirtschaft

Landwirtschaft (f)	pertanian	[pərtanian]
Bauer (m)	petani	[petani]
Bäuerin (f)	petani	[petani]
Farmer (m)	petani	[petani]

| Traktor (m) | traktor | [traktor] |
| Mähdrescher (m) | mesin pemanen | [mesin pemanen] |

Pflug (m)	bajak	[badʒiaʔ]
pflügen (vt)	membajak, menenggala	[membadʒiak], [menenggala]
Acker (m)	tanah garapan	[tanah garapan]
Furche (f)	alur	[alur]

säen (vt)	menanam	[mənanam]
Sämaschine (f)	mesin penanam	[mesin penanam]
Saat (f)	penanaman	[penanaman]

| Sense (f) | sabit | [sabit] |
| mähen (vt) | menyabit | [mənjabit] |

| Schaufel (f) | sekop | [sekop] |
| graben (vt) | menggali | [məŋgali] |

Hacke (f)	cangkul	[tʃaŋkul]
jäten (vt)	menyiangi	[mənjiaŋi]
Unkraut (n)	gulma	[gulma]

Gießkanne (f)	kaleng penyiram	[kaleŋ penjiram]
gießen (vt)	menyiram	[mənjiram]
Bewässerung (f)	penyiraman	[penjiraman]

| Heugabel (f) | garpu ramput | [garpu ramput] |
| Rechen (m) | penggaruk | [peŋgaruʔ] |

Dünger (m)	pupuk	[pupuʔ]
düngen (vt)	memupuk	[memupuʔ]
Mist (m)	pupuk kandang	[pupuʔ kandaŋ]

Feld (n)	ladang	[ladaŋ]
Wiese (f)	padang rumput	[padaŋ rumput]
Gemüsegarten (m)	kebun sayur	[kebun sajur]
Obstgarten (m)	kebun buah	[kebun buah]

weiden (vt)	menggembalakan	[məŋgembalakan]
Hirt (m)	penggembala	[peŋgembala]
Weide (f)	padang penggembalaan	[padaŋ peŋgembalaʔan]
Viehzucht (f)	peternakan	[peternakan]
Schafzucht (f)	peternakan domba	[peternakan domba]

Plantage (f)	perkebunan	[perkebunan]
Beet (n)	bedeng	[bedeŋ]
Treibhaus (n)	rumah kaca	[rumah katʃa]

| Dürre (f) | musim kering | [musim keriŋ] |
| dürr, trocken | kering | [keriŋ] |

Getreide (n)	biji	[bidʒi]
Getreidepflanzen (pl)	serealia	[serealia]
ernten (vt)	memanen	[memanen]

Müller (m)	penggiling	[peŋgiliŋ]
Mühle (f)	kincir	[kintʃir]
mahlen (vt)	menggiling	[məŋgiliŋ]
Mehl (n)	tepung	[tepuŋ]
Stroh (n)	jerami	[dʒierami]

121. Gebäude. Bauabwicklung

Baustelle (f)	lokasi pembangunan	[lokasi pembaŋunan]
bauen (vt)	membangun	[membaŋun]
Bauarbeiter (m)	buruh bangunan	[buruh baŋunan]

Projekt (n)	proyek	[proeʔ]
Architekt (m)	arsitek	[arsiteʔ]
Arbeiter (m)	buruh, pekerja	[buruh], [pekerdʒia]

Fundament (n)	fondasi	[fondasi]
Dach (n)	atap	[atap]
Pfahl (m)	tiang fondasi	[tiaŋ fondasi]
Wand (f)	dinding	[dindiŋ]

| Bewehrungsstahl (m) | kerangka besi | [keraŋka besi] |
| Gerüst (n) | perancah | [perantʃah] |

Beton (m)	beton	[beton]
Granit (m)	granit	[granit]
Stein (m)	batu	[batu]
Ziegel (m)	bata, batu bata	[bata], [batu bata]

Sand (m)	pasir	[pasir]
Zement (m)	semen	[semen]
Putz (m)	lepa, plester	[lepa], [plester]
verputzen (vt)	melepa	[melepa]
Farbe (f)	cat	[tʃat]
färben (vt)	mengecat	[məŋetʃat]
Fass (n), Tonne (f)	tong	[toŋ]

Kran (m)	derek	[dereʔ]
aufheben (vt)	menaikkan	[mənajʔkan]
herunterlassen (vt)	menurunkan	[mənurunkan]

| Planierraupe (f) | buldoser | [buldozer] |
| Bagger (m) | ekskavator | [ekskavator] |

Baggerschaufel (f)	sudu pengeruk	[sudu peŋeru?]
graben (vt)	menggali	[məŋgali]
Schutzhelm (m)	topi baja	[topi badʒⁱa]

122. Wissenschaft. Forschung. Wissenschaftler

Wissenschaft (f)	ilmu	[ilmu]
wissenschaftlich	ilmiah	[ilmiah]
Wissenschaftler (m)	ilmuwan	[ilmuwan]
Theorie (f)	teori	[teori]
Axiom (n)	aksioma	[aksioma]
Analyse (f)	analisis	[analisis]
analysieren (vt)	menganalisis	[məŋanalisis]
Argument (n)	argumen	[argumen]
Substanz (f)	zat, bahan	[zat], [bahan]
Hypothese (f)	hipotesis	[hipotesis]
Dilemma (n)	dilema	[dilema]
Dissertation (f)	disertasi	[disertasi]
Dogma (n)	dogma	[dogma]
Doktrin (f)	riset, penelitian	[riset], [penelitian]
Forschung (f)	penelitian	[penelitian]
forschen (vi)	pengujian	[peŋudʒian]
Kontrolle (f)	laboratorium	[laboratorium]
Labor (n)		
Methode (f)	metode	[metode]
Molekül (n)	molekul	[molekul]
Monitoring (n)	pemonitoran	[pemonitoran]
Entdeckung (f)	penemuan	[penemuan]
Postulat (n)	postulat	[postulat]
Prinzip (n)	prinsip	[prinsip]
Prognose (f)	prakiraan	[prakira?an]
prognostizieren (vt)	memprakirakan	[memprakirakan]
Synthese (f)	sintesis	[sintesis]
Tendenz (f)	tendensi	[tendensi]
Theorem (n)	teorema	[teorema]
Lehre (Doktrin)	ajaran	[adʒⁱaran]
Tatsache (f)	fakta	[fakta]
Expedition (f)	ekspedisi	[ekspedisi]
Experiment (n)	eksperimen	[eksperimen]
Akademiemitglied (n)	akademikus	[akademikus]
Bachelor (m)	sarjana	[sardʒⁱana]
Doktor (m)	doktor	[doktor]
Dozent (m)	Profesor Madya	[profesor madja]
Magister (m)	Master	[master]
Professor (m)	profesor	[profesor]

Berufe und Tätigkeiten

123. Arbeitsuche. Kündigung

Arbeit (f), Stelle (f)	kerja, pekerjaan	[kerʤʲa], [pekerʤʲaʔan]
Belegschaft (f)	staf, personalia	[staf], [personalia]
Personal (n)	staf, personel	[staf], [personel]
Karriere (f)	karier	[karier]
Perspektive (f)	perspektif	[perspektif]
Können (n)	keterampilan	[keterampilan]
Auswahl (f)	pilihan	[pilihan]
Personalagentur (f)	biro tenaga kerja	[biro tenaga kerʤʲa]
Lebenslauf (m)	resume	[resume]
Vorstellungsgespräch (n)	wawancara kerja	[wawantʃara kerʤʲa]
Vakanz (f)	lowongan	[lowoŋan]
Gehalt (n)	gaji, upah	[gaʤi], [upah]
festes Gehalt (n)	gaji tetap	[gaʤi tetap]
Arbeitslohn (m)	bayaran	[bajaran]
Stellung (f)	jabatan	[ʤʲabatan]
Pflicht (f)	tugas	[tugas]
Aufgabenspektrum (n)	bidang tugas	[bidaŋ tugas]
beschäftigt	sibuk	[sibuʔ]
kündigen (vt)	memecat	[memetʃat]
Kündigung (f)	pemecatan	[pemetʃatan]
Arbeitslosigkeit (f)	pengangguran	[peŋaŋguran]
Arbeitslose (m)	pengganggur	[peŋgaŋgur]
Rente (f), Ruhestand (m)	pensiun	[pensiun]
in Rente gehen	pensiun	[pensiun]

124. Geschäftsleute

Direktor (m)	direktur	[direktur]
Leiter (m)	manajer	[manaʤʲer]
Boss (m)	bos, atasan	[bos], [atasan]
Vorgesetzte (m)	atasan	[atasan]
Vorgesetzten (pl)	atasan	[atasan]
Präsident (m)	presiden	[presiden]
Vorsitzende (m)	ketua, dirut	[ketua], [dirut]
Stellvertreter (m)	wakil	[wakil]
Helfer (m)	asisten	[asisten]

Sekretär (m)	sekretaris	[sekretaris]
Privatsekretär (m)	asisten pribadi	[asisten pribadi]
Geschäftsmann (m)	pengusaha, pebisnis	[peŋusaha], [pebisnis]
Unternehmer (m)	pengusaha	[peŋusaha]
Gründer (m)	pendiri	[pendiri]
gründen (vt)	mendirikan	[məndirikan]
Gründungsmitglied (n)	pendiri	[pendiri]
Partner (m)	mitra	[mitra]
Aktionär (m)	pemegang saham	[pemegaŋ saham]
Millionär (m)	jutawan	[dʒⁱutawan]
Milliardär (m)	miliarder	[miliarder]
Besitzer (m)	pemilik	[pemiliʔ]
Landbesitzer (m)	tuan tanah	[tuan tanah]
Kunde (m)	klien	[klien]
Stammkunde (m)	klien tetap	[klien tetap]
Käufer (m)	pembeli	[pembeli]
Besucher (m)	tamu	[tamu]
Fachmann (m)	profesional	[profesional]
Experte (m)	pakar, ahli	[pakar], [ahli]
Spezialist (m)	spesialis, ahli	[spesialis], [ahli]
Bankier (m)	bankir	[bankir]
Makler (m)	broker, pialang	[broker], [pialaŋ]
Kassierer (m)	kasir	[kasir]
Buchhalter (m)	akuntan	[akuntan]
Wächter (m)	satpam, pengawal	[satpam], [peŋawal]
Investor (m)	investor	[investor]
Schuldner (m)	debitur	[debitur]
Gläubiger (m)	kreditor	[kreditor]
Kreditnehmer (m)	peminjam	[pemindʒⁱam]
Importeur (m)	importir	[importir]
Exporteur (m)	eksportir	[eksportir]
Hersteller (m)	produsen	[produsen]
Distributor (m)	penyalur	[penjalur]
Vermittler (m)	perantara	[perantara]
Berater (m)	konsultan	[konsultan]
Vertreter (m)	perwakilan penjualan	[pərwakilan pendʒⁱualan]
Agent (m)	agen	[agen]
Versicherungsagent (m)	agen asuransi	[agen asuransi]

125. Dienstleistungsberufe

Koch (m)	koki, juru masak	[koki], [dʒⁱuru masaʔ]
Chefkoch (m)	koki kepala	[koki kepala]

Bäcker (m)	pembuat roti	[pembuat roti]
Barmixer (m)	pelayan bar	[pelajan bar]
Kellner (m)	pelayan lelaki	[pelajan lelaki]
Kellnerin (f)	pelayan perempuan	[pelajan perempuan]

Rechtsanwalt (m)	advokat, pengacara	[advokat], [peŋatʃara]
Jurist (m)	ahli hukum	[ahli hukum]
Notar (m)	notaris	[notaris]

Elektriker (m)	tukang listrik	[tukaŋ listriʔ]
Klempner (m)	tukang pipa	[tukaŋ pipa]
Zimmermann (m)	tukang kayu	[tukaŋ kaju]

Masseur (m)	tukang pijat lelaki	[tukaŋ pidʒʲat lelaki]
Masseurin (f)	tukang pijat perempuan	[tukaŋ pidʒʲat perempuan]
Arzt (m)	dokter	[dokter]

Taxifahrer (m)	sopir taksi	[sopir taksi]
Fahrer (m)	sopir	[sopir]
Ausfahrer (m)	kurir	[kurir]

Zimmermädchen (n)	pelayan kamar	[pelajan kamar]
Wächter (m)	satpam, pengawal	[satpam], [peŋawal]
Flugbegleiterin (f)	pramugari	[pramugari]

Lehrer (m)	guru	[guru]
Bibliothekar (m)	pustakawan	[pustakawan]
Übersetzer (m)	penerjemah	[penerdʒʲemah]
Dolmetscher (m)	juru bahasa	[dʒʲuru bahasa]
Fremdenführer (m)	pemandu wisata	[pemandu wisata]

Friseur (m)	tukang cukur	[tukaŋ tʃukur]
Briefträger (m)	tukang pos	[tukaŋ pos]
Verkäufer (m)	pramuniaga	[pramuniaga]

Gärtner (m)	tukang kebun	[tukaŋ kebun]
Diener (m)	pramuwisma	[pramuwisma]
Magd (f)	pramuwisma	[pramuwisma]
Putzfrau (f)	pembersih ruangan	[pembersih ruaŋan]

126. Militärdienst und Ränge

einfacher Soldat (m)	prajurit	[pradʒʲurit]
Feldwebel (m)	sersan	[sersan]
Leutnant (m)	letnan	[letnan]
Hauptmann (m)	kapten	[kapten]

Major (m)	mayor	[major]
Oberst (m)	kolonel	[kolonel]
General (m)	jenderal	[dʒʲenderal]
Marschall (m)	marsekal	[marsekal]
Admiral (m)	laksamana	[laksamana]
Militärperson (f)	anggota militer	[aŋgota militer]
Soldat (m)	tentara, serdadu	[tentara], [serdadu]

Offizier (m)	perwira	[pərwira]
Kommandeur (m)	komandan	[komandan]

Grenzsoldat (m)	penjaga perbatasan	[pendʒˈaga pərbatasan]
Funker (m)	operator radio	[operator radio]
Aufklärer (m)	pengintai	[peɲintaj]
Pionier (m)	pencari ranjau	[pentʃari randʒˈau]
Schütze (m)	petembak	[petembaʔ]
Steuermann (m)	navigator, penavigasi	[navigator], [penavigasi]

127. Beamte. Priester

König (m)	raja	[radʒˈa]
Königin (f)	ratu	[ratu]

Prinz (m)	pangeran	[paŋeran]
Prinzessin (f)	putri	[putri]

Zar (m)	tsar, raja	[tsar], [radʒˈa]
Zarin (f)	tsarina, ratu	[tsarina], [ratu]

Präsident (m)	presiden	[presiden]
Minister (m)	Menteri Sekretaris	[mənteri sekretaris]
Ministerpräsident (m)	perdana menteri	[pərdana menteri]
Senator (m)	senator	[senator]

Diplomat (m)	diplomat	[diplomat]
Konsul (m)	konsul	[konsul]
Botschafter (m)	duta besar	[duta besar]
Ratgeber (m)	penasihat	[penasihat]

Beamte (m)	petugas	[petugas]
Präfekt (m)	prefek	[prefeʔ]
Bürgermeister (m)	walikota	[walikota]

Richter (m)	hakim	[hakim]
Staatsanwalt (m)	kejaksaan negeri	[kedʒˈaksaʔan negeri]

Missionar (m)	misionaris	[misionaris]
Mönch (m)	biarawan, rahib	[biarawan], [rahib]
Abt (m)	abbas	[abbas]
Rabbiner (m)	rabbi	[rabbi]

Wesir (m)	wazir	[wazir]
Schah (n)	syah	[ʃah]
Scheich (m)	syeikh	[ʃejh]

128. Landwirtschaftliche Berufe

Bienenzüchter (m)	peternak lebah	[peternaʔ lebah]
Hirt (m)	penggembala	[peŋgembala]
Agronom (m)	agronom	[agronom]

| Viehzüchter (m) | peternak | [peterna?] |
| Tierarzt (m) | dokter hewan | [dokter hewan] |

Farmer (m)	petani	[petani]
Winzer (m)	pembuat anggur	[pembuat aŋgur]
Zoologe (m)	zoolog	[zoolog]
Cowboy (m)	koboi	[koboi]

129. Künstler

| Schauspieler (m) | aktor | [aktor] |
| Schauspielerin (f) | aktris | [aktris] |

| Sänger (m) | biduan | [biduan] |
| Sängerin (f) | biduanita | [biduanita] |

| Tänzer (m) | penari lelaki | [penari lelaki] |
| Tänzerin (f) | penari perempuan | [penari pərempuan] |

| Künstler (m) | artis | [artis] |
| Künstlerin (f) | artis | [artis] |

Musiker (m)	musisi, musikus	[musisi], [musikus]
Pianist (m)	pianis	[pianis]
Gitarrist (m)	pemain gitar	[pemajn gitar]

Dirigent (m)	konduktor	[konduktor]
Komponist (m)	komposer, komponis	[komposer], [komponis]
Manager (m)	impresario	[impresario]

Regisseur (m)	sutradara	[sutradara]
Produzent (m)	produser	[produser]
Drehbuchautor (m)	penulis skenario	[penulis skenario]
Kritiker (m)	kritikus	[kritikus]

Schriftsteller (m)	penulis	[penulis]
Dichter (m)	penyair	[penjajr]
Bildhauer (m)	pematung	[pematuŋ]
Maler (m)	perupa	[pərupa]

Jongleur (m)	juggler	[dʒⁱuggler]
Clown (m)	badut	[badut]
Akrobat (m)	akrobat	[akrobat]
Zauberkünstler (m)	pesulap	[pesulap]

130. Verschiedene Berufe

Arzt (m)	dokter	[dokter]
Krankenschwester (f)	suster, juru rawat	[suster], [dʒⁱuru rawat]
Psychiater (m)	psikiater	[psikiater]
Zahnarzt (m)	dokter gigi	[dokter gigi]
Chirurg (m)	dokter bedah	[dokter bedah]

Astronaut (m)	astronaut	[astronaut]
Astronom (m)	astronom	[astronom]
Pilot (m)	pilot	[pilot]

Fahrer (Taxi-)	sopir	[sopir]
Lokomotivführer (m)	masinis	[masinis]
Mechaniker (m)	mekanik	[mekaniʔ]

Bergarbeiter (m)	penambang	[penambaŋ]
Arbeiter (m)	buruh, pekerja	[buruh], [pekerdʒʲa]
Schlosser (m)	tukang kikir	[tukaŋ kikir]
Tischler (m)	tukang kayu	[tukaŋ kaju]
Dreher (m)	tukang bubut	[tukaŋ bubut]
Bauarbeiter (m)	buruh bangunan	[buruh baŋunan]
Schweißer (m)	tukang las	[tukaŋ las]

Professor (m)	profesor	[profesor]
Architekt (m)	arsitek	[arsiteʔ]
Historiker (m)	sejarawan	[sedʒʲarawan]
Wissenschaftler (m)	ilmuwan	[ilmuwan]
Physiker (m)	fisikawan	[fisikawan]
Chemiker (m)	kimiawan	[kimiawan]

Archäologe (m)	arkeolog	[arkeolog]
Geologe (m)	geolog	[geolog]
Forscher (m)	periset, peneliti	[pəriset], [peneliti]

| Kinderfrau (f) | pengasuh anak | [peŋasuh anaʔ] |
| Lehrer (m) | guru, pendidik | [guru], [pendidiʔ] |

Redakteur (m)	editor, penyunting	[editor], [penyuntiŋ]
Chefredakteur (m)	editor kepala	[editor kepala]
Korrespondent (m)	koresponden	[koresponden]
Schreibkraft (f)	juru ketik	[dʒʲuru ketiʔ]

Designer (m)	desainer, perancang	[desajner], [pərantʃaŋ]
Computerspezialist (m)	ahli komputer	[ahli komputer]
Programmierer (m)	pemrogram	[pemrogram]
Ingenieur (m)	insinyur	[insinyur]

Seemann (m)	pelaut	[pelaut]
Matrose (m)	kelasi	[kelasi]
Retter (m)	penyelamat	[penjelamat]

Feuerwehrmann (m)	pemadam kebakaran	[pemadam kebakaran]
Polizist (m)	polisi	[polisi]
Nachtwächter (m)	penjaga	[pendʒʲaga]
Detektiv (m)	detektif	[detektif]

Zollbeamter (m)	petugas pabean	[petugas pabean]
Leibwächter (m)	pengawal pribadi	[peŋawal pribadi]
Gefängniswärter (m)	sipir, penjaga penjara	[sipir], [pendʒʲaga pendʒʲara]
Inspektor (m)	inspektur	[inspektur]

| Sportler (m) | olahragawan | [olahragawan] |
| Trainer (m) | pelatih | [pelatih] |

Fleischer (m)	tukang daging	[tukaŋ dagiŋ]
Schuster (m)	tukang sepatu	[tukaŋ sepatu]
Geschäftsmann (m)	pedagang	[pedagaŋ]
Ladearbeiter (m)	kuli	[kuli]

| Modedesigner (m) | perancang busana | [perantʃaŋ busana] |
| Modell (n) | peragawati | [peragawati] |

131. Beschäftigung. Sozialstatus

| Schüler (m) | siswa | [siswa] |
| Student (m) | mahasiswa | [mahasiswa] |

Philosoph (m)	filsuf	[filsuf]
Ökonom (m)	ahli ekonomi	[ahli ekonomi]
Erfinder (m)	penemu	[penemu]

Arbeitslose (m)	pengganggur	[peŋgaŋgur]
Rentner (m)	pensiunan	[pensiunan]
Spion (m)	mata-mata	[mata-mata]

Gefangene (m)	tahanan	[tahanan]
Streikender (m)	pemogok	[pemogoʔ]
Bürokrat (m)	birokrat	[birokrat]
Reisende (m)	pelancong	[pelantʃoŋ]

Homosexuelle (m)	homo, homoseksual	[homo], [homoseksual]
Hacker (m)	peretas	[peretas]
Hippie (m)	hipi	[hipi]

Bandit (m)	bandit	[bandit]
Killer (m)	pembunuh bayaran	[pembunuh bajaran]
Drogenabhängiger (m)	pecandu narkoba	[petʃandu narkoba]
Drogenhändler (m)	pengedar narkoba	[peŋedar narkoba]
Prostituierte (f)	pelacur	[pelatʃur]
Zuhälter (m)	germo	[germo]

Zauberer (m)	penyihir lelaki	[penjihir lelaki]
Zauberin (f)	penyihir perempuan	[penjihir perempuan]
Seeräuber (m)	bajak laut	[badʒiaʔ laut]
Sklave (m)	budak	[budaʔ]
Samurai (m)	samurai	[samuraj]
Wilde (m)	orang primitif	[oraŋ primitif]

Sport

132. Sportarten. Persönlichkeiten des Sports

Sportler (m)	olahragawan	[olahragawan]
Sportart (f)	jenis olahraga	[dʒienis olahraga]
Basketball (m)	bola basket	[bola basket]
Basketballspieler (m)	pemain bola basket	[pemajn bola basket]
Baseball (m, n)	bisbol	[bisbol]
Baseballspieler (m)	pemain bisbol	[pemajn bisbol]
Fußball (m)	sepak bola	[sepa' bola]
Fußballspieler (m)	pemain sepak bola	[pemajn sepa' bola]
Torwart (m)	kiper, penjaga gawang	[kiper], [pendʒiaga gawaŋ]
Eishockey (n)	hoki	[hoki]
Eishockeyspieler (m)	pemain hoki	[pemajn hoki]
Volleyball (m)	bola voli	[bola voli]
Volleyballspieler (m)	pemain bola voli	[pemajn bola voli]
Boxen (n)	tinju	[tindʒiu]
Boxer (m)	petinju	[petindʒiu]
Ringen (n)	gulat	[gulat]
Ringkämpfer (m)	pegulat	[pegulat]
Karate (n)	karate	[karate]
Karatekämpfer (m)	karateka	[karateka]
Judo (n)	judo	[dʒiudo]
Judoka (m)	pejudo	[pedʒiudo]
Tennis (n)	tenis	[tenis]
Tennisspieler (m)	petenis	[petenis]
Schwimmen (n)	berenang	[bərenaŋ]
Schwimmer (m)	perenang	[pərenaŋ]
Fechten (n)	anggar	[aŋgar]
Fechter (m)	pemain anggar	[pemajn aŋgar]
Schach (n)	catur	[tʃatur]
Schachspieler (m)	pecatur	[petʃatur]
Bergsteigen (n)	mendaki gunung	[məndaki gunuŋ]
Bergsteiger (m)	pendaki gunung	[pendaki gunuŋ]
Lauf (m)	lari	[lari]

Läufer (m)	pelari	[pelari]
Leichtathletik (f)	atletik	[atleti']
Athlet (m)	atlet	[atlet]

| Pferdesport (m) | menunggang kuda | [mənuŋgaŋ kuda] |
| Reiter (m) | penunggang kuda | [penuŋgaŋ kuda] |

Eiskunstlauf (m)	seluncur indah	[seluntʃur indah]
Eiskunstläufer (m)	peseluncur indah	[peseluntʃur indah]
Eiskunstläuferin (f)	peseluncur indah	[peseluntʃur indah]

| Gewichtheben (n) | angkat berat | [aŋkat bərat] |
| Gewichtheber (m) | atlet angkat berat | [atlet aŋkat bərat] |

| Autorennen (n) | balapan mobil | [balapan mobil] |
| Rennfahrer (m) | pembalap mobil | [pembalap mobil] |

| Radfahren (n) | bersepeda | [bərsepeda] |
| Radfahrer (m) | atlet sepeda | [atlet sepeda] |

Weitsprung (m)	lompat jauh	[lompat dʒʲauh]
Stabhochsprung (m)	lompat galah	[lompat galah]
Springer (m)	atlet lompat, pelompat	[atlet lompat], [pelompat]

133. Sportarten. Verschiedenes

American Football (m)	futbol	[futbol]
Federballspiel (n)	badminton, bulu tangkis	[badminton], [bulu taŋkis]
Biathlon (n)	biathlon	[biatlon]
Billard (n)	biliar	[biliar]

Bob (m)	bobsled	[bobsled]
Bodybuilding (n)	binaraga	[binaraga]
Wasserballspiel (n)	polo air	[polo air]
Handball (m)	bola tangan	[bola taŋan]
Golf (n)	golf	[golf]

Rudern (n)	mendayung	[məndajuŋ]
Tauchen (n)	selam skuba	[selam skuba]
Skilanglauf (m)	ski lintas alam	[ski lintas alam]
Tischtennis (n)	tenis meja	[tenis medʒʲa]

Segelsport (m)	berlayar	[bərlajar]
Rallye (f, n)	balap reli	[balap reli]
Rugby (n)	rugbi	[rugbi]
Snowboard (n)	seluncur salju	[seluntʃur saldʒʲu]
Bogenschießen (n)	memanah	[memanah]

134. Fitnessstudio

| Hantel (f) | barbel | [barbel] |
| Hanteln (pl) | dumbel | [dumbel] |

Trainingsgerät (n)	alat senam	[alat senam]
Fahrradtrainer (m)	sepeda statis	[sepeda statis]
Laufband (n)	treadmill	[tredmil]

Reck (n)	rekstok	[reksto']
Barren (m)	palang sejajar	[palaŋ sedʒ¦adʒ¦ar]
Sprungpferd (n)	kuda-kuda	[kuda-kuda]
Matte (f)	matras	[matras]

Sprungseil (n)	lompat tali	[lompat tali]
Aerobic (n)	aerobik	[aerobi']
Yoga (m)	yoga	[yoga]

135. Hockey

Eishockey (n)	hoki	[hoki]
Eishockeyspieler (m)	pemain hoki	[pemajn hoki]
Hockey spielen	bermain hoki	[bərmajn hoki]
Eis (n)	es	[es]

Puck (m)	bola hoki es	[bola hoki es]
Hockeyschläger (m)	stik hoki	[sti' hoki]
Schlittschuhe (pl)	sepatu es	[sepatu es]

| Bord (m) | papan | [papan] |
| Schuss (m) | pukulan | [pukulan] |

Torwart (m)	penjaga gawang	[pendʒ¦aga gawaŋ]
Tor (n)	gol	[gol]
ein Tor schießen	menjaringkan gol	[məndʒ¦ariŋkan gol]

Drittel (n)	babak	[baba']
zweites Drittel (n)	babak kedua	[baba' kedua]
Ersatzbank (f)	bangku pemain pengganti	[baŋku pemajn peŋganti]

136. Fußball

Fußball (m)	sepak bola	[sepa' bola]
Fußballspieler (m)	pemain sepak bola	[pemajn sepa' bola]
Fußball spielen	bermain sepak bola	[bərmajn sepa' bola]

Oberliga (f)	liga tertinggi	[liga tərtiŋgi]
Fußballclub (m)	klub sepak bola	[klub sepa' bola]
Trainer (m)	pelatih	[pelatih]
Besitzer (m)	pemilik	[pemili']

Mannschaft (f)	tim	[tim]
Mannschaftskapitän (m)	kapten tim	[kapten tim]
Spieler (m)	pemain	[pemajn]
Ersatzspieler (m)	pemain pengganti	[pemajn peŋganti]
Stürmer (m)	penyerang	[penjeraŋ]
Mittelstürmer (m)	penyerang tengah	[penjeraŋ teŋah]

Torjäger (m)	penyerang, pencetak gol	[penjeraŋ], [pentʃeta' gol]
Verteidiger (m)	bek, pemain bertahan	[bek], [pemajn bərtahan]
Läufer (m)	hafbek	[hafbe']

Spiel (n)	pertandingan	[pərtandiŋan]
sich begegnen	bertanding	[bərtandiŋ]
Finale (n)	final	[final]
Halbfinale (n)	semifinal	[semifinal]
Meisterschaft (f)	kejuaraan	[kedʒ'uara'an]

Halbzeit (f)	babak	[baba']
erste Halbzeit (f)	babak pertama	[baba' pərtama]
Halbzeit (Pause)	waktu istirahat	[waktu istirahat]

Tor (n)	gawang	[gawaŋ]
Torwart (m)	kiper, penjaga gawang	[kiper], [pendʒ'aga gawaŋ]
Torpfosten (m)	tiang gawang	[tiaŋ gawaŋ]
Torlatte (f)	palang gol	[palaŋ gol]
Netz (n)	net	[net]
ein Tor zulassen	kebobolan	[kebobolan]

Ball (m)	bola	[bola]
Pass (m)	operan	[operan]
Schuss (m)	tendangan	[tendaŋan]
schießen (vi)	menendang	[mənendaŋ]
Freistoß (m)	tendangan bebas	[tendaŋan bebas]
Eckball (m)	tendangan penjuru	[tendaŋan pendʒ'uru]

Attacke (f)	serangan	[seraŋan]
Gegenangriff (m)	serangan balik	[seraŋan bali']
Kombination (f)	kombinasi	[kombinasi]

Schiedsrichter (m)	wasit	[wasit]
pfeifen (vi)	meniup peluit	[məniup peluit]
Pfeife (f)	peluit	[peluit]
Foul (n)	pelanggaran	[pelaŋgaran]
foulen (vt)	melanggar	[melaŋgar]
vom Platz verweisen	mengusir keluar lapangan	[məŋusir keluar lapaŋan]

gelbe Karte (f)	kartu kuning	[kartu kuniŋ]
rote Karte (f)	kartu merah	[kartu merah]
Disqualifizierung (f)	diskualifikasi	[diskualifikasi]
disqualifizieren (vt)	mendiskualifikasi	[məndiskualifikasi]

Elfmeter (m)	tendangan penalti	[tendaŋan penalti]
Mauer (f)	tembok pemain	[tembo' pemajn]
schießen (ein Tor ~)	menjaringkan	[məndʒ'ariŋkan]
Tor (n)	gol	[gol]
ein Tor schießen	menjaringkan gol	[məndʒ'ariŋkan gol]

Wechsel (m)	penggantian	[peŋgantian]
ersetzen (vt)	mengganti	[məŋganti]
Regeln (pl)	peraturan	[pəraturan]
Taktik (f)	taktik	[takti']
Stadion (n)	stadion	[stadion]
Tribüne (f)	tribun	[tribun]

| Anhänger (m) | pendukung | [pendukuŋ] |
| schreien (vi) | berteriak | [bərteria'] |

| Anzeigetafel (f) | papan skor | [papan skor] |
| Ergebnis (n) | skor | [skor] |

Niederlage (f)	kekalahan	[kekalahan]
verlieren (vt)	kalah	[kalah]
Unentschieden (n)	seri, hasil imbang	[seri], [hasil imbaŋ]
unentschieden spielen	bermain seri	[bərmajn seri]

| Sieg (m) | kemenangan | [kemenaŋan] |
| gewinnen (vt) | menang | [menaŋ] |

Meister (m)	juara	[dʒʲuara]
der beste	terbaik	[terbai']
gratulieren (vi)	mengucapkan selamat	[məŋutʃapkan selamat]

Kommentator (m)	komentator	[komentator]
kommentieren (vt)	berkomentar	[bərkomentar]
Übertragung (f)	siaran	[siaran]

137. Ski alpin

Ski (pl)	ski	[ski]
Ski laufen	bermain ski	[bərmajn ski]
Skiort (m)	resor ski	[resor ski]
Skilift (m)	kereta gantung	[kereta gantuŋ]

Skistöcke (pl)	tongkat ski	[toŋkat ski]
Abhang (m)	lereng	[lereŋ]
Slalom (m)	slalom	[slalom]

138. Tennis Golf

Golf (n)	golf	[golf]
Golfklub (m)	klub golf	[klub golf]
Golfspieler (m)	pegolf	[pegolf]

Loch (n)	lubang	[lubaŋ]
Schläger (m)	stik golf	[sti' golf]
Golfwagen (m)	troli golf	[troli golf]

| Tennis (n) | tenis | [tenis] |
| Tennisplatz (m) | lapangan tenis | [lapaŋan tenis] |

| Aufschlag (m) | servis | [servis] |
| angeben (vt) | melakukan servis | [melakukan servis] |

Tennisschläger (m)	raket	[raket]
Netz (n)	net	[net]
Ball (m)	bola	[bola]

139. Schach

Schach (n)	catur	[tʃatur]
Schachfiguren (pl)	buah catur	[buah tʃatur]
Schachspieler (m)	pecatur	[petʃatur]
Schachbrett (n)	papan catur	[papan tʃatur]
Figur (f)	buah catur	[buah tʃatur]
Weißen (pl)	buah putih	[buah putih]
Schwarze (pl)	buah hitam	[buah hitam]
Bauer (m)	pion, bidak	[pion], [bidaʔ]
Läufer (m)	gajah	[gadʒ'ah]
Springer (m)	kuda	[kuda]
Turm (m)	benteng	[benteŋ]
Königin (f)	ratu, menteri	[ratu], [monteri]
König (m)	raja	[radʒ'a]
Zug (m)	langkah	[laŋkah]
einen Zug machen	melangkahkan bidak	[melaŋkahkan bidaʔ]
opfern (vt)	mengorbankan	[məŋorbankan]
Rochade (f)	rokade	[rokade]
Schach (n)	skak	[skaʔ]
Matt (n)	skak mat	[skaʔ mat]
Schachturnier (n)	pertandingan catur	[pərtandiŋan tʃatur]
Großmeister (m)	Grandmaster	[grandmaster]
Kombination (f)	kombinasi	[kombinasi]
Partie (f), Spiel (n)	partai	[partaj]
Damespiel (n)	permainan dam	[pərmajnan dam]

140. Boxen

Boxen (n)	tinju	[tindʒ'u]
Boxkampf (m)	pertarungan	[pərtaruŋan]
Zweikampf (m)	pertandingan	[pərtandiŋan]
Runde (f)	ronde	[ronde]
Ring (m)	ring	[riŋ]
Gong (m, n)	gong	[goŋ]
Schlag (m)	pukulan	[pukulan]
Knockdown (m)	knock-down	[knokdaun]
Knockout (m)	knock-out	[knokaut]
k.o. schlagen (vt)	meng-KO	[meŋ-kao]
Boxhandschuh (m)	sarung tinju	[saruŋ tindʒ'u]
Schiedsrichter (m)	wasit	[wasit]
Leichtgewicht (n)	kelas ringan	[kelas riŋan]
Mittelgewicht (n)	kelas menengah	[kelas meneŋah]
Schwergewicht (n)	kelas berat	[kelas bərat]

141. Sport. Verschiedenes

Olympische Spiele (pl)	Olimpiade	[olimpiade]
Sieger (m)	pemenang	[pemenaŋ]
siegen (vi)	unggul	[uŋgul]
gewinnen (Sieger sein)	menang	[menaŋ]
Tabellenführer (m)	pemimpin	[pemimpin]
führen (vi)	memimpin	[memimpin]
der erste Platz	tempat pertama	[tempat pertama]
der zweite Platz	tempat kedua	[tempat kedua]
der dritte Platz	tempat ketiga	[tempat ketiga]
Medaille (f)	medali	[medali]
Trophäe (f)	trofi	[trofi]
Pokal (m)	piala	[piala]
Siegerpreis m (m)	hadiah	[hadiah]
Hauptpreis (m)	hadiah utama	[hadiah utama]
Rekord (m)	rekor	[rekor]
einen Rekord aufstellen	menciptakan rekor	[mentʃiptakan rekor]
Finale (n)	final	[final]
Final-	final	[final]
Meister (m)	juara	[dʒ'uara]
Meisterschaft (f)	kejuaraan	[kedʒ'uara'an]
Stadion (n)	stadion	[stadion]
Tribüne (f)	tribun	[tribun]
Fan (m)	pendukung	[pendukuŋ]
Gegner (m)	lawan	[lawan]
Start (m)	start	[start]
Ziel (n), Finish (n)	finis	[finis]
Niederlage (f)	kekalahan	[kekalahan]
verlieren (vt)	kalah	[kalah]
Schiedsrichter (m)	wasit	[wasit]
Jury (f)	juri	[dʒ'uri]
Ergebnis (n)	skor	[skor]
Unentschieden (n)	seri, hasil imbang	[seri], [hasil imbaŋ]
unentschieden spielen	bermain seri	[bermajn seri]
Punkt (m)	poin	[poin]
Ergebnis (n)	skor, hasil akhir	[skor], [hasil ahir]
Spielabschnitt (m)	babak	[baba']
Halbzeit (f), Pause (f)	waktu istirahat	[waktu istirahat]
Doping (n)	doping	[dopiŋ]
bestrafen (vt)	menghukum	[meŋhukum]
disqualifizieren (vt)	mendiskualifikasi	[mendiskualifikasi]
Sportgerät (n)	alat olahraga	[alat olahraga]

Speer (m)	lembing	[lembiŋ]
Kugel (im Kugelstoßen)	peluru	[peluru]
Kugel (f), Ball (m)	bola	[bola]

Ziel (n)	sasaran	[sasaran]
Zielscheibe (f)	sasaran	[sasaran]
schießen (vi)	menembak	[mənembaʔ]
genau (Adj)	akurat	[akurat]

Trainer (m)	pelatih	[pelatih]
trainieren (vt)	melatih	[melatih]
trainieren (vi)	berlatih	[berlatih]
Training (n)	latihan	[latihan]

Turnhalle (f)	gimnasium	[gimnasium]
Übung (f)	latihan	[latihan]
Aufwärmen (n)	pemanasan	[pemanasan]

Ausbildung

142. Schule

Schule (f)	sekolah	[sekolah]
Schulleiter (m)	kepala sekolah	[kepala sekolah]
Schüler (m)	murid laki-laki	[murid laki-laki]
Schülerin (f)	murid perempuan	[murid perempuan]
Schuljunge (m)	siswa	[siswa]
Schulmädchen (f)	siswi	[siswi]
lehren (vt)	mengajar	[məŋadʒʲar]
lernen (Englisch ~)	belajar	[beladʒʲar]
auswendig lernen	menghafalkan	[məŋhafalkan]
lernen (vi)	belajar	[beladʒʲar]
in der Schule sein	bersekolah	[bərsekolah]
die Schule besuchen	ke sekolah	[ke sekolah]
Alphabet (n)	alfabet, abjad	[alfabet], [abdʒʲad]
Fach (n)	subjek, mata pelajaran	[subdʒʲek], [mata peladʒʲaran]
Klassenraum (m)	ruang kelas	[ruaŋ kelas]
Stunde (f)	pelajaran	[peladʒʲaran]
Pause (f)	waktu istirahat	[waktu istirahat]
Schulglocke (f)	lonceng	[lontʃeŋ]
Schulbank (f)	bangku sekolah	[baŋku sekolah]
Tafel (f)	papan tulis hitam	[papan tulis hitam]
Note (f)	nilai	[nilaj]
gute Note (f)	nilai baik	[nilaj bajʔ]
schlechte Note (f)	nilai jelek	[nilaj dʒʲeleʔ]
eine Note geben	memberikan nilai	[memberikan nilaj]
Fehler (m)	kesalahan	[kesalahan]
Fehler machen	melakukan kesalahan	[melakukan kesalahan]
korrigieren (vt)	mengoreksi	[məŋoreksi]
Spickzettel (m)	contekan	[tʃontekan]
Hausaufgabe (f)	pekerjaan rumah	[pekerdʒʲaʔan rumah]
Übung (f)	latihan	[latihan]
anwesend sein	hadir	[hadir]
fehlen (in der Schule ~)	absen, tidak hadir	[absen], [tidaʔ hadir]
versäumen (Schule ~)	absen dari sekolah	[absen dari sekolah]
bestrafen (vt)	menghukum	[məŋhukum]
Strafe (f)	hukuman	[hukuman]
Benehmen (n)	perilaku	[pərilaku]

Zeugnis (n)	rapor	[rapor]
Bleistift (m)	pensil	[pensil]
Radiergummi (m)	karet penghapus	[karet peŋhapus]
Kreide (f)	kapur	[kapur]
Federkasten (m)	kotak pensil	[kota' pensil]

Schulranzen (m)	tas sekolah	[tas sekolah]
Kugelschreiber, Stift (m)	pen	[pen]
Heft (n)	buku tulis	[buku tulis]
Lehrbuch (n)	buku pelajaran	[buku peladʒʲaran]
Zirkel (m)	paser, jangka	[paser], [dʒʲaŋka]

zeichnen (vt)	menggambar	[məŋgambar]
Zeichnung (f)	gambar teknik	[gambar tekni']

Gedicht (n)	puisi, sajak	[puisi], [sadʒʲa']
auswendig (Adv)	hafal	[hafal]
auswendig lernen	menghafalkan	[məŋhafalkan]

Ferien (pl)	liburan sekolah	[liburan sekolah]
in den Ferien sein	berlibur	[bərlibur]
Ferien verbringen	menjalani liburan	[məndʒʲalani liburan]

Test (m), Prüfung (f)	tes, kuis	[tes], [kuis]
Aufsatz (m)	esai, karangan	[esaj], [karaŋan]
Diktat (n)	dikte	[dikte]
Prüfung (f)	ujian	[udʒian]
Prüfungen ablegen	menempuh ujian	[mənempuh udʒian]
Experiment (n)	eksperimen	[eksperimen]

143. Hochschule. Universität

Akademie (f)	akademi	[akademi]
Universität (f)	universitas	[universitas]
Fakultät (f)	fakultas	[fakultas]

Student (m)	mahasiswa	[mahasiswa]
Studentin (f)	mahasiswi	[mahasiswi]
Lehrer (m)	dosen	[dosen]

Hörsaal (m)	ruang kuliah	[ruaŋ kuliah]
Hochschulabsolvent (m)	lulusan	[lulusan]

Diplom (n)	ijazah	[idʒʲazah]
Dissertation (f)	disertasi	[disertasi]

Forschung (f)	penelitian	[penelitian]
Labor (n)	laboratorium	[laboratorium]

Vorlesung (f)	kuliah	[kuliah]
Kommilitone (m)	rekan sekuliah	[rekan sekuliah]

Stipendium (n)	beasiswa	[beasiswa]
akademischer Grad (m)	gelar akademik	[gelar akademi']

144. Naturwissenschaften. Fächer

Mathematik (f)	matematika	[matematika]
Algebra (f)	aljabar	[aldʒabar]
Geometrie (f)	geometri	[geometri]

Astronomie (f)	astronomi	[astronomi]
Biologie (f)	biologi	[biologi]
Erdkunde (f)	geografi	[geografi]
Geologie (f)	geologi	[geologi]
Geschichte (f)	sejarah	[sedʒarah]

Medizin (f)	kedokteran	[kedokteran]
Pädagogik (f)	pedagogi	[pedagogi]
Recht (n)	hukum	[hukum]

Physik (f)	fisika	[fisika]
Chemie (f)	kimia	[kimia]
Philosophie (f)	filsafat	[filsafat]
Psychologie (f)	psikologi	[psikologi]

145. Schrift Rechtschreibung

Grammatik (f)	tatabahasa	[tatabahasa]
Lexik (f)	kosakata	[kosakata]
Phonetik (f)	fonetik	[foneti']

Substantiv (n)	nomina	[nomina]
Adjektiv (n)	adjektiva	[adʒektiva]
Verb (n)	verba	[verba]
Adverb (n)	adverbia	[adverbia]

Pronomen (n)	kata ganti	[kata ganti]
Interjektion (f)	kata seru	[kata seru]
Präposition (f)	preposisi, kata depan	[preposisi], [kata depan]

Wurzel (f)	kata dasar	[kata dasar]
Endung (f)	akhiran	[ahiran]
Vorsilbe (f)	prefiks, awalan	[prefiks], [awalan]
Silbe (f)	suku kata	[suku kata]
Suffix (n), Nachsilbe (f)	sufiks, akhiran	[sufiks], [ahiran]

Betonung (f)	tanda tekanan	[tanda tekanan]
Apostroph (m)	apostrofi	[apostrofi]

Punkt (m)	titik	[titi']
Komma (n)	koma	[koma]
Semikolon (n)	titik koma	[titi' koma]
Doppelpunkt (m)	titik dua	[titi' dua]
Auslassungspunkte (pl)	elipsis, lesapan	[elipsis], [lesapan]

Fragezeichen (n)	tanda tanya	[tanda tanja]
Ausrufezeichen (n)	tanda seru	[tanda seru]

Anführungszeichen (pl)	tanda petik	[tanda peti']
in Anführungszeichen	dalam tanda petik	[dalam tanda peti']
runde Klammern (pl)	tanda kurung	[tanda kuruŋ]
in Klammern	dalam tanda kurung	[dalam tanda kuruŋ]
Bindestrich (m)	tanda pisah	[tanda pisah]
Gedankenstrich (m)	tanda hubung	[tanda hubuŋ]
Leerzeichen (n)	spasi	[spasi]
Buchstabe (m)	huruf	[huruf]
Großbuchstabe (m)	huruf kapital	[huruf kapital]
Vokal (m)	vokal	[vokal]
Konsonant (m)	konsonan	[konsonan]
Satz (m)	kalimat	[kalimat]
Subjekt (n)	subjek	[subdʒ'e']
Prädikat (n)	predikat	[predikat]
Zeile (f)	baris	[baris]
in einer neuen Zeile	di baris baru	[di baris baru]
Absatz (m)	alinea, paragraf	[alinea], [paragraf]
Wort (n)	kata	[kata]
Wortverbindung (f)	rangkaian kata	[raŋkajan kata]
Redensart (f)	ungkapan	[uŋkapan]
Synonym (n)	sinonim	[sinonim]
Antonym (n)	antonim	[antonim]
Regel (f)	peraturan	[peraturan]
Ausnahme (f)	perkecualian	[perketʃualian]
richtig (Adj)	benar, betul	[benar], [betul]
Konjugation (f)	konjugasi	[kondʒ'ugasi]
Deklination (f)	deklinasi	[deklinasi]
Kasus (m)	kasus nominal	[kasus nominal]
Frage (f)	pertanyaan	[pertanja'an]
unterstreichen (vt)	menggaris bawahi	[meŋgaris bawahi]
punktierte Linie (f)	garis bertitik	[garis bertiti']

146. Fremdsprachen

Sprache (f)	bahasa	[bahasa]
Fremd-	asing	[asiŋ]
Fremdsprache (f)	bahasa asing	[bahasa asiŋ]
studieren (z.B. Jura ~)	mempelajari	[mempeladʒ'ari]
lernen (Englisch ~)	belajar	[beladʒ'ar]
lesen (vi, vt)	membaca	[membatʃa]
sprechen (vi, vt)	berbicara	[berbitʃara]
verstehen (vt)	mengerti	[meŋerti]
schreiben (vi, vt)	menulis	[menulis]
schnell (Adv)	cepat, fasih	[tʃepat], [fasih]
langsam (Adv)	perlahan-lahan	[perlahan-lahan]

fließend (Adv)	fasih	[fasih]
Regeln (pl)	peraturan	[peraturan]
Grammatik (f)	tatabahasa	[tatabahasa]
Vokabular (n)	kosakata	[kosakata]
Phonetik (f)	fonetik	[foneti']
Lehrbuch (n)	buku pelajaran	[buku peladʒʲaran]
Wörterbuch (n)	kamus	[kamus]
Selbstlernbuch (n)	buku autodidak	[buku autodida']
Sprachführer (m)	panduan percakapan	[panduan pərtʃakapan]
Kassette (f)	kaset	[kaset]
Videokassette (f)	kaset video	[kaset video]
CD (f)	cakram kompak	[tʃakram kompa']
DVD (f)	cakram DVD	[tʃakram di-vi-di]
Alphabet (n)	alfabet, abjad	[alfabet], [abdʒʲad]
buchstabieren (vt)	mengeja	[məŋedʒʲa]
Aussprache (f)	pelafalan	[pelafalan]
Akzent (m)	aksen	[aksen]
mit Akzent	dengan aksen	[deŋan aksen]
ohne Akzent	tanpa aksen	[tanpa aksen]
Wort (n)	kata	[kata]
Bedeutung (f)	arti	[arti]
Kurse (pl)	kursus	[kursus]
sich einschreiben	Mendaftar	[məndaftar]
Lehrer (m)	guru	[guru]
Übertragung (f)	penerjemahan	[penerdʒʲemahan]
Übersetzung (f)	terjemahan	[tərdʒʲemahan]
Übersetzer (m)	penerjemah	[penerdʒʲemah]
Dolmetscher (m)	juru bahasa	[dʒʲuru bahasa]
Polyglott (m, f)	poliglot	[poliglot]
Gedächtnis (n)	memori, daya ingat	[memori], [daja iŋat]

147. Märchenfiguren

Weihnachtsmann (m)	Sinterklas	[sinterklas]
Aschenputtel (n)	Cinderella	[tʃinderella]
Nixe (f)	putri duyung	[putri duyuŋ]
Neptun (m)	Neptunus	[neptunus]
Zauberer (m)	penyihir	[penjihir]
Zauberin (f)	peri	[peri]
magisch, Zauber-	sihir	[sihir]
Zauberstab (m)	tongkat sihir	[toŋkat sihir]
Märchen (n)	dongeng	[doŋeŋ]
Wunder (n)	keajaiban	[keadʒʲajban]
Zwerg (m)	kerdil, katai	[kerdil], [kataj]

sich verwandeln in ...	**menjelma menjadi ...**	[məndʒˈelma məndʒˈadi ...]
Geist (m)	**hantu**	[hantu]
Gespenst (n)	**fantom**	[fantom]
Ungeheuer (n)	**monster**	[monster]
Drache (m)	**naga**	[naga]
Riese (m)	**raksasa**	[raksasa]

148. Sternzeichen

Widder (m)	**Aries**	[aries]
Stier (m)	**Taurus**	[taurus]
Zwillinge (pl)	**Gemini**	[dʒˈemini]
Krebs (m)	**Cancer**	[kanser]
Löwe (m)	**Leo**	[leo]
Jungfrau (f)	**Virgo**	[virgo]
Waage (f)	**Libra**	[libra]
Skorpion (m)	**Scorpio**	[skorpio]
Schütze (m)	**Sagitarius**	[sagitarius]
Steinbock (m)	**Capricorn**	[keprikon]
Wassermann (m)	**Aquarius**	[akuarius]
Fische (pl)	**Pisces**	[pistʃes]
Charakter (m)	**karakter**	[karakter]
Charakterzüge (pl)	**ciri karakter**	[tʃiri karakter]
Benehmen (n)	**tingkah laku**	[tiŋkah laku]
wahrsagen (vt)	**meramal**	[meramal]
Wahrsagerin (f)	**peramal**	[pəramal]
Horoskop (n)	**horoskop**	[horoskop]

Kunst

149. Theater

Theater (n)	teater	[teater]
Oper (f)	opera	[opera]
Operette (f)	opereta	[opereta]
Ballett (n)	balet	[balet]
Theaterplakat (n)	poster	[poster]
Truppe (f)	rombongan teater	[romboŋan teater]
Tournee (f)	tur, pertunjukan keliling	[tur], [pərtundʒ¡ukan keliliŋ]
auf Tournee sein	mengadakan tur	[məŋadakan tur]
proben (vt)	berlatih	[bərlatih]
Probe (f)	geladi	[geladi]
Spielplan (m)	repertoar	[repertoar]
Aufführung (f)	pertunjukan	[pərtundʒ¡ukan]
Vorstellung (f)	pergelaran	[pərgelaran]
Theaterstück (n)	lakon	[lakon]
Karte (f)	tiket	[tiket]
Theaterkasse (f)	loket tiket	[loket tiket]
Halle (f)	lobi, ruang depan	[lobi], [ruaŋ depan]
Garderobe (f)	tempat penitipan jas	[tempat penitipan dʒ¡as]
Garderobennummer (f)	nomor penitipan jas	[nomor penitipan dʒ¡as]
Opernglas (n)	binokular	[binokular]
Platzanweiser (m)	petugas penyobek tiket	[petugas penjobeʔ tiket]
Parkett (n)	kursi orkestra	[kursi orkestra]
Balkon (m)	balkon	[balkon]
der erste Rang	tingkat pertama	[tiŋkat pərtama]
Loge (f)	boks	[boks]
Reihe (f)	barisan	[barisan]
Platz (m)	tempat duduk	[tempat duduʔ]
Publikum (n)	khalayak	[halajaʔ]
Zuschauer (m)	penonton	[penonton]
klatschen (vi)	bertepuk tangan	[bərtepuʔ taŋan]
Applaus (m)	aplaus, tepuk tangan	[aplaus], [tepuʔ taŋan]
Ovation (f)	ovasi, tepuk tangan	[ovasi], [tepuʔ taŋan]
Bühne (f)	panggung	[paŋguŋ]
Vorhang (m)	tirai	[tiraj]
Dekoration (f)	tata panggung	[tata paŋguŋ]
Kulissen (pl)	belakang panggung	[belakaŋ paŋguŋ]
Szene (f)	adegan	[adegan]
Akt (m)	babak	[babaʔ]
Pause (f)	waktu istirahat	[waktu istirahat]

150. Kino

Schauspieler (m)	aktor	[aktor]
Schauspielerin (f)	aktris	[aktris]
Kino (n)	sinematografi, perfilman	[sinematografi], [pərfilman]
Film (m)	film	[film]
Folge (f)	episode, seri	[episode], [seri]
Krimi (m)	detektif	[detektif]
Actionfilm (m)	film laga	[film laga]
Abenteuerfilm (m)	film petualangan	[film petualaŋan]
Science-Fiction-Film (m)	film fiksi ilmiah	[film fiksi ilmiah]
Horrorfilm (m)	film horor	[film horor]
Komödie (f)	film komedi	[film komedi]
Melodrama (n)	melodrama	[melodrama]
Drama (n)	drama	[drama]
Spielfilm (m)	film fiksi	[film fiksi]
Dokumentarfilm (m)	film dokumenter	[film dokumenter]
Zeichentrickfilm (m)	kartun	[kartun]
Stummfilm (m)	film bisu	[film bisu]
Rolle (f)	peran	[peran]
Hauptrolle (f)	peran utama	[peran utama]
spielen (Schauspieler)	berperan	[bərperan]
Filmstar (m)	bintang film	[bintaŋ film]
bekannt	terkenal	[tərkenal]
berühmt	terkenal	[tərkenal]
populär	populer, terkenal	[populer], [tərkenal]
Drehbuch (n)	skenario	[skenario]
Drehbuchautor (m)	penulis skenario	[penulis skenario]
Regisseur (m)	sutradara	[sutradara]
Produzent (m)	produser	[produser]
Assistent (m)	asisten	[asisten]
Kameramann (m)	kamerawan	[kamerawan]
Stuntman (m)	pemeran pengganti	[pemeran peŋganti]
Double (n)	pengganti	[peŋganti]
einen Film drehen	merekam film	[merekam film]
Probe (f)	audisi	[audisi]
Dreharbeiten (pl)	syuting, pengambilan gambar	[ʃyutiŋ], [peɲambilan gambar]
Filmteam (n)	rombongan film	[romboŋan film]
Filmset (m)	set film	[set film]
Filmkamera (f)	kamera	[kamera]
Kino (n)	bioskop	[bioskop]
Leinwand (f)	layar	[lajar]
einen Film zeigen	menayangkan film	[mənajaŋkan film]
Tonspur (f)	soundtrack, trek suara	[saundtrek], [tre' suara]
Spezialeffekte (pl)	efek khusus	[efe' husus]

Untertitel (pl)	subjudul, teks film	[subdʒ¦udul], [teks film]
Abspann (m)	ucapan terima kasih	[utʃapan tərima kasih]
Übersetzung (f)	terjemahan	[tərdʒ¦emahan]

151. Gemälde

Kunst (f)	seni	[seni]
schönen Künste (pl)	seni rupa	[seni rupa]
Kunstgalerie (f)	galeri seni	[galeri seni]
Kunstausstellung (f)	pameran seni	[pameran seni]

Malerei (f)	seni lukis	[seni lukis]
Graphik (f)	seni grafis	[seni grafis]
abstrakte Kunst (f)	seni abstrak	[seni abstra⁷]
Impressionismus (m)	impresionisme	[impresionisme]

Bild (n)	lukisan	[lukisan]
Zeichnung (Kohle- usw.)	gambar	[gambar]
Plakat (n)	poster	[poster]

Illustration (f)	ilustrasi	[ilustrasi]
Miniatur (f)	miniatur	[miniatur]
Kopie (f)	salinan	[salinan]
Reproduktion (f)	reproduksi	[reproduksi]

Mosaik (n)	mozaik	[mozaj⁷]
Glasmalerei (f)	kaca berwarna	[katʃa bərwarna]
Fresko (n)	fresko	[fresko]
Gravüre (f)	gravir	[gravir]

Büste (f)	patung sedada	[patuŋ sedada]
Skulptur (f)	seni patung	[seni patuŋ]
Statue (f)	patung	[patuŋ]
Gips (m)	gips	[gips]
aus Gips	dari gips	[dari gips]

Porträt (n)	potret	[potret]
Selbstporträt (n)	potret diri	[potret diri]
Landschaftsbild (n)	lukisan lanskap	[lukisan lanskap]
Stillleben (n)	alam benda	[alam benda]
Karikatur (f)	karikatur	[karikatur]
Entwurf (m)	sketsa	[sketsa]

Farbe (f)	cat	[tʃat]
Aquarellfarbe (f)	cat air	[tʃat air]
Öl (n)	cat minyak	[tʃat minja⁷]
Bleistift (m)	pensil	[pensil]
Tusche (f)	tinta gambar	[tinta gambar]
Kohle (f)	arang	[araŋ]

zeichnen (vt)	menggambar	[məŋgambar]
malen (vi, vt)	melukis	[melukis]
Modell stehen	berpose	[bərpose]
Modell (Mask.)	model lelaki	[model lelaki]

Modell (Fem.)	model perempuan	[model perempuan]
Maler (m)	perupa	[perupa]
Kunstwerk (n)	karya seni	[karja seni]
Meisterwerk (n)	adikarya, mahakarya	[adikarja], [mahakarja]
Atelier (n), Werkstatt (f)	studio seni	[studio seni]

Leinwand (f)	kanvas	[kanvas]
Staffelei (f)	esel, kuda-kuda	[esel], [kuda-kuda]
Palette (f)	palet	[palet]

Rahmen (m)	bingkai	[biŋkaj]
Restauration (f)	pemugaran	[pemugaran]
restaurieren (vt)	memugar	[memugar]

152. Literatur und Dichtkunst

Literatur (f)	sastra, kesusastraan	[sastra], [kesusastra'an]
Autor (m)	pengarang	[peŋaraŋ]
Pseudonym (n)	pseudonim, nama samaran	[pseudonim], [nama samaran]

Buch (n)	buku	[buku]
Band (m)	jilid	[dʒilid]
Inhaltsverzeichnis (n)	daftar isi	[daftar isi]
Seite (f)	halaman	[halaman]
Hauptperson (f)	karakter utama	[karakter utama]
Autogramm (n)	tanda tangan	[tanda taŋan]

Kurzgeschichte (f)	cerpen	[tʃerpen]
Erzählung (f)	novel, cerita	[novel], [tʃerita]
Roman (m)	novel	[novel]
Werk (Buch usw.)	karya	[karja]
Fabel (f)	fabel	[fabel]
Krimi (m)	novel detektif	[novel detektif]

Gedicht (n)	puisi, sajak	[puisi], [sadʒ'a']
Dichtung (f), Poesie (f)	puisi	[puisi]
Gedicht (n)	puisi	[puisi]
Dichter (m)	penyair	[penjajr]

schöne Literatur (f)	fiksi	[fiksi]
Science-Fiction (f)	fiksi ilmiah	[fiksi ilmiah]
Abenteuer (n)	petualangan	[petualaŋan]
Schülerliteratur (pl)	literatur pendidikan	[literatur pendidikan]
Kinderliteratur (f)	sastra kanak-kanak	[sastra kana'-kana']

153. Zirkus

Zirkus (m)	sirkus	[sirkus]
Wanderzirkus (m)	sirkus keliling	[sirkus keliliŋ]
Programm (n)	program	[program]
Vorstellung (f)	pertunjukan	[pertundʒ'ukan]

Nummer (f)	aksi	[aksi]
Manege (f)	arena	[arena]

Pantomime (f)	pantomim	[pantomim]
Clown (m)	badut	[badut]

Akrobat (m)	pemain akrobat	[pemajn akrobat]
Akrobatik (f)	akrobatik	[akrobatiʔ]
Turner (m)	pesenam	[pesenam]
Turnen (n)	senam	[senam]
Salto (m)	salto	[salto]

Kraftmensch (m)	orang kuat	[oraŋ kuat]
Bändiger, Dompteur (m)	penjinak hewan	[pendʒinaʔ hewan]
Reiter (m)	penunggang kuda	[penuŋgaŋ kuda]
Assistent (m)	asisten	[asisten]

Trick (m)	stunt	[stun]
Zaubertrick (m)	trik sulap	[triʔ sulap]
Zauberkünstler (m)	pesulap	[pesulap]

Jongleur (m)	juggler	[dʒⁱuggler]
jonglieren (vi)	bermain juggling	[bərmajn dʒⁱugglin]
Dresseur (m)	pelatih binatang	[pelatih binataŋ]
Dressur (f)	pelatihan binatang	[pelatihan binataŋ]
dressieren (vt)	melatih	[melatih]

154. Musik. Popmusik

Musik (f)	musik	[musiʔ]
Musiker (m)	musisi, musikus	[musisi], [musikus]
Musikinstrument (n)	alat musik	[alat musiʔ]
spielen (auf der Gitarre ~)	bermain ...	[bərmajn ...]

Gitarre (f)	gitar	[gitar]
Geige (f)	biola	[biola]
Cello (n)	selo	[selo]
Kontrabass (m)	kontrabas	[kontrabas]
Harfe (f)	harpa	[harpa]

Klavier (n)	piano	[piano]
Flügel (m)	grand piano	[grand piano]
Orgel (f)	organ	[organ]

Blasinstrumente (pl)	alat musik tiup	[alat musiʔ tiup]
Oboe (f)	obo	[obo]
Saxophon (n)	saksofon	[saksofon]
Klarinette (f)	klarinet	[klarinet]
Flöte (f)	suling	[suliŋ]
Trompete (f)	trompet	[trompet]

Akkordeon (n)	akordeon	[akordeon]
Trommel (f)	drum	[drum]
Duo (n)	duo, duet	[duo], [duet]

Trio (n)	trio	[trio]
Quartett (n)	kuartet	[kuartet]
Chor (m)	kor	[kor]
Orchester (n)	orkestra	[orkestra]

Popmusik (f)	musik pop	[musi' pop]
Rockmusik (f)	musik rok	[musi' ro']
Rockgruppe (f)	grup musik rok	[grup musi' ro']
Jazz (m)	jaz	[dʒʲaz]

Idol (n)	idola	[idola]
Verehrer (m)	pengagum	[peŋagum]

Konzert (n)	konser	[konser]
Sinfonie (f)	simfoni	[simfoni]
Komposition (f)	komposisi	[komposisi]
komponieren (vt)	menggubah, mencipta	[məŋgubah], [məntʃipta]

Gesang (m)	nyanyian	[njanjian]
Lied (n)	lagu	[lagu]
Melodie (f)	nada, melodi	[nada], [melodi]
Rhythmus (m)	irama	[irama]
Blues (m)	musik blues	[musi' blus]

Noten (pl)	notasi musik	[notasi musi']
Taktstock (m)	tongkat dirigen	[toŋkat dirigen]
Bogen (m)	penggesek	[peŋgese']
Saite (f)	tali, senar	[tali], [senar]
Koffer (Violinen-)	wadah	[wadah]

Erholung. Unterhaltung. Reisen

155. Ausflug. Reisen

Tourismus (m)	pariwisata	[pariwisata]
Tourist (m)	turis, wisatawan	[turis], [wisatawan]
Reise (f)	pengembaraan	[peŋembara'an]
Abenteuer (n)	petualangan	[petualaŋan]
Fahrt (f)	perjalanan, lawatan	[pərdʒ'alanan], [lawatan]
Urlaub (m)	liburan	[liburan]
auf Urlaub sein	berlibur	[bərlibur]
Erholung (f)	istirahat	[istirahat]
Zug (m)	kereta api	[kereta api]
mit dem Zug	naik kereta api	[nai' kereta api]
Flugzeug (n)	pesawat terbang	[pesawat tərbaŋ]
mit dem Flugzeug	naik pesawat terbang	[nai' pesawat tərbaŋ]
mit dem Auto	naik mobil	[nai' mobil]
mit dem Schiff	naik kapal	[nai' kapal]
Gepäck (n)	bagasi	[bagasi]
Koffer (m)	koper	[koper]
Gepäckwagen (m)	troli bagasi	[troli bagasi]
Pass (m)	paspor	[paspor]
Visum (n)	visa	[visa]
Fahrkarte (f)	tiket	[tiket]
Flugticket (n)	tiket pesawat terbang	[tiket pesawat tərbaŋ]
Reiseführer (m)	buku pedoman	[buku pedoman]
Landkarte (f)	peta	[peta]
Gegend (f)	kawasan	[kawasan]
Ort (wunderbarer ~)	tempat	[tempat]
Exotika (pl)	keeksotisan	[keeksotisan]
exotisch	eksotis	[eksotis]
erstaunlich (Adj)	menakjubkan	[mənakdʒ'ubkan]
Gruppe (f)	kelompok	[kelompo']
Ausflug (m)	ekskursi	[ekskursi]
Reiseleiter (m)	pemandu wisata	[pemandu wisata]

156. Hotel

Hotel (n), Gasthaus (n)	hotel	[hotel]
Motel (n)	motel	[motel]
drei Sterne	bintang tiga	[bintaŋ tiga]

| fünf Sterne | bintang lima | [bintaŋ lima] |
| absteigen (vi) | menginap | [məɲinap] |

Hotelzimmer (n)	kamar	[kamar]
Einzelzimmer (n)	kamar tunggal	[kamar tuŋgal]
Zweibettzimmer (n)	kamar ganda	[kamar ganda]
reservieren (vt)	memesan kamar	[memesan kamar]

| Halbpension (f) | sewa setengah | [sewa seteŋah] |
| Vollpension (f) | sewa penuh | [sewa penuh] |

mit Bad	dengan kamar mandi	[deŋan kamar mandi]
mit Dusche	dengan pancuran	[deŋan panʧuran]
Satellitenfernsehen (n)	televisi satelit	[televisi satelit]
Klimaanlage (f)	penyejuk udara	[penjeʤʲuʔ udara]
Handtuch (n)	handuk	[handuʔ]
Schlüssel (m)	kunci	[kunʧi]

Verwalter (m)	administrator	[administrator]
Zimmermädchen (n)	pelayan kamar	[pelajan kamar]
Träger (m)	porter	[porter]
Portier (m)	pramupintu	[pramupintu]

Restaurant (n)	restoran	[restoran]
Bar (f)	bar	[bar]
Frühstück (n)	makan pagi, sarapan	[makan pagi], [sarapan]
Abendessen (n)	makan malam	[makan malam]
Buffet (n)	prasmanan	[prasmanan]

| Foyer (n) | lobi | [lobi] |
| Aufzug (m), Fahrstuhl (m) | elevator | [elevator] |

| BITTE NICHT STÖREN! | JANGAN MENGGANGGU | [ʤʲaŋan məŋgaŋgu] |
| RAUCHEN VERBOTEN! | DILARANG MEROKOK! | [dilaraŋ merokoʔ!] |

157. Bücher. Lesen

Buch (n)	buku	[buku]
Autor (m)	pengarang	[peŋaraŋ]
Schriftsteller (m)	penulis	[penulis]
verfassen (vt)	menulis	[mənulis]

Leser (m)	pembaca	[pembaʧa]
lesen (vi, vt)	membaca	[membaʧa]
Lesen (n)	membaca	[membaʧa]

| still (~ lesen) | dalam hati | [dalam hati] |
| laut (Adv) | dengan keras | [deŋan keras] |

verlegen (vt)	menerbitkan	[mənerbitkan]
Ausgabe (f)	penerbitan	[penerbitan]
Herausgeber (m)	penerbit	[penerbit]
Verlag (m)	penerbit	[penerbit]
erscheinen (Buch)	terbit	[terbit]

Erscheinen (n)	penerbitan	[penerbitan]
Auflage (f)	oplah	[oplah]
Buchhandlung (f)	toko buku	[toko buku]
Bibliothek (f)	perpustakaan	[pərpustaka'an]
Erzählung (f)	novel, cerita	[novel], [tʃerita]
Kurzgeschichte (f)	cerpen	[tʃerpen]
Roman (m)	novel	[novel]
Krimi (m)	novel detektif	[novel detektif]
Memoiren (pl)	memoir	[memoir]
Legende (f)	legenda	[legenda]
Mythos (m)	mitos	[mitos]
Gedichte (pl)	puisi	[puisi]
Autobiographie (f)	autobiografi	[autobiografi]
ausgewählte Werke (pl)	karya pilihan	[karja pilihan]
Science-Fiction (f)	fiksi ilmiah	[fiksi ilmiah]
Titel (m)	judul	[dʒʲudul]
Einleitung (f)	pendahuluan	[pendahuluan]
Titelseite (f)	halaman judul	[halaman dʒʲudul]
Kapitel (n)	bab	[bab]
Auszug (m)	kutipan	[kutipan]
Episode (f)	episode	[episode]
Sujet (n)	alur cerita	[alur tʃerita]
Inhalt (m)	daftar isi	[daftar isi]
Inhaltsverzeichnis (n)	daftar isi	[daftar isi]
Hauptperson (f)	karakter utama	[karakter utama]
Band (m)	jilid	[dʒilid]
Buchdecke (f)	sampul	[sampul]
Einband (m)	penjilidan	[pendʒilidan]
Lesezeichen (n)	pembatas buku	[pembatas buku]
Seite (f)	halaman	[halaman]
blättern (vi)	membolak-balik	[membola'-bali']
Ränder (pl)	margin	[margin]
Notiz (f)	anotasi, catatan	[anotasi], [tʃatatan]
Anmerkung (f)	catatan kaki	[tʃatatan kaki]
Text (m)	teks	[teks]
Schrift (f)	huruf	[huruf]
Druckfehler (m)	salah cetak	[salah tʃeta']
Übersetzung (f)	terjemahan	[tərdʒʲemahan]
übersetzen (vt)	menerjemahkan	[mənerdʒʲemahkan]
Original (n)	orisinal	[orisinal]
berühmt	terkenal	[tərkenal]
unbekannt	tidak dikenali	[tida' dikenali]
interessant	menarik	[mənari']
Bestseller (m)	buku laris	[buku laris]

Wörterbuch (n)	kamus	[kamus]
Lehrbuch (n)	buku pelajaran	[buku pelaʤʲaran]
Enzyklopädie (f)	ensiklopedi	[ensiklopedi]

158. Jagen. Fischen

Jagd (f)	perburuan	[pərburuan]
jagen (vi)	berburu	[bərburu]
Jäger (m)	pemburu	[pemburu]

schießen (vi)	menembak	[mənembaʔ]
Gewehr (n)	senapan	[senapan]
Patrone (f)	peluru, patrun	[peluru], [patrun]
Schrot (n)	peluru gotri	[peluru gotri]

Falle (f)	perangkap	[pəraŋkap]
Schlinge (f)	perangkap	[pəraŋkap]
in die Falle gehen	terperangkap	[tərperaŋkap]
eine Falle stellen	memasang perangkap	[memasaŋ pəraŋkap]

Wilddieb (m)	pemburu ilegal	[pemburu ilegal]
Wild (n)	binatang buruan	[binataŋ buruan]
Jagdhund (m)	anjing pemburu	[anʤiŋ pemburu]
Safari (f)	safari	[safari]
ausgestopftes Tier (n)	patung binatang	[patuŋ binataŋ]

Fischer (m)	nelayan, pemancing	[nelajan], [pemanʧiŋ]
Fischen (n)	memancing	[memanʧiŋ]
angeln, fischen (vt)	memancing	[memanʧiŋ]

Angel (f)	joran	[ʤoran]
Angelschnur (f)	tali pancing	[tali panʧiŋ]
Haken (m)	kail	[kail]

| Schwimmer (m) | pelampung | [pelampuŋ] |
| Köder (m) | umpan | [umpan] |

| die Angel auswerfen | melempar pancing | [melempar panʧiŋ] |
| anbeißen (vi) | memakan umpan | [memakan umpan] |

| Fang (m) | tangkapan | [taŋkapan] |
| Eisloch (n) | lubang es | [lubaŋ es] |

Netz (n)	jala	[ʤʲala]
Boot (n)	perahu	[pərahu]
mit dem Netz fangen	menjala	[mənʤʲala]
das Netz hineinwerfen	menabur jala	[mənabur ʤʲala]

| das Netz einholen | menarik jala | [mənariʔ ʤʲala] |
| ins Netz gehen | tertangkap dalam jala | [tərtaŋkap dalam ʤʲala] |

Walfänger (m)	pemburu paus	[pemburu paus]
Walfangschiff (n)	kapal pemburu paus	[kapal pemburu paus]
Harpune (f)	tempuling	[tempuliŋ]

159. Spiele. Billard

Billard (n)	biliar	[biliar]
Billardzimmer (n)	kamar biliar	[kamar biliar]
Billardkugel (f)	bola	[bola]
eine Kugel einlochen	memasukkan bola	[memasuʔkan bola]
Queue (n)	stik	[stiʔ]
Tasche (f), Loch (n)	lubang meja biliar	[lubaŋ medʒʲa biliar]

160. Spiele. Kartenspiele

Karo (n)	wajik	[wadʒiʔ]
Pik (n)	sekop	[sekop]
Herz (n)	hati	[hati]
Kreuz (n)	keriting	[keritiŋ]
As (n)	as	[as]
König (m)	raja	[radʒʲa]
Dame (f)	ratu	[ratu]
Bube (m)	jack	[dʒʲeʔ]
Spielkarte (f)	kartu permainan	[kartu pərmajnan]
Karten (pl)	kartu	[kartu]
Trumpf (m)	truf	[truf]
Kartenspiel (abgenutztes ~)	pak kartu	[paʔ kartu]
Punkt (m)	poin	[poin]
ausgeben (vt)	membagikan	[membagikan]
mischen (vt)	mengocok	[məŋotʃoʔ]
Zug (m)	giliran	[giliran]
Falschspieler (m)	pemain kartu curang	[pemajn kartu tʃuraŋ]

161. Kasino. Roulette

Kasino (n)	kasino	[kasino]
Roulette (n)	rolet	[rolet]
Einsatz (m)	bet, taruhan	[bet], [taruhan]
setzen (auf etwas ~)	bertaruh	[bərtaruh]
Rot (n)	merah	[merah]
Schwarz (n)	hitam	[hitam]
auf Rot setzen	memasang warna merah	[memasaŋ warna merah]
auf Schwarz setzen	memasang warna hitam	[memasaŋ warna hitam]
Croupier (m)	bandar	[bandar]
das Rad drehen	memutar roda	[memutar roda]
Spielregeln (pl)	aturan main	[aturan majn]
Spielmarke (f)	chip	[tʃip]
gewinnen (vt)	menang	[menaŋ]
Gewinn (m)	kemenangan	[kemenaŋan]

| verlieren (vt) | kalah | [kalah] |
| Verlust (m) | kekalahan | [kekalahan] |

Spieler (m)	pemain	[pemajn]
Blackjack (n)	Blackjack	[blekdʒʲeʔ]
Würfelspiel (n)	permainan dadu	[pərmajnan dadu]
Würfeln (pl)	dadu	[dadu]
Spielautomat (m)	mesin slot	[mesin slot]

162. Erholung. Spiele. Verschiedenes

spazieren gehen (vi)	berjalan-jalan	[bərdʒʲalan-dʒʲalan]
Spaziergang (m)	jalan-jalan	[dʒʲalan-dʒʲalan]
Fahrt (im Wagen)	perjalanan	[pərdʒʲalanan]
Abenteuer (n)	petualangan	[petualaŋan]
Picknick (n)	piknik	[pikniʔ]

Spiel (n)	permainan	[pərmajnan]
Spieler (m)	pemain	[pemajn]
Partie (f)	partai	[partaj]

Sammler (m)	kolektor	[kolektor]
sammeln (vt)	mengoleksi	[məŋoleksi]
Sammlung (f)	koleksi	[koleksi]

Kreuzworträtsel (n)	teka-teki silang	[teka-teki silaŋ]
Rennbahn (f)	lapangan pacu	[lapaŋan patʃu]
Diskothek (f)	diskotik	[diskotiʔ]

| Sauna (f) | sauna | [sauna] |
| Lotterie (f) | lotre | [lotre] |

Wanderung (f)	darmawisata	[darmawisata]
Lager (n)	perkemahan	[pərkemahan]
Zelt (n)	tenda, kemah	[tenda], [kemah]
Kompass (m)	kompas	[kompas]
Tourist (m)	pewisata alam	[pewisata alam]

fernsehen (vi)	menonton	[mənonton]
Fernsehzuschauer (m)	penonton	[penonton]
Fernsehsendung (f)	acara TV	[atʃara ti-vi]

163. Fotografie

| Kamera (f) | kamera | [kamera] |
| Foto (n) | foto | [foto] |

Fotograf (m)	fotografer	[fotografer]
Fotostudio (n)	studio foto	[studio foto]
Fotoalbum (n)	album foto	[album foto]
Objektiv (n)	lensa kamera	[lensa kamera]
Teleobjektiv (n)	lensa telefoto	[lensa telefoto]

| Filter (n) | filter | [filter] |
| Linse (f) | lensa | [lensa] |

Optik (f)	alat optik	[alat opti⁊]
Blende (f)	diafragma	[diafragma]
Belichtungszeit (f)	kecepatan rana	[ketʃepatan rana]
Sucher (m)	jendela pengamat	[ʤⁱendela peŋamat]

Digitalkamera (f)	kamera digital	[kamera digital]
Stativ (n)	kakitiga	[kakitiga]
Blitzgerät (n)	blitz	[blits]

fotografieren (vt)	memotret	[memotret]
aufnehmen (vt)	memotret	[memotret]
sich fotografieren lassen	berfoto	[bərfoto]

Fokus (m)	fokus	[fokus]
den Fokus einstellen	mengatur fokus	[məŋatur fokus]
scharf (~ abgebildet)	tajam	[taʤⁱam]
Schärfe (f)	ketajaman	[ketaʤⁱaman]

| Kontrast (m) | kekontrasan | [kekontrasan] |
| kontrastreich | kontras | [kontras] |

Aufnahme (f)	gambar foto	[gambar foto]
Negativ (n)	negatif	[negatif]
Rollfilm (m)	film	[film]
Einzelbild (n)	frame, gambar diam	[frame], [gambar diam]
drucken (vt)	mencetak	[məntʃeta⁊]

164. Strand. Schwimmen

Strand (m)	pantai	[pantaj]
Sand (m)	pasir	[pasir]
menschenleer	sepi	[sepi]

Bräune (f)	hitam terbakar matahari	[hitam tərbakar matahari]
sich bräunen	berjemur di sinar matahari	[bərʤⁱemur di sinar matahari]
gebräunt	hitam terbakar matahari	[hitam tərbakar matahari]
Sonnencreme (f)	tabir surya	[tabir surja]

Bikini (m)	bikini	[bikini]
Badeanzug (m)	baju renang	[baʤⁱu renaŋ]
Badehose (f)	celana renang	[tʃelana renaŋ]

Schwimmbad (n)	kolam renang	[kolam renaŋ]
schwimmen (vi)	berenang	[bərenaŋ]
Dusche (f)	pancuran	[pantʃuran]
sich umkleiden	berganti pakaian	[bərganti pakajan]
Handtuch (n)	handuk	[handu⁊]

Boot (n)	perahu	[pərahu]
Motorboot (n)	perahu motor	[pərahu motor]
Wasserski (m)	ski air	[ski air]

Tretboot (n)	sepeda air	[sepeda air]
Surfen (n)	berselancar	[bərselantʃar]
Surfer (m)	peselancar	[peselantʃar]
Tauchgerät (n)	alat scuba	[alat skuba]
Schwimmflossen (pl)	sirip karet	[sirip karet]
Maske (f)	masker	[masker]
Taucher (m)	penyelam	[penjelam]
tauchen (vi)	menyelam	[mənjelam]
unter Wasser	bawah air	[bawah air]
Sonnenschirm (m)	payung	[pajuŋ]
Liege (f)	kursi pantai	[kursi pantaj]
Sonnenbrille (f)	kacamata hitam	[katʃamata hitam]
Schwimmmatratze (f)	kasur udara	[kasur udara]
spielen (vi, vt)	bermain	[bərmajn]
schwimmen gehen	berenang	[bərenaŋ]
Ball (m)	bola pantai	[bola pantaj]
aufblasen (vt)	meniup	[məniup]
aufblasbar	udara	[udara]
Welle (f)	gelombang	[gelombaŋ]
Boje (f)	pelampung	[pelampuŋ]
ertrinken (vi)	tenggelam	[teŋgelam]
retten (vt)	menyelamatkan	[mənjelamatkan]
Schwimmweste (f)	jaket pelampung	[dʒiaket pelampuŋ]
beobachten (vt)	mengamati	[məŋamati]
Bademeister (m)	penyelamat	[penjelamat]

TECHNISCHES ZUBEHÖR. TRANSPORT

Technisches Zubehör

165. Computer

Computer (m)	komputer	[komputer]
Laptop (m), Notebook (n)	laptop	[laptop]
einschalten (vt)	menyalakan	[mənjalakan]
abstellen (vt)	mematikan	[mematikan]
Tastatur (f)	keyboard, papan tombol	[keybor], [papan tombol]
Taste (f)	tombol	[tombol]
Maus (f)	tetikus	[tetikus]
Mousepad (n)	bantal tetikus	[bantal tetikus]
Knopf (m)	tombol	[tombol]
Cursor (m)	kursor	[kursor]
Monitor (m)	monitor	[monitor]
Schirm (m)	layar	[lajar]
Festplatte (f)	hard disk, cakram keras	[hard disk], [tʃakram keras]
Festplattengröße (f)	kapasitas cakram keras	[kapasitas tʃakram keras]
Speicher (m)	memori	[memori]
Arbeitsspeicher (m)	memori akses acak	[memori akses atʃaʔ]
Datei (f)	file, berkas	[file], [bərkas]
Ordner (m)	folder	[folder]
öffnen (vt)	membuka	[membuka]
schließen (vt)	menutup	[mənutup]
speichern (vt)	menyimpan	[mənjimpan]
löschen (vt)	menghapus	[məŋhapus]
kopieren (vt)	menyalin	[mənjalin]
sortieren (vt)	menyortir	[mənjortir]
transferieren (vt)	mentransfer	[məntransfer]
Programm (n)	program	[program]
Software (f)	perangkat lunak	[pəraŋkat lunaʔ]
Programmierer (m)	pemrogram	[pemrogram]
programmieren (vt)	memprogram	[memprogram]
Hacker (m)	peretas	[pəretas]
Kennwort (n)	kata sandi	[kata sandi]
Virus (m, n)	virus	[virus]
entdecken (vt)	mendeteksi	[məndeteksi]
Byte (n)	bita	[bita]

Megabyte (n)	megabita	[megabita]
Daten (pl)	data	[data]
Datenbank (f)	basis data, pangkalan data	[basis data], [paŋkalan data]

Kabel (n)	kabel	[kabel]
trennen (vt)	melepaskan	[melepaskan]
anschließen (vt)	menyambungkan	[mǝnjambuŋkan]

166. Internet. E-Mail

Internet (n)	Internet	[internet]
Browser (m)	peramban	[pǝramban]
Suchmaschine (f)	mesin telusur	[mesin telusur]
Provider (m)	provider	[provider]

Webmaster (m)	webmaster, perancang web	[webmaster], [pǝranʧaŋ web]
Website (f)	situs web	[situs web]
Webseite (f)	halaman web	[halaman web]

Adresse (f)	alamat	[alamat]
Adressbuch (n)	buku alamat	[buku alamat]

Mailbox (f)	kotak surat	[kota' surat]
Post (f)	surat	[surat]
überfüllt (-er Briefkasten)	penuh	[penuh]

Mitteilung (f)	pesan	[pesan]
eingehenden Nachrichten	pesan masuk	[pesan masu']
ausgehenden Nachrichten	pesan keluar	[pesan keluar]

Absender (m)	pengirim	[peŋirim]
senden (vt)	mengirim	[mǝŋirim]
Absendung (f)	pengiriman	[peŋiriman]

Empfänger (m)	penerima	[penerima]
empfangen (vt)	menerima	[mǝnerima]

Briefwechsel (m)	surat-menyurat	[surat-menyurat]
im Briefwechsel stehen	surat-menyurat	[surat-menyurat]

Datei (f)	file, berkas	[file], [berkas]
herunterladen (vt)	mengunduh	[mǝŋunduh]
schaffen (vt)	membuat	[membuat]
löschen (vt)	menghapus	[mǝŋhapus]
gelöscht (Datei)	terhapus	[tǝrhapus]

Verbindung (f)	koneksi	[koneksi]
Geschwindigkeit (f)	kecepatan	[keʧepatan]
Modem (n)	modem	[modem]
Zugang (m)	akses	[akses]
Port (m)	porta	[porta]

Anschluss (m)	koneksi	[koneksi]
sich anschließen	terhubung ke ...	[tǝrhubuŋ ke ...]

auswählen (vt)	memilih	[memilih]
suchen (vt)	mencari ...	[mənt∫ari ...]

167. Elektrizität

Elektrizität (f)	listrik	[listriʔ]
elektrisch	listrik	[listriʔ]
Elektrizitätswerk (n)	pembangkit listrik	[pembaŋkit listriʔ]
Energie (f)	energi, tenaga	[energi], [tenaga]
Strom (m)	tenaga listrik	[tenaga listriʔ]

Glühbirne (f)	bohlam	[bohlam]
Taschenlampe (f)	lentera	[lentera]
Straßenlaterne (f)	lampu jalan	[lampu dʒalan]

Licht (n)	lampu	[lampu]
einschalten (vt)	menyalakan	[mənjalakan]
ausschalten (vt)	mematikan	[mematikan]
das Licht ausschalten	mematikan lampu	[mematikan lampu]

durchbrennen (vi)	mati	[mati]
Kurzschluss (m)	korsleting	[korsletiŋ]
Riß (m)	kabel putus	[kabel putus]
Kontakt (m)	kontak	[kontaʔ]

Schalter (m)	sakelar	[sakelar]
Steckdose (f)	colokan	[t∫olokan]
Stecker (m)	steker	[steker]
Verlängerung (f)	kabel ekstensi	[kabel ekstensi]

Sicherung (f)	sekering	[sekeriŋ]
Leitungsdraht (m)	kabel, kawat	[kabel], [kawat]
Verdrahtung (f)	rangkaian kabel	[raŋkajan kabel]

Ampere (n)	ampere	[ampere]
Stromstärke (f)	kuat arus listrik	[kuat arus listriʔ]
Volt (n)	volt	[volt]
Voltspannung (f)	voltase	[voltase]

Elektrogerät (n)	perkakas listrik	[pərkakas listriʔ]
Indikator (m)	indikator	[indikator]

Elektriker (m)	tukang listrik	[tukaŋ listriʔ]
löten (vt)	mematri	[mematri]
Lötkolben (m)	besi solder	[besi solder]
Strom (m)	arus listrik	[arus listriʔ]

168. Werkzeug

Werkzeug (n)	alat	[alat]
Werkzeuge (pl)	peralatan	[peralatan]
Ausrüstung (f)	perlengkapan	[pərleŋkapan]

Hammer (m)	martil, palu	[martil], [palu]
Schraubenzieher (m)	obeng	[obeŋ]
Axt (f)	kapak	[kapaʔ]

Säge (f)	gergaji	[gergadʒi]
sägen (vt)	menggergaji	[məŋgergadʒi]
Hobel (m)	serut	[serut]
hobeln (vt)	menyerut	[mənjerut]
Lötkolben (m)	besi solder	[besi solder]
löten (vt)	mematri	[mematri]

Feile (f)	kikir	[kikir]
Kneifzange (f)	tang	[taŋ]
Flachzange (f)	catut	[tʃatut]
Stemmeisen (n)	pahat	[pahat]

Bohrer (m)	mata bor	[mata bor]
Bohrmaschine (f)	bor listrik	[bor listriʔ]
bohren (vt)	mengebor	[məŋebor]

| Messer (n) | pisau | [pisau] |
| Klinge (f) | mata pisau | [mata pisau] |

scharf (-e Messer usw.)	tajam	[tadʒ¡am]
stumpf	tumpul	[tumpul]
stumpf werden (vi)	menjadi tumpul	[məndʒ¡adi tumpul]
schärfen (vt)	mengasah	[məɲasah]

Bolzen (m)	baut	[baut]
Mutter (f)	mur	[mur]
Gewinde (n)	ulir	[ulir]
Holzschraube (f)	sekrup	[sekrup]

| Nagel (m) | paku | [paku] |
| Nagelkopf (m) | paku payung | [paku pajuŋ] |

Lineal (n)	mistar, penggaris	[mistar], [peŋgaris]
Metermaß (n)	meteran	[meteran]
Wasserwaage (f)	pengukur kedataran	[peŋukur kedataran]
Lupe (f)	kaca pembesar	[katʃa pembesar]

Messinstrument (n)	alat ukur	[alat ukur]
messen (vt)	mengukur	[məŋukur]
Skala (f)	skala	[skala]
Ablesung (f)	pencatatan	[pentʃatatan]

| Kompressor (m) | kompresor | [kompresor] |
| Mikroskop (n) | mikroskop | [mikroskop] |

Pumpe (f)	pompa	[pompa]
Roboter (m)	robot	[robot]
Laser (m)	laser	[laser]

Schraubenschlüssel (m)	kunci pas	[kuntʃi pas]
Klebeband (n)	selotip	[selotip]
Klebstoff (m)	lem	[lem]

Sandpapier (n)	kertas amplas	[kertas amplas]
Sprungfeder (f)	pegas, per	[pegas], [pər]
Magnet (m)	magnet	[magnet]
Handschuhe (pl)	sarung tangan	[saruŋ taŋan]

Leine (f)	tali	[tali]
Schnur (f)	tambang, tali	[tambaŋ], [tali]
Draht (m)	kabel, kawat	[kabel], [kawat]
Kabel (n)	kabel, kawat	[kabel], [kawat]

schwerer Hammer (m)	palu godam	[palu godam]
Brecheisen (n)	linggis	[liŋgis]
Leiter (f)	tangga	[taŋga]
Trittleiter (f)	tangga	[taŋga]

zudrehen (vt)	mengencangkan	[məŋentʃaŋkan]
abdrehen (vt)	mengendurkan	[məŋendurkan]
zusammendrücken (vt)	mengencangkan	[məŋentʃaŋkan]
ankleben (vt)	menempelkan	[mənempelkan]
schneiden (vt)	memotong	[memotoŋ]

Störung (f)	malafungsi, kerusakan	[malafuŋsi], [kerusakan]
Reparatur (f)	perbaikan	[pərbajkan]
reparieren (vt)	mereparasi, memperbaiki	[mereparasi], [memperbajki]
einstellen (vt)	menyetel	[mənetel]

prüfen (vt)	memeriksa	[memeriksa]
Prüfung (f)	pemeriksaan	[pemeriksa'an]
Ablesung (f)	pencatatan	[pentʃatatan]

| sicher (zuverlässigen) | andal | [andal] |
| kompliziert (Adj) | rumit | [rumit] |

verrosten (vi)	berkarat, karatan	[bərkarat], [karatan]
rostig	berkarat, karatan	[bərkarat], [karatan]
Rost (m)	karat	[karat]

Transport

169. Flugzeug

Flugzeug (n)	pesawat terbang	[pesawat tərbaŋ]
Flugticket (n)	tiket pesawat terbang	[tiket pesawat tərbaŋ]
Fluggesellschaft (f)	maskapai penerbangan	[maskapaj penerbaŋan]
Flughafen (m)	bandara	[bandara]
Überschall-	supersonik	[supersoni']
Flugkapitän (m)	kapten	[kapten]
Besatzung (f)	awak	[awa']
Pilot (m)	pilot	[pilot]
Flugbegleiterin (f)	pramugari	[pramugari]
Steuermann (m)	navigator, penavigasi	[navigator], [penavigasi]
Flügel (pl)	sayap	[sajap]
Schwanz (m)	ekor	[ekor]
Kabine (f)	kokpit	[kokpit]
Motor (m)	mesin	[mesin]
Fahrgestell (n)	roda pendarat	[roda pendarat]
Turbine (f)	turbin	[turbin]
Propeller (m)	baling-baling	[baliŋ-baliŋ]
Flugschreiber (m)	kotak hitam	[kota' hitam]
Steuerrad (n)	kemudi	[kemudi]
Treibstoff (m)	bahan bakar	[bahan bakar]
Sicherheitskarte (f)	instruksi keselamatan	[instruksi keselamatan]
Sauerstoffmaske (f)	masker oksigen	[masker oksigen]
Uniform (f)	seragam	[seragam]
Rettungsweste (f)	jaket pelampung	[dʒaket pelampuŋ]
Fallschirm (m)	parasut	[parasut]
Abflug, Start (m)	lepas landas	[lepas landas]
starten (vi)	bertolak	[bertola']
Startbahn (f)	jalur lepas landas	[dʒalur lepas landas]
Sicht (f)	visibilitas, pandangan	[visibilitas], [pandaŋan]
Flug (m)	penerbangan	[penerbaŋan]
Höhe (f)	ketinggian	[ketiŋgian]
Luftloch (n)	lubang udara	[lubaŋ udara]
Platz (m)	tempat duduk	[tempat dudu']
Kopfhörer (m)	headphone, fonkepala	[headphone], [fonkepala]
Klapptisch (m)	meja lipat	[medʒa lipat]
Bullauge (n)	jendela pesawat	[dʒendela pesawat]
Durchgang (m)	lorong	[loroŋ]

170. Zug

Zug (m)	kereta api	[kereta api]
elektrischer Zug (m)	kereta api listrik	[kereta api listri']
Schnellzug (m)	kereta api cepat	[kereta api ʧepat]
Diesellok (f)	lokomotif diesel	[lokomotif disel]
Dampflok (f)	lokomotif uap	[lokomotif uap]
Personenwagen (m)	gerbong penumpang	[gerboŋ penumpaŋ]
Speisewagen (m)	gerbong makan	[gerboŋ makan]
Schienen (pl)	rel	[rel]
Eisenbahn (f)	rel kereta api	[rel kereta api]
Bahnschwelle (f)	bantalan rel	[bantalan rel]
Bahnsteig (m)	platform	[platform]
Gleis (n)	jalur	[dʒʲalur]
Eisenbahnsignal (n)	semafor	[semafor]
Station (f)	stasiun	[stasiun]
Lokomotivführer (m)	masinis	[masinis]
Träger (m)	porter	[porter]
Schaffner (m)	kondektur	[kondektur]
Fahrgast (m)	penumpang	[penumpaŋ]
Fahrkartenkontrolleur (m)	kondektur	[kondektur]
Flur (m)	koridor	[koridor]
Notbremse (f)	rem darurat	[rem darurat]
Abteil (n)	kabin	[kabin]
Liegeplatz (m), Schlafkoje (f)	bangku	[baŋku]
oberer Liegeplatz (m)	bangku atas	[baŋku atas]
unterer Liegeplatz (m)	bangku bawah	[baŋku bawah]
Bettwäsche (f)	kain kasur	[kain kasur]
Fahrkarte (f)	tiket	[tiket]
Fahrplan (m)	jadwal	[dʒʲadwal]
Anzeigetafel (f)	layar informasi	[lajar informasi]
abfahren (der Zug)	berangkat	[bəraŋkat]
Abfahrt (f)	keberangkatan	[keberaŋkatan]
ankommen (der Zug)	datang	[dataŋ]
Ankunft (f)	kedatangan	[kedataŋan]
mit dem Zug kommen	datang naik kereta api	[dataŋ naj' kereta api]
in den Zug einsteigen	naik ke kereta	[nai' ke kereta]
aus dem Zug aussteigen	turun dari kereta	[turun dari kereta]
Zugunglück (n)	kecelakaan kereta	[keʧelaka'an kereta]
entgleisen (vi)	keluar rel	[keluar rel]
Dampflok (f)	lokomotif uap	[lokomotif uap]
Heizer (m)	juru api	[dʒʲuru api]
Feuerbüchse (f)	tungku	[tuŋku]
Kohle (f)	batu bara	[batu bara]

171. Schiff

Schiff (n)	kapal	[kapal]
Fahrzeug (n)	kapal	[kapal]
Dampfer (m)	kapal uap	[kapal uap]
Motorschiff (n)	kapal api	[kapal api]
Kreuzfahrtschiff (n)	kapal laut	[kapal laut]
Kreuzer (m)	kapal penjelajah	[kapal penʤ'elaʤ'ah]
Jacht (f)	perahu pesiar	[pərahu pesiar]
Schlepper (m)	kapal tunda	[kapal tunda]
Lastkahn (m)	tongkang	[toŋkaŋ]
Fähre (f)	feri	[feri]
Segelschiff (n)	kapal layar	[kapal lajar]
Brigantine (f)	kapal brigantin	[kapal brigantin]
Eisbrecher (m)	kapal pemecah es	[kapal pemetʃah es]
U-Boot (n)	kapal selam	[kapal selam]
Boot (n)	perahu	[pərahu]
Dingi (n), Beiboot (n)	sekoci	[sekotʃi]
Rettungsboot (n)	sekoci penyelamat	[sekotʃi penjelamat]
Motorboot (n)	perahu motor	[pərahu motor]
Kapitän (m)	kapten	[kapten]
Matrose (m)	kelasi	[kelasi]
Seemann (m)	pelaut	[pelaut]
Besatzung (f)	awak	[awa']
Bootsmann (m)	bosman, bosun	[bosman], [bosun]
Schiffsjunge (m)	kadet laut	[kadet laut]
Schiffskoch (m)	koki	[koki]
Schiffsarzt (m)	dokter kapal	[dokter kapal]
Deck (n)	dek	[de']
Mast (m)	tiang	[tiaŋ]
Segel (n)	layar	[lajar]
Schiffsraum (m)	lambung kapal	[lambuŋ kapal]
Bug (m)	haluan	[haluan]
Heck (n)	buritan	[buritan]
Ruder (n)	dayung	[dajuŋ]
Schraube (f)	baling-baling	[baliŋ-baliŋ]
Kajüte (f)	kabin	[kabin]
Messe (f)	ruang rekreasi	[ruaŋ rekreasi]
Maschinenraum (m)	ruang mesin	[ruaŋ mesin]
Kommandobrücke (f)	anjungan kapal	[anʤ'uŋan kapal]
Funkraum (m)	ruang radio	[ruaŋ radio]
Radiowelle (f)	gelombang radio	[gelombaŋ radio]
Schiffstagebuch (n)	buku harian kapal	[buku harian kapal]
Fernrohr (n)	teropong	[təropoŋ]
Glocke (f)	lonceng	[lontʃeŋ]

Fahne (f)	bendera	[bendera]
Seil (n)	tali	[tali]
Knoten (m)	simpul	[simpul]

| Geländer (n) | pegangan | [peɡaŋan] |
| Treppe (f) | tangga kapal | [taŋɡa kapal] |

Anker (m)	jangkar	[dʒʲaŋkar]
den Anker lichten	mengangkat jangkar	[məŋaŋkat dʒʲaŋkar]
Anker werfen	menjatuhkan jangkar	[məndʒʲatuhkan dʒʲaŋkar]
Ankerkette (f)	rantai jangkar	[rantaj dʒʲaŋkar]

Hafen (m)	pelabuhan	[pelabuhan]
Anlegestelle (f)	dermaga	[dermaga]
anlegen (vi)	merapat	[merapat]
abstoßen (vt)	bertolak	[bərtolaʔ]

Reise (f)	pengembaraan	[peŋembaraʔan]
Kreuzfahrt (f)	pesiar	[pesiar]
Kurs (m), Richtung (f)	haluan	[haluan]
Reiseroute (f)	rute	[rute]

| Untiefe (f) | beting | [betiŋ] |
| stranden (vi) | kandas | [kandas] |

Sturm (m)	badai	[badaj]
Signal (n)	sinyal	[sinjal]
untergehen (vi)	tenggelam	[teŋɡelam]
Mann über Bord!	Orang hanyut!	[oraŋ hanyut!]
SOS	SOS	[es-o-es]
Rettungsring (m)	pelampung penyelamat	[pelampuŋ penjelamat]

172. Flughafen

Flughafen (m)	bandara	[bandara]
Flugzeug (n)	pesawat terbang	[pesawat tərbaŋ]
Fluggesellschaft (f)	maskapai penerbangan	[maskapaj penerbaŋan]
Fluglotse (m)	pengawas lalu lintas udara	[peŋawas lalu lintas udara]

Abflug (m)	keberangkatan	[keberaŋkatan]
Ankunft (f)	kedatangan	[kedataŋan]
anfliegen (vi)	datang	[dataŋ]

| Abflugzeit (f) | waktu keberangkatan | [waktu keberaŋkatan] |
| Ankunftszeit (f) | waktu kedatangan | [waktu kedataŋan] |

| sich verspäten | terlambat | [tərlambat] |
| Abflugverspätung (f) | penundaan penerbangan | [penundaʔan penerbaŋan] |

Anzeigetafel (f)	papan informasi	[papan informasi]
Information (f)	informasi	[informasi]
ankündigen (vt)	mengumumkan	[məŋumumkan]
Flug (m)	penerbangan	[penerbaŋan]
Zollamt (n)	pabean	[pabean]

Zollbeamter (m)	petugas pabean	[petugas pabean]
Zolldeklaration (f)	pernyataan pabean	[pərnjata'an pabean]
ausfüllen (vt)	mengisi	[məŋisi]
die Zollerklärung ausfüllen	mengisi formulir bea cukai	[məŋisi formulir bea ʧukaj]
Passkontrolle (f)	pemeriksaan paspor	[pemeriksa'an paspor]

Gepäck (n)	bagasi	[bagasi]
Handgepäck (n)	jinjingan	[dʒindʒiŋan]
Kofferkuli (m)	troli bagasi	[troli bagasi]

Landung (f)	pendaratan	[pendaratan]
Landebahn (f)	jalur pendaratan	[dʒ'alur pendaratan]
landen (vi)	mendarat	[məndarat]
Fluggasttreppe (f)	tangga pesawat	[taŋga pesawat]

Check-in (n)	check-in	[ʧekin]
Check-in-Schalter (m)	meja check-in	[medʒ'a ʧekin]
sich registrieren lassen	check-in	[ʧekin]
Bordkarte (f)	kartu pas	[kartu pas]
Abfluggate (n)	gerbang keberangkatan	[gerbaŋ keberaŋkatan]

Transit (m)	transit	[transit]
warten (vi)	menunggu	[mənuŋgu]
Wartesaal (m)	ruang tunggu	[ruaŋ tuŋgu]
begleiten (vt)	mengantar	[məŋantar]
sich verabschieden	berpamitan	[bərpamitan]

173. Fahrrad. Motorrad

Fahrrad (n)	sepeda	[sepeda]
Motorroller (m)	skuter	[skuter]
Motorrad (n)	sepeda motor	[sepeda motor]

Rad fahren	naik sepeda	[nai' sepeda]
Lenkstange (f)	kemudi, setang	[kemudi], [setaŋ]
Pedal (n)	pedal	[pedal]
Bremsen (pl)	rem	[rem]
Sattel (m)	sadel	[sadel]

Pumpe (f)	pompa	[pompa]
Gepäckträger (m)	boncengan	[bontʃeŋan]
Scheinwerfer (m)	lampu depan, berko	[lampu depan], [bərko]
Helm (m)	helm	[helm]

Rad (n)	roda	[roda]
Schutzblech (n)	sayap roda	[sajap roda]
Felge (f)	bingkai	[biŋkaj]
Speiche (f)	jari-jari, ruji	[dʒ'ari-dʒ'ari], [rudʒi]

Autos

174. Autotypen

Auto (n)	mobil	[mobil]
Sportwagen (m)	mobil sports	[mobil sports]
Limousine (f)	limusin	[limusin]
Geländewagen (m)	kendaraan lintas medan	[kendara'an lintas medan]
Kabriolett (n)	kabriolet	[kabriolet]
Kleinbus (m)	minibus	[minibus]
Krankenwagen (m)	ambulans	[ambulans]
Schneepflug (m)	truk pembersih salju	[tru' pembersih saldʒiu]
Lastkraftwagen (m)	truk	[tru']
Tankwagen (m)	truk tangki	[tru' taŋki]
Kastenwagen (m)	mobil van	[mobil van]
Sattelzug (m)	truk semi trailer	[tra' semi treyler]
Anhänger (m)	trailer	[treyler]
komfortabel	nyaman	[njaman]
gebraucht	bekas	[bekas]

175. Autos. Karosserie

Motorhaube (f)	kap	[kap]
Kotflügel (m)	sepatbor	[sepatbor]
Dach (n)	atap	[atap]
Windschutzscheibe (f)	kaca depan	[katʃa depan]
Rückspiegel (m)	spion belakang	[spion belakaŋ]
Scheibenwaschanlage (f)	pencuci kaca	[pentʃutʃi katʃa]
Scheibenwischer (m)	karet wiper	[karet wiper]
Seitenscheibe (f)	jendela mobil	[dʒiendela mobil]
Fensterheber (m)	pemutar jendela	[pemutar dʒiendela]
Antenne (f)	antena	[antena]
Schiebedach (n)	panel atap	[panel atap]
Stoßstange (f)	bumper	[bumper]
Kofferraum (m)	bagasi mobil	[bagasi mobil]
Dachgepäckträger (m)	rak bagasi atas	[ra' bagasi atas]
Wagenschlag (m)	pintu	[pintu]
Türgriff (m)	gagang pintu	[gagaŋ pintu]
Türschloss (n)	kunci	[kuntʃi]
Nummernschild (n)	pelat nomor	[pelat nomor]
Auspufftopf (m)	peredam suara	[pəredam suara]

| Benzintank (m) | tangki bahan bakar | [taŋki bahan bakar] |
| Auspuffrohr (n) | knalpot | [knalpot] |

Gas (n)	gas	[gas]
Pedal (n)	pedal	[pedal]
Gaspedal (n)	pedal gas	[pedal gas]

Bremse (f)	rem	[rem]
Bremspedal (n)	pedal rem	[pedal rem]
bremsen (vi)	mengerem	[məŋerem]
Handbremse (f)	rem tangan	[rem taŋan]

Kupplung (f)	kopling	[kopliŋ]
Kupplungspedal (n)	pedal kopling	[pedal kopliŋ]
Kupplungsscheibe (f)	pelat kopling	[pelat kopliŋ]
Stoßdämpfer (m)	peredam kejut	[pəredam kedʒʲut]

Rad (n)	roda	[roda]
Reserverad (n)	ban serep	[ban serep]
Reifen (m)	ban	[ban]
Radkappe (f)	dop	[dop]

Triebräder (pl)	roda penggerak	[roda peŋgera']
mit Vorderantrieb	penggerak roda depan	[peŋgera' roda depan]
mit Hinterradantrieb	penggerak roda belakang	[peŋgera' roda belakaŋ]
mit Allradantrieb	penggerak roda empat	[peŋgera' roda empat]

Getriebe (n)	transmisi, girboks	[transmisi], [girboks]
Automatik-	otomatis	[otomatis]
Schalt-	mekanis	[mekanis]
Schalthebel (m)	tuas persneling	[tuas pərsneliŋ]

| Scheinwerfer (m) | lampu depan | [lampu depan] |
| Scheinwerfer (pl) | lampu depan | [lampu depan] |

Abblendlicht (n)	lampu dekat	[lampu dekat]
Fernlicht (n)	lampu jauh	[lampu dʒʲauh]
Stopplicht (n)	lampu rem	[lampu rem]

Standlicht (n)	lampu kecil	[lampu ketʃil]
Warnblinker (m)	lampu bahaya	[lampu bahaja]
Nebelscheinwerfer (pl)	lampu kabut	[lampu kabut]
Blinker (m)	lampu sein	[lampu sein]
Rückfahrscheinwerfer (m)	lampu belakang	[lampu belakaŋ]

176. Autos. Fahrgastraum

Wageninnere (n)	kabin, interior	[kabin], [interior]
Leder-	kulit	[kulit]
aus Velours	velour	[velour]
Polster (n)	pelapis jok	[pelapis dʒo']

| Instrument (n) | alat pengukur | [alat peŋukur] |
| Armaturenbrett (n) | dasbor | [dasbor] |

Tachometer (m)	spidometer	[spidometer]
Nadel (f)	jarum	[dʒ'arum]
Kilometerzähler (m)	odometer	[odometer]
Anzeige (Temperatur-)	indikator, sensor	[indikator], [sensor]
Pegel (m)	level	[level]
Kontrollleuchte (f)	lampu indikator	[lampu indikator]
Steuerrad (n)	setir	[setir]
Hupe (f)	klakson	[klakson]
Knopf (m)	tombol	[tombol]
Umschalter (m)	tuas	[tuas]
Sitz (m)	jok	[dʒoʔ]
Rückenlehne (f)	sandaran	[sandaran]
Kopfstütze (f)	sandaran kepala	[sandaran kepala]
Sicherheitsgurt (m)	sabuk pengaman	[sabuʔ peŋaman]
sich anschnallen	mengencangkan sabuk pengaman	[məŋentʃaŋkan sabuʔ peŋaman]
Einstellung (f)	penyetelan	[penjetelan]
Airbag (m)	bantal udara	[bantal udara]
Klimaanlage (f)	penyejuk udara	[penjedʒ'uʔ udara]
Radio (n)	radio	[radio]
CD-Spieler (m)	pemutar CD	[pemutar si-di]
einschalten (vt)	menyalakan	[mənjalakan]
Antenne (f)	antena	[antena]
Handschuhfach (n)	laci depan	[latʃi depan]
Aschenbecher (m)	asbak	[asbaʔ]

177. Autos. Motor

Triebwerk (n)	mesin	[mesin]
Motor (m)	motor	[motor]
Diesel-	diesel	[disel]
Benzin-	bensin	[bensin]
Hubraum (m)	kapasitas mesin	[kapasitas mesin]
Leistung (f)	daya, tenaga	[daja], [tenaga]
Pferdestärke (f)	tenaga kuda	[tenaga kuda]
Kolben (m)	piston	[piston]
Zylinder (m)	silinder	[silinder]
Ventil (n)	katup	[katup]
Injektor (m)	injektor	[indʒ'ektor]
Generator (m)	generator	[generator]
Vergaser (m)	karburator	[karburator]
Motoröl (n)	oli	[oli]
Kühler (m)	radiator	[radiator]
Kühlflüssigkeit (f)	cairan pendingin	[tʃajran pendiŋin]
Ventilator (m)	kipas angin	[kipas aŋin]
Autobatterie (f)	aki	[aki]

Anlasser (m)	starter	[starter]
Zündung (f)	pengapian	[peŋapian]
Zündkerze (f)	busi	[busi]

Klemme (f)	elektroda	[elektroda]
Pluspol (m)	terminal positif	[terminal positif]
Minuspol (m)	terminal negatif	[terminal negatif]
Sicherung (f)	sekering	[sekeriŋ]

Luftfilter (m)	filter udara	[filter udara]
Ölfilter (m)	filter oli	[filter oli]
Treibstofffilter (m)	filter bahan bakar	[filter bahan bakar]

178. Autos. Unfall. Reparatur

Unfall (m)	kecelakaan mobil	[ketʃelaka'an mobil]
Verkehrsunfall (m)	kecelakaan jalan raya	[ketʃelaka'an dʒʲalan raja]
fahren gegen ...	menabrak	[mənabra']
verunglücken (vi)	mengalami kecelakaan	[məŋalami ketʃelaka'an]
Schaden (m)	kerusakan	[kerusakan]
heil (Adj)	tidak tersentuh	[tida' tərsentuh]

Panne (f)	kerusakan	[kerusakan]
kaputtgehen (vi)	rusak	[rusa']
Abschleppseil (n)	tali penyeret	[tali penjeret]

Reifenpanne (f)	ban bocor	[ban botʃor]
platt sein	kempes	[kempes]
pumpen (vt)	memompa	[memompa]
Reifendruck (m)	tekanan	[tekanan]
prüfen (vt)	memeriksa	[memeriksa]

Reparatur (f)	reparasi	[reparasi]
Reparaturwerkstatt (f)	bengkel mobil	[beŋkel mobil]
Ersatzteil (n)	onderdil, suku cadang	[onderdil], [suku tʃadaŋ]
Einzelteil (n)	komponen	[komponen]

Bolzen (m)	baut	[baut]
Schraube (f)	sekrup	[sekrup]
Schraubenmutter (f)	mur	[mur]
Scheibe (f)	ring	[riŋ]
Lager (n)	bantalan luncur	[bantalan luntʃur]

Rohr (Abgas-)	pipa	[pipa]
Dichtung (f)	gasket	[gasket]
Draht (m)	kabel, kawat	[kabel], [kawat]

Wagenheber (m)	dongkrak	[doŋkra']
Schraubenschlüssel (m)	kunci pas	[kuntʃi pas]
Hammer (m)	martil, palu	[martil], [palu]
Pumpe (f)	pompa	[pompa]
Schraubenzieher (m)	obeng	[obeŋ]
Feuerlöscher (m)	pemadam api	[pemadam api]
Warndreieck (n)	segi tiga pengaman	[segi tiga peŋaman]

abwürgen (Motor)	mogok	[mogoʔ]
Anhalten (~ des Motors)	mogok	[mogoʔ]
kaputt sein	rusak	[rusaʔ]

überhitzt werden (Motor)	kepanasan	[kepanasan]
verstopft sein	tersumbat	[tərsumbat]
einfrieren (Schloss, Rohr)	membeku	[membeku]
zerplatzen (vi)	pecah	[petʃah]

Druck (m)	tekanan	[tekanan]
Pegel (m)	level	[level]
schlaff (z.B. -e Riemen)	longgar	[loŋgar]

Delle (f)	penyok	[penjoʔ]
Klopfen (n)	ketukan	[ketukan]
Riß (m)	retak	[retaʔ]
Kratzer (m)	gores	[gores]

179. Autos. Straßen

Fahrbahn (f)	jalan	[dʒʲalan]
Schnellstraße (f)	jalan raya	[dʒʲalan raja]
Autobahn (f)	jalan raya	[dʒʲalan raja]
Richtung (f)	arah	[arah]
Entfernung (f)	jarak	[dʒʲaraʔ]

Brücke (f)	jembatan	[dʒʲembatan]
Parkplatz (m)	tempat parkir	[tempat parkir]
Platz (m)	lapangan	[lapaŋan]
Autobahnkreuz (n)	jembatan simpang susun	[dʒʲembatan simpaŋ susun]
Tunnel (m)	terowongan	[terowoŋan]

Tankstelle (f)	SPBU, stasiun bensin	[es-pe-be-u], [stasjun bensin]
Parkplatz (m)	tempat parkir	[tempat parkir]
Zapfsäule (f)	stasiun bahan bakar	[stasiun bahan bakar]
Reparaturwerkstatt (f)	bengkel mobil	[beŋkel mobil]
tanken (vt)	mengisi bahan bakar	[meŋisi bahan bakar]
Treibstoff (m)	bahan bakar	[bahan bakar]
Kanister (m)	jeriken	[dʒʲeriken]

Asphalt (m)	aspal	[aspal]
Markierung (f)	penandaan jalan	[penandaʔan dʒʲalan]
Bordstein (m)	kerb jalan	[kerb dʒʲalan]
Leitplanke (f)	pagar pematas	[pagar pematas]
Graben (m)	parit	[parit]
Straßenrand (m)	bahu jalan	[bahu dʒʲalan]
Straßenlaterne (f)	tiang lampu	[tiaŋ lampu]

fahren (vt)	menyetir	[menjetir]
abbiegen (nach links ~)	membelok	[membeloʔ]
umkehren (vi)	memutar arah	[memutar arah]
Rückwärtsgang (m)	mundur	[mundur]
hupen (vi)	membunyikan klakson	[membunjikan klakson]
Hupe (f)	suara klakson	[suara klakson]

stecken (im Schlamm ~)	terjebak	[tərdʒʲebaˀ]
durchdrehen (Räder)	terjebak	[tərdʒʲebaˀ]
abstellen (Motor ~)	mematikan	[mematikan]

Geschwindigkeit (f)	kecepatan	[ketʃepatan]
Geschwindigkeit überschreiten	melebihi batas kecepatan	[melebihi batas ketʃepatan]
bestrafen (vt)	memberikan surat tilang	[memberikan surat tilaŋ]
Ampel (f)	lampu lalu lintas	[lampu lalu lintas]
Führerschein (m)	Surat Izin Mengemudi, SIM	[surat izin məŋemudi], [sim]

Bahnübergang (m)	lintasan	[lintasan]
Straßenkreuzung (f)	persimpangan	[pərsimpaŋan]
Fußgängerüberweg (m)	penyeberangan	[penjeberaŋan]
Kehre (f)	tikungan	[tikuŋan]
Fußgängerzone (f)	kawasan pejalan kaki	[kawasan pedʒʲalan kaki]

180. Verkehrszeichen

Verkehrsregeln (pl)	peraturan lalu lintas	[pəraturan lalu lintas]
Verkehrszeichen (n)	rambu	[rambu]
Überholen (n)	mendahului	[məndahului]
Kurve (f)	tikungan	[tikuŋan]
Wende (f)	putaran	[putaran]
Kreisverkehr (m)	bundaran lalu lintas	[bundaran lalu lintas]

Einfahrt verboten	Dilarang masuk	[dilaraŋ masuˀ]
Verkehr verboten	Kendaraan dilarang masuk	[kendaraˀan dilaraŋ masuˀ]
Überholverbot	Dilarang mendahului	[dilaraŋ mendahului]
Parken verboten	Dilarang parkir	[dilaraŋ parkir]
Halteverbot	Dilarang berhenti	[dilaraŋ bərhenti]

gefährliche Kurve (f)	tikungan tajam	[tikuŋan tadʒʲam]
Gefälle (n)	turunan terjal	[turunan tərdʒʲal]
Einbahnstraße (f)	jalan satu arah	[dʒʲalan satu arah]
Fußgängerüberweg (m)	penyeberangan	[penjeberaŋan]
Schleudergefahr	jalan licin	[dʒʲalan litʃin]
Vorfahrt gewähren!	beri jalan	[beri dʒʲalan]

MENSCHEN. LEBENSEREIGNISSE

Lebensereignisse

181. Feiertage. Ereignis

Fest (n)	perayaan	[pəraja'an]
Nationalfeiertag (m)	hari besar nasional	[hari besar nasional]
Feiertag (m)	hari libur	[hari libur]
feiern (vt)	merayakan	[merajakan]
Ereignis (n)	peristiwa, kejadian	[pəristiwa], [kedʒadian]
Veranstaltung (f)	acara	[atʃara]
Bankett (n)	banket	[banket]
Empfang (m)	resepsi	[resepsi]
Festmahl (n)	pesta	[pesta]
Jahrestag (m)	hari jadi, HUT	[hari dʒadi], [ha-u-te]
Jubiläumsfeier (f)	yubileum	[yubileum]
begehen (vt)	merayakan	[merajakan]
Neujahr (n)	Tahun Baru	[tahun baru]
Frohes Neues Jahr!	Selamat Tahun Baru!	[selamat tahun baru!]
Weihnachtsmann (m)	Sinterklas	[sinterklas]
Weihnachten (n)	Natal	[natal]
Frohe Weihnachten!	Selamat Hari Natal!	[selamat hari natal!]
Tannenbaum (m)	pohon Natal	[pohon natal]
Feuerwerk (n)	kembang api	[kembaŋ api]
Hochzeit (f)	pernikahan	[pərnikahan]
Bräutigam (m)	mempelai lelaki	[mempelaj lelaki]
Braut (f)	mempelai perempuan	[mempelaj perempuan]
einladen (vt)	mengundang	[mənundaŋ]
Einladung (f)	kartu undangan	[kartu undaŋan]
Gast (m)	tamu	[tamu]
besuchen (vt)	mengunjungi	[mənundʒuŋi]
Gäste empfangen	menyambut tamu	[mənjambut tamu]
Geschenk (n)	hadiah	[hadiah]
schenken (vt)	memberi	[memberi]
Geschenke bekommen	menerima hadiah	[menerima hadiah]
Blumenstrauß (m)	buket	[buket]
Glückwunsch (m)	ucapan selamat	[utʃapan selamat]
gratulieren (vi)	mengucapkan selamat	[mənutʃapkan selamat]
Glückwunschkarte (f)	kartu ucapan selamat	[kartu utʃapan selamat]

| eine Karte abschicken | mengirim kartu pos | [məŋirim kartu pos] |
| eine Karte erhalten | menerima kartu pos | [mənerima kartu pos] |

Trinkspruch (m)	toas	[toas]
anbieten (vt)	menawari	[mənawari]
Champagner (m)	sampanye	[sampanje]

sich amüsieren	bersukaria	[bərsukaria]
Fröhlichkeit (f)	keriangan, kegembiraan	[kerianan], [kegembira'an]
Freude (f)	kegembiraan	[kegembira'an]

| Tanz (m) | dansa, tari | [dansa], [tari] |
| tanzen (vi, vt) | berdansa, menari | [bərdansa], [menari] |

| Walzer (m) | wals | [wals] |
| Tango (m) | tango | [taŋo] |

182. Bestattungen. Begräbnis

Friedhof (m)	pemakaman	[pemakaman]
Grab (n)	makam	[makam]
Kreuz (n)	salib	[salib]
Grabstein (m)	batu nisan	[batu nisan]
Zaun (m)	pagar	[pagar]
Kapelle (f)	kapel	[kapel]

Tod (m)	kematian	[kematian]
sterben (vi)	mati, meninggal	[mati], [meniŋgal]
Verstorbene (m)	almarhum	[almarhum]
Trauer (f)	perkabungan	[pərkabuŋan]

begraben (vt)	memakamkan	[memakamkan]
Bestattungsinstitut (n)	rumah duka	[rumah duka]
Begräbnis (n)	pemakaman	[pemakaman]

Kranz (m)	karangan bunga	[karaŋan buŋa]
Sarg (m)	keranda	[keranda]
Katafalk (m)	mobil jenazah	[mobil dʒｌenazah]
Totenhemd (n)	kain kafan	[kain kafan]

Trauerzug (m)	prosesi pemakaman	[prosesi pemakaman]
Urne (f)	guci abu jenazah	[gutʃi abu dʒｌenazah]
Krematorium (n)	krematorium	[krematorium]

Nachruf (m)	obituarium	[obituarium]
weinen (vi)	menangis	[mənaŋis]
schluchzen (vi)	meratap	[meratap]

183. Krieg. Soldaten

| Zug (m) | peleton | [peleton] |
| Kompanie (f) | kompi | [kompi] |

Regiment (n)	resimen	[resimen]
Armee (f)	tentara	[tentara]
Division (f)	divisi	[divisi]
Abteilung (f)	pasukan	[pasukan]
Heer (n)	tentara	[tentara]
Soldat (m)	tentara, serdadu	[tentara], [serdadu]
Offizier (m)	perwira	[pǝrwira]
Soldat (m)	prajurit	[pradʒɪurit]
Feldwebel (m)	sersan	[sersan]
Leutnant (m)	letnan	[letnan]
Hauptmann (m)	kapten	[kapten]
Major (m)	mayor	[major]
Oberst (m)	kolonel	[kolonel]
General (m)	jenderal	[dʒɪenderal]
Matrose (m)	pelaut	[pelaut]
Kapitän (m)	kapten	[kapten]
Bootsmann (m)	bosman, bosun	[bosman], [bosun]
Artillerist (m)	tentara artileri	[tentara artileri]
Fallschirmjäger (m)	pasukan penerjun	[pasukan penerdʒɪun]
Pilot (m)	pilot	[pilot]
Steuermann (m)	navigator, penavigasi	[navigator], [penavigasi]
Mechaniker (m)	mekanik	[mekaniʔ]
Pionier (m)	pencari ranjau	[pentʃari randʒɪau]
Fallschirmspringer (m)	parasutis	[parasutis]
Aufklärer (m)	pengintai	[peŋintaj]
Scharfschütze (m)	penembak jitu	[penembaʔ dʒitu]
Patrouille (f)	patroli	[patroli]
patrouillieren (vi)	berpatroli	[bǝrpatroli]
Wache (f)	pengawal	[peŋawal]
Krieger (m)	prajurit	[pradʒɪurit]
Patriot (m)	patriot	[patriot]
Held (m)	pahlawan	[pahlawan]
Heldin (f)	pahlawan wanita	[pahlawan wanita]
Verräter (m)	pengkhianat	[peŋhianat]
verraten (vt)	mengkhianati	[mǝŋhianati]
Deserteur (m)	desertir	[desertir]
desertieren (vi)	melakukan desersi	[melakukan desersi]
Söldner (m)	tentara bayaran	[tentara bajaran]
Rekrut (m)	rekrut, calon tentara	[rekrut], [tʃalon tentara]
Freiwillige (m)	sukarelawan	[sukarelawan]
Getoetete (m)	korban meninggal	[korban meniŋgal]
Verwundete (m)	korban luka	[korban luka]
Kriegsgefangene (m)	tawanan perang	[tawanan pǝraŋ]

184. Krieg. Militärische Aktionen. Teil 1

Krieg (m)	perang	[peraŋ]
Krieg führen	berperang	[bərperaŋ]
Bürgerkrieg (m)	perang saudara	[peraŋ saudara]
heimtückisch (Adv)	secara curang	[setʃara tʃuraŋ]
Kriegserklärung (f)	pernyataan perang	[pərnjataʾan peraŋ]
erklären (den Krieg ~)	menyatakan perang	[mənjatakan peraŋ]
Aggression (f)	agresi	[agresi]
einfallen (Staat usw.)	menyerang	[mənjeraŋ]
einfallen (in ein Land ~)	menduduki	[mənduduki]
Invasoren (pl)	penduduk	[penduduʾ]
Eroberer (m), Sieger (m)	penakluk	[penakluʾ]
Verteidigung (f)	pertahanan	[pertahanan]
verteidigen (vt)	mempertahankan	[mempertahankan]
sich verteidigen	bertahan ...	[bərtahan ...]
Feind (m)	musuh	[musuh]
Gegner (m)	lawan	[lawan]
Feind-	musuh	[musuh]
Strategie (f)	strategi	[strategi]
Taktik (f)	taktik	[taktiʾ]
Befehl (m)	perintah	[pərintah]
Anordnung (f)	perintah	[pərintah]
befehlen (vt)	memerintahkan	[memerintahkan]
Auftrag (m)	tugas	[tugas]
geheim (Adj)	rahasia	[rahasia]
Schlacht (f)	pertempuran	[pertempuran]
Kampf (m)	pertempuran	[pertempuran]
Angriff (m)	serangan	[seraŋan]
Sturm (m)	serbuan	[serbuan]
stürmen (vt)	menyerbu	[mənjerbu]
Belagerung (f)	kepungan	[kepuŋan]
Angriff (m)	serangan	[seraŋan]
angreifen (vt)	menyerang	[mənjeraŋ]
Rückzug (m)	pengunduran	[peŋunduran]
sich zurückziehen	mundur	[mundur]
Einkesselung (f)	pengepungan	[peŋepuŋan]
einkesseln (vt)	mengepung	[məŋepuŋ]
Bombenangriff (m)	pengeboman	[peŋeboman]
eine Bombe abwerfen	menjatuhkan bom	[mendʒʲatuhkan bom]
bombardieren (vt)	mengebom	[məŋebom]
Explosion (f)	ledakan	[ledakan]
Schuss (m)	tembakan	[tembakan]

schießen (vt)	melepaskan	[melepaskan]
Schießerei (f)	penembakan	[penembakan]
zielen auf ...	membidik	[membidi']
richten (die Waffe)	mengarahkan	[meŋarahkan]
treffen (ins Schwarze ~)	mengenai	[meŋenaj]
versenken (vt)	menenggelamkan	[meneŋgelamkan]
Loch (im Schiffsrumpf)	lubang	[lubaŋ]
versinken (Schiff)	karam	[karam]
Front (f)	garis depan	[garis depan]
Evakuierung (f)	evakuasi	[evakuasi]
evakuieren (vt)	mengevakuasi	[meŋevakuasi]
Schützengraben (m)	parit perlindungan	[parit perlinduŋan]
Stacheldraht (m)	kawat berduri	[kawat berduri]
Sperre (z.B. Panzersperre)	rintangan	[rintaŋan]
Wachtturm (m)	menara	[menara]
Lazarett (n)	rumah sakit militer	[rumah sakit militer]
verwunden (vt)	melukai	[melukaj]
Wunde (f)	luka	[luka]
Verwundete (m)	korban luka	[korban luka]
verletzt sein	terluka	[terluka]
schwer (-e Verletzung)	parah	[parah]

185. Krieg. Militärische Aktionen. Teil 2

Gefangenschaft (f)	tawanan	[tawanan]
gefangen nehmen (vt)	menawan	[menawan]
in Gefangenschaft sein	ditawan	[ditawan]
in Gefangenschaft geraten	tertawan	[tertawan]
Konzentrationslager (n)	kamp konsentrasi	[kamp konsentrasi]
Kriegsgefangene (m)	tawanan perang	[tawanan peraŋ]
fliehen (vi)	melarikan diri	[melarikan diri]
verraten (vt)	mengkhianati	[meŋhianati]
Verräter (m)	pengkhianat	[peŋhianat]
Verrat (m)	pengkhianatan	[peŋhianatan]
erschießen (vt)	mengeksekusi	[meŋeksekusi]
Erschießung (f)	eksekusi	[eksekusi]
Ausrüstung (persönliche ~)	perlengkapan	[perleŋkapan]
Schulterstück (n)	epolet	[epolet]
Gasmaske (f)	masker gas	[masker gas]
Funkgerät (n)	pemancar radio	[pemantʃar radio]
Chiffre (f)	kode	[kode]
Geheimhaltung (f)	kerahasiaan	[kerahasia'an]
Kennwort (n)	kata sandi	[kata sandi]
Mine (f)	ranjau darat	[randʒʲau darat]

Minen legen	memasang ranjau	[memasaŋ randʒⁱau]
Minenfeld (n)	padang yang dipenuhi ranjau	[padaŋ yaŋ dipenuhi randʒⁱau]
Luftalarm (m)	peringatan serangan udara	[pəriŋatan seraŋan udara]
Alarm (m)	alarm serangan udara	[alarm seraŋan udara]
Signal (n)	sinyal	[sinjal]
Signalrakete (f)	roket sinyal	[roket sinjal]
Hauptquartier (n)	markas	[markas]
Aufklärung (f)	pengintaian	[pəɲintajan]
Lage (f)	keadaan	[keada'an]
Bericht (m)	laporan	[laporan]
Hinterhalt (m)	penyergapan	[penjergapan]
Verstärkung (f)	bala bantuan	[bala bantuan]
Zielscheibe (f)	sasaran	[sasaran]
Schießplatz (m)	lapangan tembak	[lapaŋan temba']
Manöver (n)	latihan perang	[latihan pəraŋ]
Panik (f)	panik	[pani']
Verwüstung (f)	pengrusakan	[pəɲrusakan]
Trümmer (pl)	penghancuran	[pəɲhantʃuran]
zerstören (vt)	menghancurkan	[məɲhantʃurkan]
überleben (vi)	menyintas	[mənjintas]
entwaffnen (vt)	melucuti	[melutʃuti]
handhaben (vt)	mengendalikan	[məŋendalikan]
Stillgestanden!	Siap!	[siap!]
Rühren!	Istirahat di tempat!	[istirahat di tempat!]
Heldentat (f)	keberanian	[keberanian]
Eid (m), Schwur (m)	sumpah	[sumpah]
schwören (vi, vt)	bersumpah	[bərsumpah]
Lohn (Orden, Medaille)	anugerah	[anugerah]
auszeichnen (mit Orden)	menganugerahi	[məŋanugerahi]
Medaille (f)	medali	[medali]
Orden (m)	bintang kehormatan	[bintaŋ kehormatan]
Sieg (m)	kemenangan	[kemenaŋan]
Niederlage (f)	kekalahan	[kekalahan]
Waffenstillstand (m)	gencatan senjata	[gentʃatan sendʒⁱata]
Fahne (f)	bendera	[bendera]
Ruhm (m)	kehormatan	[kehormatan]
Parade (f)	parade	[parade]
marschieren (vi)	berbaris	[bərbaris]

186. Waffen

Waffe (f)	senjata	[sendʒⁱata]
Schusswaffe (f)	senjata api	[sendʒⁱata api]

blanke Waffe (f)	sejata tajam	[sedʒata tadʒam]
chemischen Waffen (pl)	senjata kimia	[sendʒata kimia]
Kern-, Atom-	nuklir	[nuklir]
Kernwaffe (f)	senjata nuklir	[sendʒata nuklir]

| Bombe (f) | bom | [bom] |
| Atombombe (f) | bom atom | [bom atom] |

Pistole (f)	pistol	[pistol]
Gewehr (n)	senapan	[senapan]
Maschinenpistole (f)	senapan otomatis	[senapan otomatis]
Maschinengewehr (n)	senapan mesin	[senapan mesin]

Mündung (f)	moncong	[montʃoŋ]
Lauf (Gewehr-)	laras	[laras]
Kaliber (n)	kaliber	[kaliber]

Abzug (m)	pelatuk	[pelatuʔ]
Visier (n)	pembidik	[pembidiʔ]
Magazin (n)	magasin	[magasin]
Kolben (m)	pantat senapan	[pantat senapan]

| Handgranate (f) | granat tangan | [granat taŋan] |
| Sprengstoff (m) | bahan peledak | [bahan peledaʔ] |

Kugel (f)	peluru	[peluru]
Patrone (f)	patrun	[patrun]
Ladung (f)	isian	[isian]
Munition (f)	amunisi	[amunisi]

Bomber (m)	pesawat pengebom	[pesawat peŋebom]
Kampfflugzeug (n)	pesawat pemburu	[pesawat pemburu]
Hubschrauber (m)	helikopter	[helikopter]

Flugabwehrkanone (f)	meriam penangkis serangan udara	[meriam penaŋkis seraŋan udara]
Panzer (m)	tank	[tanʔ]
Panzerkanone (f)	meriam tank	[meriam tanʔ]

Artillerie (f)	artileri	[artileri]
Kanone (f)	meriam	[meriam]
richten (die Waffe)	mengarahkan	[məŋarahkan]

Geschoß (n)	peluru	[peluru]
Wurfgranate (f)	peluru mortir	[peluru mortir]
Granatwerfer (m)	mortir	[mortir]
Splitter (m)	serpihan	[serpihan]

U-Boot (n)	kapal selam	[kapal selam]
Torpedo (m)	torpedo	[torpedo]
Rakete (f)	rudal	[rudal]

laden (Gewehr)	mengisi	[məŋisi]
schießen (vi)	menembak	[mənembaʔ]
zielen auf ...	membidik	[membidiʔ]
Bajonett (n)	bayonet	[bajonet]

Degen (m)	pedang rapier	[pedaŋ rapier]
Säbel (m)	pedang saber	[pedaŋ saber]
Speer (m)	lembing	[lembiŋ]
Bogen (m)	busur panah	[busur panah]
Pfeil (m)	anak panah	[ana' panah]
Muskete (f)	senapan lantak	[senapan lanta']
Armbrust (f)	busur silang	[busur silaŋ]

187. Menschen der Antike

vorzeitlich	primitif	[primitif]
prähistorisch	prasejarah	[prasedʒ'arah]
alt (antik)	kuno	[kuno]

Steinzeit (f)	Zaman Batu	[zaman batu]
Bronzezeit (f)	Zaman Perunggu	[zaman pəruŋgu]
Eiszeit (f)	Zaman Es	[zaman es]

Stamm (m)	suku	[suku]
Kannibale (m)	kanibal	[kanibal]
Jäger (m)	pemburu	[pemburu]
jagen (vi)	berburu	[bərburu]
Mammut (n)	mamut	[mamut]

Höhle (f)	gua	[gua]
Feuer (n)	api	[api]
Lagerfeuer (n)	api unggun	[api uŋgun]
Höhlenmalerei (f)	lukisan gua	[lukisan gua]

Werkzeug (n)	alat kerja	[alat kerdʒ'a]
Speer (m)	tombak	[tomba']
Steinbeil (n), Steinaxt (f)	kapak batu	[kapa' batu]
Krieg führen	berperang	[bərperaŋ]
domestizieren (vt)	menjinakkan	[məndʒina'kan]

Idol (n)	berhala	[bərhala]
anbeten (vt)	memuja	[memudʒ'a]
Aberglaube (m)	takhayul	[tahajul]
Brauch (m), Ritus (m)	upacara	[upatʃara]

Evolution (f)	evolusi	[evolusi]
Entwicklung (f)	perkembangan	[pərkembaŋan]

Verschwinden (n)	kehilangan	[kehilaŋan]
sich anpassen	menyesuaikan diri	[mənjesuajkan diri]

Archäologie (f)	arkeologi	[arkeologi]
Archäologe (m)	arkeolog	[arkeolog]
archäologisch	arkeologis	[arkeologis]

Ausgrabungsstätte (f)	situs ekskavasi	[situs ekskavasi]
Ausgrabungen (pl)	ekskavasi	[ekskavasi]
Fund (m)	penemuan	[penemuan]
Fragment (n)	fragmen	[fragmen]

188. Mittelalter

Volk (n)	rakyat	[rakjat]
Völker (pl)	bangsa-bangsa	[baŋsa-baŋsa]
Stamm (m)	suku	[suku]
Stämme (pl)	suku-suku	[suku-suku]
Barbaren (pl)	kaum barbar	[kaum barbar]
Gallier (pl)	kaum Gaul	[kaum gaul]
Goten (pl)	kaum Goth	[kaum got]
Slawen (pl)	kaum Slavia	[kaum slavia]
Wikinger (pl)	kaum Viking	[kaum vikiŋ]
Römer (pl)	kaum Roma	[kaum roma]
römisch	Romawi	[romawi]
Byzantiner (pl)	kaum Byzantium	[kaum bizantium]
Byzanz (n)	Byzantium	[bizantium]
byzantinisch	Byzantium	[bizantium]
Kaiser (m)	kaisar	[kajsar]
Häuptling (m)	pemimpin	[pemimpin]
mächtig (Kaiser usw.)	adikuasa, berkuasa	[adikuasa], [bərkuasa]
König (m)	raja	[radʒia]
Herrscher (Monarch)	penguasa	[peŋuasa]
Ritter (m)	ksatria	[ksatria]
Feudalherr (m)	tuan	[tuan]
feudal, Feudal-	feodal	[feodal]
Vasall (m)	vasal	[vasal]
Herzog (m)	duke	[duke]
Graf (m)	earl	[earl]
Baron (m)	baron	[baron]
Bischof (m)	uskup	[uskup]
Rüstung (f)	baju besi	[badʒiu besi]
Schild (m)	perisai	[pərisaj]
Schwert (n)	pedang	[pedaŋ]
Visier (n)	visor, topeng besi	[visor], [topeŋ besi]
Panzerhemd (n)	baju zirah	[badʒiu zirah]
Kreuzzug (m)	Perang Salib	[pəraŋ salib]
Kreuzritter (m)	kaum salib	[kaum salib]
Territorium (n)	wilayah	[wilajah]
einfallen (vt)	menyerang	[mənjeraŋ]
erobern (vt)	menaklukkan	[mənaklu?kan]
besetzen (Land usw.)	menduduki	[mənduduki]
Belagerung (f)	kepungan	[kepuŋan]
belagert	terkepung	[tərkepuŋ]
belagern (vt)	mengepung	[məŋepuŋ]
Inquisition (f)	inkuisisi	[inkuisisi]
Inquisitor (m)	inkuisitor	[inkuisitor]

Folter (f)	siksaan	[siksa'an]
grausam (-e Folter)	kejam	[keʤam]
Häretiker (m)	penganut bidah	[peɲanut bidah]
Häresie (f)	bidah	[bidah]

Seefahrt (f)	pelayaran laut	[pelajaran laut]
Seeräuber (m)	bajak laut	[baʤa' laut]
Seeräuberei (f)	pembajakan	[pembaʤakan]
Enterung (f)	serangan terhadap kapal dari dekat	[seraɲan terhadap kapal dari dekat]
Beute (f)	rampasan	[rampasan]
Schätze (pl)	harta karun	[harta karun]

Entdeckung (f)	penemuan	[penemuan]
entdecken (vt)	menemukan	[mənemukan]
Expedition (f)	ekspedisi	[ekspedisi]

Musketier (m)	musketir	[musketir]
Kardinal (m)	kardinal	[kardinal]
Heraldik (f)	heraldik	[heraldi']
heraldisch	heraldik	[heraldi']

189. Führungspersonen. Chef. Behörden

König (m)	raja	[raʤa]
Königin (f)	ratu	[ratu]
königlich	kerajaan, raja	[keraʤa'an], [raʤa]
Königreich (n)	kerajaan	[keraʤa'an]

Prinz (m)	pangeran	[paɲeran]
Prinzessin (f)	putri	[putri]

Präsident (m)	presiden	[presiden]
Vizepräsident (m)	wakil presiden	[wakil presiden]
Senator (m)	senator	[senator]

Monarch (m)	monark	[monar']
Herrscher (m)	penguasa	[peɲuasa]
Diktator (m)	diktator	[diktator]
Tyrann (m)	tiran	[tiran]
Magnat (m)	magnat	[magnat]

Direktor (m)	direktur	[direktur]
Chef (m)	atasan	[atasan]
Leiter (einer Abteilung)	manajer	[manaʤer]
Boss (m)	bos	[bos]
Eigentümer (m)	pemilik	[pemili']

Führer (m)	pemimpin	[pemimpin]
Leiter (Delegations-)	kepala	[kepala]
Behörden (pl)	pihak berwenang	[piha' bərwenaŋ]
Vorgesetzten (pl)	atasan	[atasan]
Gouverneur (m)	gabernur	[gabernur]
Konsul (m)	konsul	[konsul]

Diplomat (m)	diplomat	[diplomat]
Bürgermeister (m)	walikota	[walikota]
Sheriff (m)	sheriff	[ʃeriff]

Kaiser (m)	kaisar	[kajsar]
Zar (m)	tsar, raja	[tsar], [radʒʲa]
Pharao (m)	firaun	[firaun]
Khan (m)	khan	[han]

190. Straße. Weg. Richtungen

| Fahrbahn (f) | jalan | [dʒʲalan] |
| Weg (m) | jalan | [dʒʲalan] |

Autobahn (f)	jalan raya	[dʒʲalan raja]
Schnellstraße (f)	jalan raya	[dʒʲalan raja]
Bundesstraße (f)	jalan nasional	[dʒʲalan nasional]

| Hauptstraße (f) | jalan utama | [dʒʲalan utama] |
| Feldweg (m) | jalan tanah | [dʒʲalan tanah] |

| Pfad (m) | jalan setapak | [dʒʲalan setapaˀ] |
| Fußweg (m) | jalan setapak | [dʒʲalan setapaˀ] |

Wo?	Di mana?	[di mana?]
Wohin?	Ke mana?	[ke mana?]
Woher?	Dari mana?	[dari mana?]

| Richtung (f) | arah | [arah] |
| zeigen (vt) | menunjuk | [mənundʒʲuˀ] |

nach links	ke kiri	[ke kiri]
nach rechts	ke kanan	[ke kanan]
geradeaus	terus lurus	[terus lurus]
zurück	balik	[baliˀ]

Kurve (f)	tikungan	[tikuŋan]
abbiegen (nach links ~)	membelok	[membeloˀ]
umkehren (vi)	memutar arah	[memutar arah]

| sichtbar sein | kelihatan | [kelihatan] |
| erscheinen (vi) | muncul | [muntʃul] |

Aufenthalt (m)	perhentian	[perhentian]
sich erholen	beristirahat	[beristirahat]
Erholung (f)	istirahat	[istirahat]

sich verirren	tersesat	[tərsesat]
führen nach ... (Straße usw.)	menuju ...	[mənudʒʲu ...]
ankommen in ...	sampai	[sampaj]
Strecke (f)	trayek	[traeˀ]

| Asphalt (m) | aspal | [aspal] |
| Bordstein (m) | kerb jalan | [kerb dʒʲalan] |

Graben (m)	parit	[parit]
Gully (m)	lubang penutup jalan	[lubaŋ penutup dʒ'alan]
Straßenrand (m)	bahu jalan	[bahu dʒ'alan]
Schlagloch (n)	lubang	[lubaŋ]

gehen (zu Fuß gehen)	berjalan	[bərdʒ'alan]
überholen (vt)	mendahului	[məndahului]

Schritt (m)	langkah	[laŋkah]
zu Fuß	berjalan kaki	[bərdʒ'alan kaki]

blockieren (Straße usw.)	merintangi	[merintaŋi]
Schlagbaum (m)	palang jalan	[palaŋ dʒ'alan]
Sackgasse (f)	jalan buntu	[dʒ'alan buntu]

191. Gesetzesverstoß Verbrecher. Teil 1

Bandit (m)	bandit	[bandit]
Verbrechen (n)	kejahatan	[kedʒ'ahatan]
Verbrecher (m)	penjahat	[pendʒ'ahat]

Dieb (m)	pencuri	[pentʃuri]
stehlen (vt)	mencuri	[məntʃuri]
Diebstahl (m), Stehlen (n)	pencurian	[pentʃurian]

kidnappen (vt)	menculik	[məntʃuliʔ]
Kidnapping (n)	penculikan	[pentʃulikan]
Kidnapper (m)	penculik	[pentʃuliʔ]

Lösegeld (n)	uang tebusan	[uaŋ tebusan]
Lösegeld verlangen	menuntut uang tebusan	[mənuntut uaŋ tebusan]

rauben (vt)	merampok	[merampoʔ]
Raub (m)	perampokan	[pərampokan]
Räuber (m)	perampok	[pərampoʔ]

erpressen (vt)	memeras	[memeras]
Erpresser (m)	pemeras	[pemeras]
Erpressung (f)	pemerasan	[pemerasan]

morden (vt)	membunuh	[membunuh]
Mord (m)	pembunuhan	[pembunuhan]
Mörder (m)	pembunuh	[pembunuh]

Schuss (m)	tembakan	[tembakan]
schießen (vt)	melepaskan	[melepaskan]
erschießen (vt)	menembak mati	[mənemba' mati]
feuern (vi)	menembak	[mənembaʔ]
Schießerei (f)	penembakan	[penembakan]

Vorfall (m)	insiden, kejadian	[insiden], [kedʒ'adian]
Schlägerei (f)	perkelahian	[pərkelahian]
Hilfe!	Tolong!	[toloŋ!]
Opfer (n)	korban	[korban]

beschädigen (vt)	merusak	[merusaʔ]
Schaden (m)	kerusakan	[kerusakan]
Leiche (f)	jenazah, mayat	[dʒenazah], [majat]
schwer (-es Verbrechen)	berat	[berat]

angreifen (vt)	menyerang	[mənjeraŋ]
schlagen (vt)	memukul	[memukul]
verprügeln (vt)	memukuli	[memukuli]
wegnehmen (vt)	merebut	[merebut]
erstechen (vt)	menikam mati	[mənikam mati]
verstümmeln (vt)	mencederai	[məntʃederaj]
verwunden (vt)	melukai	[melukaj]

Erpressung (f)	pemerasan	[pemerasan]
erpressen (vt)	memeras	[memeras]
Erpresser (m)	pemeras	[pemeras]

Schutzgelderpressung (f)	pemerasan	[pemerasan]
Erpresser (Racketeer)	pemeras	[pemeras]
Gangster (m)	gangster, preman	[gaŋster], [preman]
Mafia (f)	mafia	[mafia]

Taschendieb (m)	pencopet	[pentʃopet]
Einbrecher (m)	perampok	[pərampoʔ]
Schmuggel (m)	penyelundupan	[penjelundupan]
Schmuggler (m)	penyelundup	[penjelundup]

Fälschung (f)	pemalsuan	[pemalsuan]
fälschen (vt)	memalsukan	[memalsukan]
gefälscht	palsu	[palsu]

192. Gesetzesbruch. Verbrecher. Teil 2

Vergewaltigung (f)	pemerkosaan	[pemerkosaʔan]
vergewaltigen (vt)	memerkosa	[memerkosa]
Gewalttäter (m)	pemerkosa	[pemerkosa]
Besessene (m)	maniak	[maniaʔ]

Prostituierte (f)	pelacur	[pelatʃur]
Prostitution (f)	pelacuran	[pelatʃuran]
Zuhälter (m)	germo	[germo]

| Drogenabhängiger (m) | pecandu narkoba | [petʃandu narkoba] |
| Drogenhändler (m) | pengedar narkoba | [peŋedar narkoba] |

sprengen (vt)	meledakkan	[meledaʔkan]
Explosion (f)	ledakan	[ledakan]
in Brand stecken	membakar	[membakar]
Brandstifter (m)	pelaku pembakaran	[pelaku pembakaran]

Terrorismus (m)	terorisme	[terorisme]
Terrorist (m)	teroris	[teroris]
Geisel (m, f)	sandera	[sandera]
betrügen (vt)	menipu	[mənipu]

| Betrug (m) | penipuan | [penipuan] |
| Betrüger (m) | penipu | [penipu] |

bestechen (vt)	menyuap	[mənyuap]
Bestechlichkeit (f)	penyuapan	[penyuapan]
Bestechungsgeld (n)	uang suap, suapan	[uaŋ suap], [suapan]

Gift (n)	racun	[ratʃun]
vergiften (vt)	meracuni	[meratʃuni]
sich vergiften	meracuni diri sendiri	[meratʃuni diri sendiri]

| Selbstmord (m) | bunuh diri | [bunuh diri] |
| Selbstmörder (m) | pelaku bunuh diri | [pelaku bunuh diri] |

drohen (vi)	mengancam	[məŋantʃam]
Drohung (f)	ancaman	[antʃaman]
versuchen (vt)	melakukan percobaan pembunuhan	[melakukan pərtʃoba'an pembunuhan]
Attentat (n)	percobaan pembunuhan	[pərtʃoba'an pembunuhan]

| stehlen (Auto ~) | mencuri | [məntʃuri] |
| entführen (Flugzeug ~) | membajak | [membadʒ'a'] |

| Rache (f) | dendam | [dendam] |
| sich rächen | membalas dendam | [membalas dendam] |

foltern (vt)	menyiksa	[mənjiksa]
Folter (f)	siksaan	[siksa'an]
quälen (vt)	menyiksa	[mənjiksa]

Seeräuber (m)	bajak laut	[badʒ'a' laut]
Rowdy (m)	berandal	[bərandal]
bewaffnet	bersenjata	[bərsendʒ'ata]
Gewalt (f)	kekerasan	[kekerasan]
ungesetzlich	ilegal	[ilegal]

| Spionage (f) | spionase | [spionase] |
| spionieren (vi) | memata-matai | [memata-mataj] |

193. Polizei Recht. Teil 1

| Justiz (f) | keadilan | [keadilan] |
| Gericht (n) | pengadilan | [peɲadilan] |

Richter (m)	hakim	[hakim]
Geschworenen (pl)	anggota juri	[aŋgota dʒ'uri]
Geschworenengericht (n)	pengadilan juri	[peɲadilan dʒ'uri]
richten (vt)	mengadili	[məɲadili]

Rechtsanwalt (m)	advokat, pengacara	[advokat], [peɲatʃara]
Angeklagte (m)	terdakwa	[tərdakwa]
Anklagebank (f)	bangku terdakwa	[baŋku tərdakwa]
Anklage (f)	tuduhan	[tuduhan]
Beschuldigte (m)	terdakwa	[tərdakwa]

| Urteil (n) | hukuman | [hukuman] |
| verurteilen (vt) | menjatuhkan hukuman | [məndʒʲatuhkan hukuman] |

Schuldige (m)	bersalah	[bərsalah]
bestrafen (vt)	menghukum	[məŋhukum]
Strafe (f)	hukuman	[hukuman]

Geldstrafe (f)	denda	[denda]
lebenslange Haft (f)	penjara seumur hidup	[pendʒʲara seumur hidup]
Todesstrafe (f)	hukuman mati	[hukuman mati]
elektrischer Stuhl (m)	kursi listrik	[kursi listriʔ]
Galgen (m)	tiang gantungan	[tiaŋ gantuŋan]

| hinrichten (vt) | menjalankan hukuman mati | [məndʒʲalankan hukuman mati] |
| Hinrichtung (f) | hukuman mati | [hukuman mati] |

Gefängnis (n)	penjara	[pendʒʲara]
Zelle (f)	sel	[sel]
Eskorte (f)	pengawal	[peŋawal]
Gefängniswärter (m)	sipir, penjaga penjara	[sipir], [pendʒʲaga pendʒʲara]
Gefangene (m)	tahanan	[tahanan]

| Handschellen (pl) | borgol | [borgol] |
| Handschellen anlegen | memborgol | [memborgol] |

Ausbruch (Flucht)	pelarian	[pelarian]
ausbrechen (vi)	melarikan diri	[melarikan diri]
verschwinden (vi)	menghilang	[məŋhilaŋ]
aus ... entlassen	membebaskan	[membebaskan]
Amnestie (f)	amnesti	[amnesti]

Polizei (f)	polisi, kepolisian	[polisi], [kepolisian]
Polizist (m)	polisi	[polisi]
Polizeiwache (f)	kantor polisi	[kantor polisi]
Gummiknüppel (m)	pentungan karet	[pentuŋan karet]
Sprachrohr (n)	pengeras suara	[peŋeras suara]

Streifenwagen (m)	mobil patroli	[mobil patroli]
Sirene (f)	sirene	[sirene]
die Sirene einschalten	membunyikan sirene	[membunjikan sirene]
Sirenengeheul (n)	suara sirene	[suara sirene]

Tatort (m)	tempat kejadian perkara	[tempat kedʒʲadian pərkara]
Zeuge (m)	saksi	[saksi]
Freiheit (f)	kebebasan	[kebebasan]
Komplize (m)	kaki tangan	[kaki taŋan]
verschwinden (vi)	melarikan diri	[melarikan diri]
Spur (f)	jejak	[dʒʲedʒʲaʔ]

194. Polizei. Recht. Teil 2

| Fahndung (f) | pencarian | [pentʃarian] |
| suchen (vt) | mencari ... | [məntʃari ...] |

Verdacht (m)	kecurigaan	[ketʃuriga'an]
verdächtig (Adj)	mencurigakan	[mentʃurigakan]
anhalten (Polizei)	menghentikan	[məŋhentikan]
verhaften (vt)	menahan	[mənahan]

Fall (m), Klage (f)	kasus, perkara	[kasus], [pərkara]
Untersuchung (f)	investigasi, penyidikan	[investigasi], [penjidikan]
Detektiv (m)	detektif	[detektif]
Ermittlungsrichter (m)	penyidik	[penjidi']
Version (f)	hipotesis	[hipotesis]

Motiv (n)	motif	[motif]
Verhör (n)	interogasi	[interogasi]
verhören (vt)	menginterogasi	[məninterogasi]
vernehmen (vt)	menanyai	[mənanjaj]
Kontrolle (Personen-)	pemeriksaan	[pemeriksa'an]

Razzia (f)	razia	[razia]
Durchsuchung (f)	penggeledahan	[peŋgeledahan]
Verfolgung (f)	pengejaran, perburuan	[peŋedʒ'aran], [pərburuan]
nachjagen (vi)	mengejar	[məŋedʒ'ar]
verfolgen (vt)	melacak	[melatʃa']

Verhaftung (f)	penahanan	[penahanan]
verhaften (vt)	menahan	[mənahan]
fangen (vt)	menangkap	[mənaŋkap]
Festnahme (f)	penangkapan	[penaŋkapan]

Dokument (n)	dokumen	[dokumen]
Beweis (m)	bukti	[bukti]
beweisen (vt)	membuktikan	[membuktikan]
Fußspur (f)	jejak	[dʒ'edʒ'a']
Fingerabdrücke (pl)	sidik jari	[sidi' dʒ'ari]
Beweisstück (n)	barang bukti	[baraŋ bukti]

Alibi (n)	alibi	[alibi]
unschuldig	tidak bersalah	[tida' bərsalah]
Ungerechtigkeit (f)	ketidakadilan	[ketidakadilan]
ungerecht	tidak adil	[tida' adil]

Kriminal-	pidana	[pidana]
beschlagnahmen (vt)	menyita	[mənjita]
Droge (f)	narkoba	[narkoba]
Waffe (f)	senjata	[sendʒ'ata]
entwaffnen (vt)	melucuti	[melutʃuti]
befehlen (vt)	memerintahkan	[memerintahkan]
verschwinden (vi)	menghilang	[məŋhilaŋ]

Gesetz (n)	hukum	[hukum]
gesetzlich	sah	[sah]
ungesetzlich	tidak sah	[tida' sah]

| Verantwortlichkeit (f) | tanggung jawab | [taŋguŋ dʒ'awab] |
| verantwortlich | bertanggung jawab | [bərtaŋguŋ dʒ'awab] |

NATUR

Die Erde. Teil 1

195. Weltall

Kosmos (m)	angkasa	[aŋkasa]
kosmisch, Raum-	angkasa	[aŋkasa]
Weltraum (m)	ruang angkasa	[ruaŋ aŋkasa]
All (n)	dunia	[dunia]
Universum (n)	jagat raya	[dʒagat raja]
Galaxie (f)	galaksi	[galaksi]
Stern (m)	bintang	[bintaŋ]
Gestirn (n)	gugusan bintang	[gugusan bintaŋ]
Planet (m)	planet	[planet]
Satellit (m)	satelit	[satelit]
Meteorit (m)	meteorit	[meteorit]
Komet (m)	komet	[komet]
Asteroid (m)	asteroid	[asteroid]
Umlaufbahn (f)	orbit	[orbit]
sich drehen	berputar	[berputar]
Atmosphäre (f)	atmosfer	[atmosfer]
Sonne (f)	matahari	[matahari]
Sonnensystem (n)	tata surya	[tata surja]
Sonnenfinsternis (f)	gerhana matahari	[gerhana matahari]
Erde (f)	Bumi	[bumi]
Mond (m)	Bulan	[bulan]
Mars (m)	Mars	[mars]
Venus (f)	Venus	[venus]
Jupiter (m)	Yupiter	[yupiter]
Saturn (m)	Saturnus	[saturnus]
Merkur (m)	Merkurius	[merkurius]
Uran (m)	Uranus	[uranus]
Neptun (m)	Neptunus	[neptunus]
Pluto (m)	Pluto	[pluto]
Milchstraße (f)	Bimasakti	[bimasakti]
Der Große Bär	Ursa Major	[ursa madʒor]
Polarstern (m)	Bintang Utara	[bintaŋ utara]
Marsbewohner (m)	makhluk Mars	[mahluʔ mars]
Außerirdischer (m)	makhluk ruang angkasa	[mahluʔ ruaŋ aŋkasa]

außerirdisches Wesen (n)	alien, makhluk asing	[alien], [mahlu' asiŋ]
fliegende Untertasse (f)	piring terbang	[piriŋ tərbaŋ]
Raumschiff (n)	kapal antariksa	[kapal antariksa]
Raumstation (f)	stasiun antariksa	[stasiun antariksa]
Raketenstart (m)	peluncuran	[peluntʃuran]
Triebwerk (n)	mesin	[mesin]
Düse (f)	nosel	[nosel]
Treibstoff (m)	bahan bakar	[bahan bakar]
Kabine (f)	kokpit	[kokpit]
Antenne (f)	antena	[antena]
Bullauge (n)	jendela	[dʒendela]
Sonnenbatterie (f)	sel surya	[sel surja]
Raumanzug (m)	pakaian antariksa	[pakajan antariksa]
Schwerelosigkeit (f)	keadaan tanpa bobot	[keada'an tanpa bobot]
Sauerstoff (m)	oksigen	[oksigen]
Ankopplung (f)	penggabungan	[peŋgabuŋan]
koppeln (vi)	bergabung	[bərgabuŋ]
Observatorium (n)	observatorium	[observatorium]
Teleskop (n)	teleskop	[teleskop]
beobachten (vt)	mengamati	[məŋamati]
erforschen (vt)	mengeksplorasi	[məŋeksplorasi]

196. Die Erde

Erde (f)	Bumi	[bumi]
Erdkugel (f)	bola Bumi	[bola bumi]
Planet (m)	planet	[planet]
Atmosphäre (f)	atmosfer	[atmosfer]
Geographie (f)	geografi	[geografi]
Natur (f)	alam	[alam]
Globus (m)	globe	[globe]
Landkarte (f)	peta	[peta]
Atlas (m)	atlas	[atlas]
Europa (n)	Eropa	[eropa]
Asien (n)	Asia	[asia]
Afrika (n)	Afrika	[afrika]
Australien (n)	Australia	[australia]
Amerika (n)	Amerika	[amerika]
Nordamerika (n)	Amerika Utara	[amerika utara]
Südamerika (n)	Amerika Selatan	[amerika selatan]
Antarktis (f)	Antartika	[antartika]
Arktis (f)	Arktika	[arktika]

197. Himmelsrichtungen

Norden (m)	**utara**	[utara]
nach Norden	**ke utara**	[ke utara]
im Norden	**di utara**	[di utara]
nördlich	**utara**	[utara]
Süden (m)	**selatan**	[selatan]
nach Süden	**ke selatan**	[ke selatan]
im Süden	**di selatan**	[di selatan]
südlich	**selatan**	[selatan]
Westen (m)	**barat**	[barat]
nach Westen	**ke barat**	[ke barat]
im Westen	**di barat**	[di barat]
westlich, West-	**barat**	[barat]
Osten (m)	**timur**	[timur]
nach Osten	**ke timur**	[ke timur]
im Osten	**di timur**	[di timur]
östlich	**timur**	[timur]

198. Meer. Ozean

Meer (n), See (f)	**laut**	[laut]
Ozean (m)	**samudra**	[samudra]
Golf (m)	**teluk**	[teluʔ]
Meerenge (f)	**selat**	[selat]
Festland (n)	**daratan**	[daratan]
Kontinent (m)	**benua**	[benua]
Insel (f)	**pulau**	[pulau]
Halbinsel (f)	**semenanjung, jazirah**	[semenandʒʲuŋ], [dʒʲazirah]
Archipel (m)	**kepulauan**	[kepulauan]
Bucht (f)	**teluk**	[teluʔ]
Hafen (m)	**pelabuhan**	[pelabuhan]
Lagune (f)	**laguna**	[laguna]
Kap (n)	**tanjung**	[tandʒʲuŋ]
Atoll (n)	**pulau karang**	[pulau karaŋ]
Riff (n)	**terumbu**	[terumbu]
Koralle (f)	**karang**	[karaŋ]
Korallenriff (n)	**terumbu karang**	[terumbu karaŋ]
tief (Adj)	**dalam**	[dalam]
Tiefe (f)	**kedalaman**	[kedalaman]
Abgrund (m)	**jurang**	[dʒʲuraŋ]
Graben (m)	**palung**	[paluŋ]
Strom (m)	**arus**	[arus]
umspülen (vt)	**berbatasan dengan**	[berbatasan deŋan]

| Ufer (n) | pantai | [pantaj] |
| Küste (f) | pantai | [pantaj] |

Flut (f)	air pasang	[air pasaŋ]
Ebbe (f)	air surut	[air surut]
Sandbank (f)	beting	[betiŋ]
Boden (m)	dasar	[dasar]

Welle (f)	gelombang	[gelombaŋ]
Wellenkamm (m)	puncak gelombang	[puntʃaʔ gelombaŋ]
Schaum (m)	busa, buih	[busa], [buih]

Sturm (m)	badai	[badaj]
Orkan (m)	topan	[topan]
Tsunami (m)	tsunami	[tsunami]
Windstille (f)	angin tenang	[aŋin tenaŋ]
ruhig	tenang	[tenaŋ]

| Pol (m) | kutub | [kutub] |
| Polar- | kutub | [kutub] |

Breite (f)	lintang	[lintaŋ]
Länge (f)	garis bujur	[garis budʒiur]
Breitenkreis (m)	sejajar	[sedʒiadʒiar]
Äquator (m)	khatulistiwa	[hatulistiwa]

Himmel (m)	langit	[laŋit]
Horizont (m)	horizon	[horizon]
Luft (f)	udara	[udara]

Leuchtturm (m)	mercusuar	[mertʃusuar]
tauchen (vi)	menyelam	[menjelam]
versinken (vi)	karam	[karam]
Schätze (pl)	harta karun	[harta karun]

199. Namen der Meere und Ozeane

Atlantischer Ozean (m)	**Samudra Atlantik**	[samudra atlantiʔ]
Indischer Ozean (m)	**Samudra Hindia**	[samudra hindia]
Pazifischer Ozean (m)	**Samudra Pasifik**	[samudra pasifiʔ]
Arktischer Ozean (m)	**Samudra Arktik**	[samudra arktiʔ]

Schwarzes Meer (n)	**Laut Hitam**	[laut hitam]
Rotes Meer (n)	**Laut Merah**	[laut merah]
Gelbes Meer (n)	**Laut Kuning**	[laut kuniŋ]
Weißes Meer (n)	**Laut Putih**	[laut putih]

Kaspisches Meer (n)	**Laut Kaspia**	[laut kaspia]
Totes Meer (n)	**Laut Mati**	[laut mati]
Mittelmeer (n)	**Laut Tengah**	[laut teŋah]

Ägäisches Meer (n)	**Laut Aegean**	[laut aegean]
Adriatisches Meer (n)	**Laut Adriatik**	[laut adriatiʔ]
Arabisches Meer (n)	**Laut Arab**	[laut arab]

Japanisches Meer (n)	**Laut Jepang**	[laut dʒˈepaŋ]
Beringmeer (n)	**Laut Bering**	[laut bəriŋ]
Südchinesisches Meer (n)	**Laut Cina Selatan**	[laut tʃina selatan]
Korallenmeer (n)	**Laut Karang**	[laut karaŋ]
Tasmansee (f)	**Laut Tasmania**	[laut tasmania]
Karibisches Meer (n)	**Laut Karibia**	[laut karibia]
Barentssee (f)	**Laut Barents**	[laut barents]
Karasee (f)	**Laut Kara**	[laut kara]
Nordsee (f)	**Laut Utara**	[laut utara]
Ostsee (f)	**Laut Baltik**	[laut baltiʔ]
Nordmeer (n)	**Laut Norwegia**	[laut norwegia]

200. Berge

Berg (m)	**gunung**	[gunuŋ]
Gebirgskette (f)	**jajaran gunung**	[dʒˈadʒˈaran gunuŋ]
Bergrücken (m)	**sisir gunung**	[sisir gunuŋ]
Gipfel (m)	**puncak**	[puntʃaʔ]
Spitze (f)	**puncak**	[puntʃaʔ]
Bergfuß (m)	**kaki**	[kaki]
Abhang (m)	**lereng**	[lereŋ]
Vulkan (m)	**gunung api**	[gunuŋ api]
tätiger Vulkan (m)	**gunung api yang aktif**	[gunuŋ api yaŋ aktif]
schlafender Vulkan (m)	**gunung api yang tidak aktif**	[gunuŋ api yaŋ tidaʔ aktif]
Ausbruch (m)	**erupsi, letusan**	[erupsi], [letusan]
Krater (m)	**kawah**	[kawah]
Magma (n)	**magma**	[magma]
Lava (f)	**lava, lahar**	[lava], [lahar]
glühend heiß (-e Lava)	**pijar**	[pidʒˈar]
Cañon (m)	**kanyon**	[kanjon]
Schlucht (f)	**jurang**	[dʒˈuraŋ]
Spalte (f)	**celah**	[tʃelah]
Abgrund (m) (steiler ~)	**jurang**	[dʒˈuraŋ]
Gebirgspass (m)	**pass, celah**	[pass], [tʃelah]
Plateau (n)	**plato, dataran tinggi**	[plato], [dataran tiŋgi]
Fels (m)	**tebing**	[tebiŋ]
Hügel (m)	**bukit**	[bukit]
Gletscher (m)	**gletser**	[gletser]
Wasserfall (m)	**air terjun**	[air tərdʒˈun]
Geiser (m)	**geiser**	[geyser]
See (m)	**danau**	[danau]
Ebene (f)	**dataran**	[dataran]
Landschaft (f)	**landskap**	[landskap]
Echo (n)	**gema**	[gema]

Bergsteiger (m)	pendaki gunung	[pendaki gunuŋ]
Kletterer (m)	pemanjat tebing	[pemandʒ'at tebiŋ]
bezwingen (vt)	menaklukkan	[mənaklu'kan]
Aufstieg (m)	pendakian	[pendakian]

201. Namen der Berge

Alpen (pl)	Alpen	[alpen]
Montblanc (m)	Mont Blanc	[mon blan]
Pyrenäen (pl)	Pirenia	[pirenia]
Karpaten (pl)	Pegunungan Karpatia	[pegununan karpatia]
Uralgebirge (n)	Pegunungan Ural	[pegununan ural]
Kaukasus (m)	Kaukasus	[kaukasus]
Elbrus (m)	Elbrus	[elbrus]
Altai (m)	Altai	[altaj]
Tian Shan (m)	Tien Shan	[tjen ʃan]
Pamir (m)	Pegunungan Pamir	[pegununan pamir]
Himalaja (m)	Himalaya	[himalaja]
Everest (m)	Everest	[everest]
Anden (pl)	Andes	[andes]
Kilimandscharo (m)	Kilimanjaro	[kilimandʒ'aro]

202. Flüsse

Fluss (m)	sungai	[suŋaj]
Quelle (f)	mata air	[mata air]
Flussbett (n)	badan sungai	[badan suŋaj]
Stromgebiet (n)	basin	[basin]
einmünden in …	mengalir ke …	[məŋalir ke …]
Nebenfluss (m)	anak sungai	[ana' suŋaj]
Ufer (n)	tebing sungai	[tebiŋ suŋaj]
Strom (m)	arus	[arus]
stromabwärts	ke hilir	[ke hilir]
stromaufwärts	ke hulu	[ke hulu]
Überschwemmung (f)	banjir	[bandʒir]
Hochwasser (n)	banjir	[bandʒir]
aus den Ufern treten	membanjiri	[membandʒiri]
überfluten (vt)	membanjiri	[membandʒiri]
Sandbank (f)	beting	[betiŋ]
Stromschnelle (f)	jeram	[dʒ'eram]
Damm (m)	dam, bendungan	[dam], [benduŋan]
Kanal (m)	kanal, terusan	[kanal], [tərusan]
Stausee (m)	waduk	[wadu']
Schleuse (f)	pintu air	[pintu air]

Gewässer (n)	kolam	[kolam]
Sumpf (m), Moor (n)	rawa	[rawa]
Marsch (f)	bencah, paya	[bentʃah], [paja]
Strudel (m)	pusaran air	[pusaran air]

Bach (m)	selokan	[selokan]
Trink- (z.B. Trinkwasser)	minum	[minum]
Süß- (Wasser)	tawar	[tawar]

| Eis (n) | es | [es] |
| zufrieren (vi) | membeku | [membeku] |

203. Namen der Flüsse

| Seine (f) | Seine | [seine] |
| Loire (f) | Loire | [loire] |

Themse (f)	Thames	[tems]
Rhein (m)	Rein	[reyn]
Donau (f)	Donau	[donau]

Wolga (f)	Volga	[volga]
Don (m)	Don	[don]
Lena (f)	Lena	[lena]

Gelber Fluss (m)	Suang Kuning	[suaŋ kuniŋ]
Jangtse (m)	Yangtze	[jaŋtze]
Mekong (m)	Mekong	[mekoŋ]
Ganges (m)	Gangga	[gaŋga]

Nil (m)	Sungai Nil	[suŋaj nil]
Kongo (m)	Kongo	[koɲo]
Okavango (m)	Okavango	[okavaŋo]
Sambesi (m)	Zambezi	[zambezi]
Limpopo (m)	Limpopo	[limpopo]
Mississippi (m)	Mississippi	[misisipi]

204. Wald

| Wald (m) | hutan | [hutan] |
| Wald- | hutan | [hutan] |

Dickicht (n)	hutan lebat	[hutan lebat]
Gehölz (n)	hutan kecil	[hutan ketʃil]
Lichtung (f)	pembukaan hutan	[pembuka'an hutan]

| Dickicht (n) | semak belukar | [sema' belukar] |
| Gebüsch (n) | belukar | [belukar] |

Fußweg (m)	jalan setapak	[dʒ'alan setapa']
Erosionsrinne (f)	parit	[parit]
Baum (m)	pohon	[pohon]

| Blatt (n) | daun | [daun] |
| Laub (n) | daun-daunan | [daun-daunan] |

Laubfall (m)	daun berguguran	[daun bərguguran]
fallen (Blätter)	luruh	[luruh]
Wipfel (m)	puncak	[puntʃaʔ]

Zweig (m)	cabang	[tʃabaŋ]
Ast (m)	dahan	[dahan]
Knospe (f)	tunas	[tunas]
Nadel (f)	daun jarum	[daun dʒiarum]
Zapfen (m)	buah pinus	[buah pinus]

Höhlung (f)	lubang pohon	[lubaŋ pohon]
Nest (n)	sarang	[saraŋ]
Höhle (f)	lubang	[lubaŋ]

Stamm (m)	batang	[bataŋ]
Wurzel (f)	akar	[akar]
Rinde (f)	kulit	[kulit]
Moos (n)	lumut	[lumut]

entwurzeln (vt)	mencabut	[məntʃabut]
fällen (vt)	menebang	[mənebaŋ]
abholzen (vt)	deforestasi,	[deforestasi,
	penggundulan hutan	[peŋgundulan hutan]
Baumstumpf (m)	tunggul	[tuŋgul]

Lagerfeuer (n)	api unggun	[api uŋgun]
Waldbrand (m)	kebakaran hutan	[kebakaran hutan]
löschen (vt)	memadamkan	[memadamkan]

Förster (m)	penjaga hutan	[pendʒiaga hutan]
Schutz (m)	perlindungan	[pərlinduŋan]
beschützen (vt)	melindungi	[melinduŋi]
Wilddieb (m)	pemburu ilegal	[pemburu ilegal]
Falle (f)	perangkap	[pəraŋkap]

| sammeln, pflücken (vt) | memetik | [memetiʔ] |
| sich verirren | tersesat | [tərsesat] |

205. natürliche Lebensgrundlagen

Naturressourcen (pl)	sumber daya alam	[sumber daja alam]
Bodenschätze (pl)	bahan tambang	[bahan tambaŋ]
Vorkommen (n)	endapan	[endapan]
Feld (Ölfeld usw.)	ladang	[ladaŋ]

gewinnen (vt)	menambang	[mənambaŋ]
Gewinnung (f)	pertambangan	[pərtambaŋan]
Erz (n)	bijih	[bidʒih]
Bergwerk (n)	tambang	[tambaŋ]
Schacht (m)	sumur tambang	[sumur tambaŋ]
Bergarbeiter (m)	penambang	[penambaŋ]

Erdgas (n)	gas	[gas]
Gasleitung (f)	pipa saluran gas	[pipa saluran gas]
Erdöl (n)	petroleum, minyak	[petroleum], [minja']
Erdölleitung (f)	pipa saluran minyak	[pipa saluran minja']
Ölquelle (f)	sumur minyak	[sumur minja']
Bohrturm (m)	menara bor minyak	[mənara bor minja']
Tanker (m)	kapal tangki	[kapal taŋki]
Sand (m)	pasir	[pasir]
Kalkstein (m)	batu kapur	[batu kapur]
Kies (m)	kerikil	[kerikil]
Torf (m)	gambut	[gambut]
Ton (m)	tanah liat	[tanah liat]
Kohle (f)	arang	[araŋ]
Eisen (n)	besi	[besi]
Gold (n)	emas	[emas]
Silber (n)	perak	[pera']
Nickel (n)	nikel	[nikel]
Kupfer (n)	tembaga	[tembaga]
Zink (n)	seng	[seŋ]
Mangan (n)	mangan	[maŋan]
Quecksilber (n)	air raksa	[air raksa]
Blei (n)	timbal	[timbal]
Mineral (n)	mineral	[mineral]
Kristall (m)	kristal, hablur	[kristal], [hablur]
Marmor (m)	marmer	[marmer]
Uran (n)	uranium	[uranium]

Die Erde. Teil 2

206. Wetter

Wetter (n)	cuaca	[ʧuaʧa]
Wetterbericht (m)	prakiraan cuaca	[prakira'an ʧuaʧa]
Temperatur (f)	temperatur, suhu	[temperatur], [suhu]
Thermometer (n)	termometer	[tərmometər]
Barometer (n)	barometer	[barometer]
feucht	lembap	[lembap]
Feuchtigkeit (f)	kelembapan	[kelembapan]
Hitze (f)	panas, gerah	[panas], [gerah]
glutheiß	panas terik	[panas təri']
ist heiß	panas	[panas]
ist warm	hangat	[haŋat]
warm (Adj)	hangat	[haŋat]
ist kalt	dingin	[diŋin]
kalt (Adj)	dingin	[diŋin]
Sonne (f)	matahari	[matahari]
scheinen (vi)	bersinar	[bersinar]
sonnig (Adj)	cerah	[ʧerah]
aufgehen (vi)	terbit	[terbit]
untergehen (vi)	terbenam	[tərbenam]
Wolke (f)	awan	[awan]
bewölkt, wolkig	berawan	[bərawan]
Regenwolke (f)	awan mendung	[awan menduŋ]
trüb (-er Tag)	mendung	[menduŋ]
Regen (m)	hujan	[huʤʲan]
Es regnet	hujan turun	[huʤʲan turun]
regnerisch (-er Tag)	hujan	[huʤʲan]
nieseln (vi)	gerimis	[gerimis]
strömender Regen (m)	hujan lebat	[huʤʲan lebat]
Regenschauer (m)	hujan lebat	[huʤʲan lebat]
stark (-er Regen)	lebat	[lebat]
Pfütze (f)	kubangan	[kubaŋan]
nass werden (vi)	kehujanan	[kehuʤʲanan]
Nebel (m)	kabut	[kabut]
neblig (-er Tag)	berkabut	[bərkabut]
Schnee (m)	salju	[salʤʲu]
Es schneit	turun salju	[turun salʤʲu]

207. Unwetter Naturkatastrophen

Gewitter (n)	hujan badai	[hudʒˈan badaj]
Blitz (m)	kilat	[kilat]
blitzen (vi)	berkilau	[berkilau]
Donner (m)	petir	[petir]
donnern (vi)	bergemuruh	[bergemuruh]
Es donnert	bergemuruh	[bergemuruh]
Hagel (m)	hujan es	[hudʒˈan es]
Es hagelt	hujan es	[hudʒˈan es]
überfluten (vt)	membanjiri	[membandʒiri]
Überschwemmung (f)	banjir	[bandʒir]
Erdbeben (n)	gempa bumi	[gempa bumi]
Erschütterung (f)	gempa	[gempa]
Epizentrum (n)	episentrum	[episentrum]
Ausbruch (m)	erupsi, letusan	[erupsi], [letusan]
Lava (f)	lava, lahar	[lava], [lahar]
Wirbelsturm (m)	puting beliung	[putiŋ beliuŋ]
Tornado (m)	tornado	[tornado]
Taifun (m)	topan	[topan]
Orkan (m)	topan	[topan]
Sturm (m)	badai	[badaj]
Tsunami (m)	tsunami	[tsunami]
Zyklon (m)	siklon	[siklon]
Unwetter (n)	cuaca buruk	[tʃuatʃa buruʔ]
Brand (m)	kebakaran	[kebakaran]
Katastrophe (f)	bencana	[bentʃana]
Meteorit (m)	meteorit	[meteorit]
Lawine (f)	longsor	[loŋsor]
Schneelawine (f)	salju longsor	[saldʒˈu loŋsor]
Schneegestöber (n)	badai salju	[badaj saldʒˈu]
Schneesturm (m)	badai salju	[badaj saldʒˈu]

208. Geräusche. Klänge

Stille (f)	kesunyian	[kesunjian]
Laut (m)	bunyi	[bunji]
Lärm (m)	bising	[bisiŋ]
lärmen (vi)	membuat bising	[membuat bisiŋ]
lärmend (Adj)	bising	[bisiŋ]
laut (in lautemTon)	keras	[keras]
laut (eine laute Stimme)	lantang	[lantaŋ]
ständig (Adj)	terus menerus	[terus menerus]

Schrei (m)	teriakan	[teriakan]
schreien (vi)	berteriak	[berteria']
Flüstern (n)	bisikan	[bisikan]
flüstern (vt)	berbisik	[berbisi']
Gebell (n)	salak	[sala']
bellen (vi)	menyalak	[menjala']
Stöhnen (n)	rintihan	[rintihan]
stöhnen (vi)	merintih	[merintih]
Husten (m)	batuk	[batu']
husten (vi)	batuk	[batu']
Pfiff (m)	siulan	[siulan]
pfeifen (vi)	bersiul	[bersiul]
Klopfen (n)	ketukan	[ketukan]
klopfen (vi)	mengetuk	[menetu']
krachen (Laut)	retak	[reta']
Krachen (n)	gemeretak	[gemereta']
Sirene (f)	sirene	[sirene]
Pfeife (Zug usw.)	peluit	[peluit]
pfeifen (vi)	membunyikan peluit	[membunjikan peluit]
Hupe (f)	klakson	[klakson]
hupen (vi)	membunyikan klakson	[membunjikan klakson]

209. Winter

Winter (m)	musim dingin	[musim dinin]
Winter-	musim dingin	[musim dinin]
im Winter	pada musim dingin	[pada musim dinin]
Schnee (m)	salju	[saldʒ'u]
Es schneit	turun salju	[turun saldʒ'u]
Schneefall (m)	hujan salju	[hudʒ'an saldʒ'u]
Schneewehe (f)	timbunan salju	[timbunan saldʒ'u]
Schneeflocke (f)	kepingan salju	[kepinan saldʒ'u]
Schneeball (m)	bola salju	[bola saldʒ'u]
Schneemann (m)	patung salju	[patun saldʒ'u]
Eiszapfen (m)	tetes air beku	[tetes air beku]
Dezember (m)	Desember	[desember]
Januar (m)	Januari	[dʒ'anuari]
Februar (m)	Februari	[februari]
Frost (m)	dingin	[dinin]
frostig, Frost-	dingin	[dinin]
unter Null	di bawah nol	[di bawah nol]
leichter Frost (m)	es pertama	[es pertama]
Reif (m)	embun beku	[embun beku]
Kälte (f)	cuaca dingin	[tʃuatʃa dinin]

Es ist kalt	dingin	[diŋin]
Pelzmantel (m)	mantel bulu	[mantel bulu]
Fausthandschuhe (pl)	sarung tangan	[saruŋ taŋan]

erkranken (vi)	sakit, jatuh sakit	[sakit], [dʒatuh sakit]
Erkältung (f)	pilek, selesma	[pilek], [selesma]
sich erkälten	masuk angin	[masuʔ aŋin]

Eis (n)	es	[es]
Glatteis (n)	es hitam	[es hitam]
zufrieren (vi)	membeku	[membeku]
Eisscholle (f)	gumpalan es terapung	[gumpalan es tərapuŋ]

Ski (pl)	ski	[ski]
Skiläufer (m)	pemain ski	[pemajn ski]
Ski laufen	bermain ski	[bərmajn ski]
Schlittschuh laufen	berseluncur	[bərseluntʃur]

Fauna

210. Säugetiere. Raubtiere

Raubtier (n)	**predator, pemangsa**	[predator], [pemaŋsa]
Tiger (m)	**harimau**	[harimau]
Löwe (m)	**singa**	[siŋa]
Wolf (m)	**serigala**	[serigala]
Fuchs (m)	**rubah**	[rubah]
Jaguar (m)	**jaguar**	[dʒ'aguar]
Leopard (m)	**leopard, macan tutul**	[leopard], [matʃan tutul]
Gepard (m)	**cheetah**	[tʃeetah]
Panther (m)	**harimau kumbang**	[harimau kumbaŋ]
Puma (m)	**singa gunung**	[siŋa gunuŋ]
Schneeleopard (m)	**harimau bintang salju**	[harimau bintaŋ saldʒ'u]
Luchs (m)	**lynx**	[links]
Kojote (m)	**koyote**	[koyot]
Schakal (m)	**jakal**	[dʒ'akal]
Hyäne (f)	**hiena**	[hiena]

211. Tiere in freier Wildbahn

Tier (n)	**binatang**	[binataŋ]
Bestie (f)	**binatang buas**	[binataŋ buas]
Eichhörnchen (n)	**bajing**	[badʒiŋ]
Igel (m)	**landak susu**	[landa' susu]
Hase (m)	**terwelu**	[tərwelu]
Kaninchen (n)	**kelinci**	[kelintʃi]
Dachs (m)	**luak**	[lua']
Waschbär (m)	**rakun**	[rakun]
Hamster (m)	**hamster**	[hamster]
Murmeltier (n)	**marmut**	[marmut]
Maulwurf (m)	**tikus mondok**	[tikus mondo']
Maus (f)	**tikus**	[tikus]
Ratte (f)	**tikus besar**	[tikus besar]
Fledermaus (f)	**kelelawar**	[kelelawar]
Hermelin (n)	**ermin**	[ermin]
Zobel (m)	**sabel**	[sabel]
Marder (m)	**marten**	[marten]
Wiesel (n)	**musang**	[musaŋ]
Nerz (m)	**cerpelai**	[tʃerpelaj]

| Biber (m) | beaver | [beaver] |
| Fischotter (m) | berang-berang | [bəraŋ-bəraŋ] |

Pferd (n)	kuda	[kuda]
Elch (m)	rusa besar	[rusa besar]
Hirsch (m)	rusa	[rusa]
Kamel (n)	unta	[unta]

Bison (m)	bison	[bison]
Wisent (m)	aurochs	[oroks]
Büffel (m)	kerbau	[kerbau]

Zebra (n)	kuda belang	[kuda belaŋ]
Antilope (f)	antelop	[antelop]
Reh (n)	kijang	[kidʒʲaŋ]
Damhirsch (m)	rusa	[rusa]
Gämse (f)	chamois	[ʃemva]
Wildschwein (n)	babi hutan jantan	[babi hutan dʒʲantan]

Wal (m)	ikan paus	[ikan paus]
Seehund (m)	anjing laut	[andʒiŋ laut]
Walroß (n)	walrus	[walrus]
Seebär (m)	anjing laut berbulu	[andʒiŋ laut bərbulu]
Delfin (m)	lumba-lumba	[lumba-lumba]

Bär (m)	beruang	[bəruaŋ]
Eisbär (m)	beruang kutub	[bəruaŋ kutub]
Panda (m)	panda	[panda]

Affe (m)	monyet	[monjet]
Schimpanse (m)	simpanse	[simpanse]
Orang-Utan (m)	orang utan	[oraŋ utan]
Gorilla (m)	gorila	[gorila]
Makak (m)	kera	[kera]
Gibbon (m)	siamang, ungka	[siamaŋ], [uŋka]

Elefant (m)	gajah	[gadʒʲah]
Nashorn (n)	badak	[badaʔ]
Giraffe (f)	jerapah	[dʒʲerapah]
Flusspferd (n)	kuda nil	[kuda nil]

| Känguru (n) | kanguru | [kaŋuru] |
| Koala (m) | koala | [koala] |

Manguste (f)	garangan	[garaŋan]
Chinchilla (n)	chinchilla	[tʃintʃilla]
Stinktier (n)	sigung	[siguŋ]
Stachelschwein (n)	landak	[landaʔ]

212. Haustiere

Katze (f)	kucing betina	[kutʃiŋ betina]
Kater (m)	kucing jantan	[kutʃiŋ dʒʲantan]
Hund (m)	anjing	[andʒiŋ]

Pferd (n)	kuda	[kuda]
Hengst (m)	kuda jantan	[kuda dʒˈantan]
Stute (f)	kuda betina	[kuda betina]

Kuh (f)	sapi	[sapi]
Stier (m)	sapi jantan	[sapi dʒˈantan]
Ochse (m)	lembu jantan	[lembu dʒˈantan]

Schaf (n)	domba	[domba]
Widder (m)	domba jantan	[domba dʒˈantan]
Ziege (f)	kambing betina	[kambiŋ betina]
Ziegenbock (m)	kambing jantan	[kambiŋ dʒˈantan]

| Esel (m) | keledai | [keledaj] |
| Maultier (n) | bagal | [bagal] |

Schwein (n)	babi	[babi]
Ferkel (n)	anak babi	[ana' babi]
Kaninchen (n)	kelinci	[kelintʃi]

| Huhn (n) | ayam betina | [ajam betina] |
| Hahn (m) | ayam jago | [ajam dʒˈago] |

Ente (f)	bebek	[bebe']
Enterich (m)	bebek jantan	[bebe' dʒˈantan]
Gans (f)	angsa	[aŋsa]

| Puter (m) | kalkun jantan | [kalkun dʒˈantan] |
| Pute (f) | kalkun betina | [kalkun betina] |

Haustiere (pl)	binatang piaraan	[binataŋ piara'an]
zahm	jinak	[dʒina']
zähmen (vt)	menjinakkan	[mɔndʒina'kan]
züchten (vt)	membiakkan	[membia'kan]

Farm (f)	peternakan	[peternakan]
Geflügel (n)	unggas	[uŋgas]
Vieh (n)	ternak	[terna']
Herde (f)	kawanan	[kawanan]

Pferdestall (m)	kandang kuda	[kandaŋ kuda]
Schweinestall (m)	kandang babi	[kandaŋ babi]
Kuhstall (m)	kandang sapi	[kandaŋ sapi]
Kaninchenstall (m)	sangkar kelinci	[saŋkar kelintʃi]
Hühnerstall (m)	kandang ayam	[kandaŋ ajam]

213. Hunde. Hunderassen

Hund (m)	anjing	[andʒiŋ]
Schäferhund (m)	anjing gembala	[andʒiŋ gembala]
Deutsche Schäferhund (m)	anjing gembala jerman	[andʒiŋ gembala dʒˈerman]
Pudel (m)	pudel	[pudel]
Dachshund (m)	anjing tekel	[andʒiŋ tekel]
Bulldogge (f)	buldog	[buldog]

Boxer (m)	boxer	[bokser]
Mastiff (m)	Mastiff	[mastiff]
Rottweiler (m)	Rottweiler	[rotweyler]
Dobermann (m)	Doberman	[doberman]

Basset (m)	Basset	[basset]
Bobtail (m)	bobtail	[bobteyl]
Dalmatiner (m)	Dalmatian	[dalmatian]
Cocker-Spaniel (m)	Cocker Spaniel	[koker spaniel]

Neufundländer (m)	Newfoundland	[njufaundland]
Bernhardiner (m)	Saint Bernard	[sen bərnar]

Eskimohund (m)	Husky	[haski]
Chow-Chow (m)	Chow Chow	[ʧau ʧau]
Spitz (m)	Spitz	[spits]
Mops (m)	Pug	[pag]

214. Tierlaute

Gebell (n)	salak	[salaʔ]
bellen (vi)	menyalak	[mənjalaʔ]
miauen (vi)	mengeong	[məŋeoŋ]
schnurren (Katze)	mendengkur	[məndeŋkur]

muhen (vi)	melenguh	[meleŋuh]
brüllen (Stier)	menguak	[meŋuaʔ]
knurren (Hund usw.)	menggeram	[məŋgeram]

Heulen (n)	auman	[auman]
heulen (vi)	mengaum	[məŋaum]
winseln (vi)	merengek	[mereŋeʔ]

meckern (Ziege)	mengembik	[məŋembiʔ]
grunzen (vi)	menguik	[meŋuiʔ]
kreischen (vi)	memekik	[memekiʔ]

quaken (vi)	berdengkang	[bərdeŋkaŋ]
summen (Insekt)	mendengung	[məndeŋuŋ]
zirpen (vi)	mencicit	[mənʧiʧit]

215. Jungtiere

Tierkind (n)	anak	[anaʔ]
Kätzchen (n)	anak kucing	[ana' kuʧiŋ]
Mausjunge (n)	anak tikus	[ana' tikus]
Hündchen (n), Welpe (m)	anak anjing	[ana' anʤiŋ]

Häschen (n)	anak terwelu	[ana' tərwelu]
Kaninchenjunge (n)	anak kelinci	[ana' kelinʧi]
Wolfsjunge (n)	anak serigala	[ana' serigala]
Fuchsjunge (n)	anak rubah	[ana' rubah]

Bärenjunge (n)	anak beruang	[ana' beruaŋ]
Löwenjunge (n)	anak singa	[ana' siŋa]
junger Tiger (m)	anak harimau	[ana' harimau]
Elefantenjunge (n)	anak gajah	[ana' gadʒ'ah]

Ferkel (n)	anak babi	[ana' babi]
Kalb (junge Kuh)	anak sapi	[ana' sapi]
Ziegenkitz (n)	anak kambing	[ana' kambiŋ]
Lamm (n)	anak domba	[ana' domba]
Hirschkalb (n)	anak rusa	[ana' rusa]
Kamelfohlen (n)	anak unta	[ana' unta]

junge Schlange (f)	anak ular	[ana' ular]
Fröschlein (n)	anak katak	[ana' kata']

junger Vogel (m)	anak burung	[ana' buruŋ]
Küken (n)	anak ayam	[ana' ajam]
Entlein (n)	anak bebek	[ana' bebe']

216. Vögel

Vogel (m)	burung	[buruŋ]
Taube (f)	burung dara	[buruŋ dara]
Spatz (m)	burung gereja	[buruŋ geredʒ'a]
Meise (f)	burung tit	[buruŋ tit]
Elster (f)	burung murai	[buruŋ muraj]

Rabe (m)	burung raven	[buruŋ raven]
Krähe (f)	burung gagak	[buruŋ gaga']
Dohle (f)	burung gagak kecil	[buruŋ gaga' ketʃil]
Saatkrähe (f)	burung rook	[buruŋ roo']

Ente (f)	bebek	[bebe']
Gans (f)	angsa	[aŋsa]
Fasan (m)	burung kuau	[buruŋ kuau]

Adler (m)	rajawali	[radʒ'awali]
Habicht (m)	elang	[elaŋ]
Falke (m)	alap-alap	[alap-alap]
Greif (m)	hering	[heriŋ]
Kondor (m)	kondor	[kondor]

Schwan (m)	angsa	[aŋsa]
Kranich (m)	burung jenjang	[buruŋ dʒ'endʒ'aŋ]
Storch (m)	bangau	[baŋau]

Papagei (m)	burung nuri	[buruŋ nuri]
Kolibri (m)	burung kolibri	[buruŋ kolibri]
Pfau (m)	burung merak	[buruŋ mera']

Strauß (m)	burung unta	[buruŋ unta]
Reiher (m)	kuntul	[kuntul]
Flamingo (m)	burung flamingo	[buruŋ flamiŋo]
Pelikan (m)	pelikan	[pelikan]

| Nachtigall (f) | burung bulbul | [buruŋ bulbul] |
| Schwalbe (f) | burung walet | [buruŋ walet] |

Drossel (f)	burung jalak	[buruŋ dʒʲalaˀ]
Singdrossel (f)	burung jalak suren	[buruŋ dʒʲalaˀ suren]
Amsel (f)	burung jalak hitam	[buruŋ dʒʲalaˀ hitam]

Segler (m)	burung apus-apus	[buruŋ apus-apus]
Lerche (f)	burung lark	[buruŋ larˀ]
Wachtel (f)	burung puyuh	[buruŋ puyuh]

Specht (m)	burung pelatuk	[buruŋ pelatuˀ]
Kuckuck (m)	burung kukuk	[buruŋ kukuˀ]
Eule (f)	burung hantu	[buruŋ hantu]
Uhu (m)	burung hantu bertanduk	[buruŋ hantu bertanduˀ]
Auerhahn (m)	burung murai kayu	[buruŋ muraj kaju]
Birkhahn (m)	burung belibis hitam	[buruŋ belibis hitam]
Rebhuhn (n)	ayam hutan	[ajam hutan]

Star (m)	burung starling	[buruŋ starliŋ]
Kanarienvogel (m)	burung kenari	[buruŋ kenari]
Haselhuhn (n)	ayam hutan hazel	[ajam hutan hazel]
Buchfink (m)	burung chaffinch	[buruŋ tʃaffintʃ]
Gimpel (m)	burung bullfinch	[buruŋ bullfintʃ]

Möwe (f)	burung camar	[buruŋ tʃamar]
Albatros (m)	albatros	[albatros]
Pinguin (m)	penguin	[peŋuin]

217. Vögel. Gesang und Laute

singen (vt)	menyanyi	[menjanji]
schreien (vi)	berteriak	[berteriaˀ]
kikeriki schreien	berkokok	[berkokoˀ]
kikeriki	kukuruyuk	[kukuruyuˀ]

gackern (vi)	berkotek	[berkoteˀ]
krächzen (vi)	berkaok-kaok	[berkaoˀ-kaoˀ]
schnattern (Ente)	meleter	[meleter]
piepsen (vi)	berdecit	[berdetʃit]
zwitschern (vi)	berkicau	[berkitʃau]

218. Fische. Meerestiere

Brachse (f)	ikan bream	[ikan bream]
Karpfen (m)	ikan karper	[ikan karper]
Barsch (m)	ikan tilapia	[ikan tilapia]
Wels (m)	lais junggang	[lajs dʒʲuŋgaŋ]
Hecht (m)	ikan pike	[ikan paik]

| Lachs (m) | salmon | [salmon] |
| Stör (m) | ikan sturgeon | [ikan sturdʒʲen] |

Hering (m)	ikan haring	[ikan hariŋ]
atlantische Lachs (m)	ikan salem	[ikan salem]
Makrele (f)	ikan kembung	[ikan kembuŋ]
Scholle (f)	ikan sebelah	[ikan sebelah]

Zander (m)	ikan seligi tenggeran	[ikan seligi teŋgeran]
Dorsch (m)	ikan kod	[ikan kod]
Tunfisch (m)	tuna	[tuna]
Forelle (f)	ikan forel	[ikan forel]

Aal (m)	belut	[belut]
Zitterrochen (m)	ikan pari listrik	[ikan pari listriʔ]
Muräne (f)	belut moray	[belut morey]
Piranha (m)	ikan piranha	[ikan piranha]

Hai (m)	ikan hiu	[ikan hiu]
Delfin (m)	lumba-lumba	[lumba-lumba]
Wal (m)	ikan paus	[ikan paus]

Krabbe (f)	kepiting	[kepitiŋ]
Meduse (f)	ubur-ubur	[ubur-ubur]
Krake (m)	gurita	[gurita]

Seestern (m)	bintang laut	[bintaŋ laut]
Seeigel (m)	landak laut	[landaʔ laut]
Seepferdchen (n)	kuda laut	[kuda laut]

Auster (f)	tiram	[tiram]
Garnele (f)	udang	[udaŋ]
Hummer (m)	udang karang	[udaŋ karaŋ]
Languste (f)	lobster berduri	[lobster berduri]

219. Amphibien Reptilien

| Schlange (f) | ular | [ular] |
| Gift-, giftig | berbisa | [berbisa] |

Viper (f)	ular viper	[ular viper]
Kobra (f)	kobra	[kobra]
Python (m)	ular sanca	[ular santʃa]
Boa (f)	ular boa	[ular boa]

Ringelnatter (f)	ular tanah	[ular tanah]
Klapperschlange (f)	ular derik	[ular deriʔ]
Anakonda (f)	ular anakonda	[ular anakonda]

Eidechse (f)	kadal	[kadal]
Leguan (m)	iguana	[iguana]
Waran (m)	biawak	[biawaʔ]
Salamander (m)	salamander	[salamander]
Chamäleon (n)	bunglon	[buŋlon]
Skorpion (m)	kalajengking	[kaladʒjeŋkiŋ]
Schildkröte (f)	kura-kura	[kura-kura]
Frosch (m)	katak	[kataʔ]

Kröte (f)	kodok	[kodoʔ]
Krokodil (n)	buaya	[buaja]

220. Insekten

Insekt (n)	serangga	[seraŋga]
Schmetterling (m)	kupu-kupu	[kupu-kupu]
Ameise (f)	semut	[semut]
Fliege (f)	lalat	[lalat]
Mücke (f)	nyamuk	[njamuʔ]
Käfer (m)	kumbang	[kumbaŋ]

Wespe (f)	tawon	[tawon]
Biene (f)	lebah	[lebah]
Hummel (f)	kumbang	[kumbaŋ]
Bremse (f)	lalat kerbau	[lalat kerbau]

Spinne (f)	laba-laba	[laba-laba]
Spinnennetz (n)	sarang laba-laba	[saraŋ laba-laba]

Libelle (f)	capung	[tʃapuŋ]
Grashüpfer (m)	belalang	[belalaŋ]
Schmetterling (m)	ngengat	[ŋeŋat]

Schabe (f)	kecoa	[ketʃoa]
Zecke (f)	kutu	[kutu]
Floh (m)	kutu loncat	[kutu lontʃat]
Kriebelmücke (f)	agas	[agas]

Heuschrecke (f)	belalang	[belalaŋ]
Schnecke (f)	siput	[siput]
Heimchen (n)	jangkrik	[dʒ'aŋkriʔ]
Leuchtkäfer (m)	kunang-kunang	[kunaŋ-kunaŋ]
Marienkäfer (m)	kumbang koksi	[kumbaŋ koksi]
Maikäfer (m)	kumbang Cockchafer	[kumbaŋ kokʃafer]

Blutegel (m)	lintah	[lintah]
Raupe (f)	ulat	[ulat]
Wurm (m)	cacing	[tʃatʃiŋ]
Larve (f)	larva	[larva]

221. Tiere. Körperteile

Schnabel (m)	paruh	[paruh]
Flügel (pl)	sayap	[sajap]
Fuß (m)	kaki	[kaki]
Gefieder (n)	bulu-bulu	[bulu-bulu]
Feder (f)	bulu	[bulu]
Haube (f)	jambul	[dʒ'ambul]

Kiemen (pl)	insang	[insaŋ]
Laich (m)	telur ikan	[telur ikan]

Larve (f)	larva	[larva]
Flosse (f)	sirip	[sirip]
Schuppe (f)	sisik	[sisiʔ]

Stoßzahn (m)	taring	[tariŋ]
Pfote (f)	kaki	[kaki]
Schnauze (f)	moncong	[montʃoŋ]
Rachen (m)	mulut	[mulut]
Schwanz (m)	ekor	[ekor]
Barthaar (n)	kumis	[kumis]

| Huf (m) | tapak, kuku | [tapak], [kuku] |
| Horn (n) | tanduk | [tanduʔ] |

Panzer (m)	cangkang	[tʃaŋkaŋ]
Muschel (f)	kerang	[keraŋ]
Schale (f)	kulit telur	[kulit telur]

| Fell (n) | bulu | [bulu] |
| Haut (f) | kulit | [kulit] |

222. Tierverhalten

| fliegen (vi) | terbang | [tərbaŋ] |
| herumfliegen (vi) | berputar-putar | [bərputar-putar] |

| wegfliegen (vi) | terbang | [tərbaŋ] |
| schlagen (mit den Flügeln ~) | mengepakkan | [məŋepaʔkan] |

| picken (vt) | mematuk | [mematuʔ] |
| bebrüten (vt) | mengeram | [məŋeram] |

| ausschlüpfen (vi) | menetas | [mənetas] |
| ein Nest bauen | membuat sarang | [membuat saraŋ] |

kriechen (vi)	merayap, merangkak	[merajap], [meraŋkaʔ]
stechen (Insekt)	menyengat	[məɲeŋat]
beißen (vt)	menggigit	[məŋgigit]

schnüffeln (vt)	mencium	[məntʃium]
bellen (vi)	menyalak	[məɲalaʔ]
zischen (vi)	mendesis	[məndesis]

| erschrecken (vt) | menakuti | [mənakuti] |
| angreifen (vt) | menyerang | [məɲeraŋ] |

nagen (vi)	menggerogoti	[məŋgerogoti]
kratzen (vt)	mencakar	[məntʃakar]
sich verstecken	bersembunyi	[bərsembunji]

spielen (vi)	bermain	[bərmajn]
jagen (vi)	berburu	[bərburu]
Winterschlaf halten	hibernasi, tidur	[hibernasi], [tidur]
aussterben (vi)	punah	[punah]

223. Tiere. Lebensräume

Lebensraum (f)	habitat	[habitat]
Wanderung (f)	migrasi	[migrasi]
Berg (m)	gunung	[gunuŋ]
Riff (n)	terumbu	[tərumbu]
Fels (m)	tebing	[tebiŋ]
Wald (m)	hutan	[hutan]
Dschungel (m, n)	rimba	[rimba]
Savanne (f)	sabana	[sabana]
Tundra (f)	tundra	[tundra]
Steppe (f)	stepa	[stepa]
Wüste (f)	gurun	[gurun]
Oase (f)	oasis, oase	[oasis], [oase]
Meer (n), See (f)	laut	[laut]
See (m)	danau	[danau]
Ozean (m)	samudra	[samudra]
Sumpf (m)	rawa	[rawa]
Süßwasser-	air tawar	[air tawar]
Teich (m)	kolam	[kolam]
Fluss (m)	sungai	[suŋaj]
Höhle (f), Bau (m)	goa	[goa]
Nest (n)	sarang	[saraŋ]
Höhlung (f)	lubang pohon	[lubaŋ pohon]
Loch (z.B. Wurmloch)	lubang	[lubaŋ]
Ameisenhaufen (m)	sarang semut	[saraŋ semut]

224. Tierpflege

Zoo (m)	kebun binatang	[kebun binataŋ]
Schutzgebiet (n)	cagar alam	[ʧagar alam]
Zucht (z.B. Hunde~)	peternak, penangkar	[peternak], [penaŋkar]
Freigehege (n)	kandang terbuka	[kandaŋ tərbuka]
Käfig (m)	sangkar	[saŋkar]
Hundehütte (f)	rumah anjing	[rumah anʤiŋ]
Taubenschlag (m)	rumah burung dara	[rumah buruŋ dara]
Aquarium (n)	akuarium	[akuarium]
Delphinarium (n)	dolfinarium	[dolfinarium]
züchten (vt)	mengembangbiakkan	[məŋembaŋbiaʔkan]
Wurf (m)	mengerami	[məŋerami]
zähmen (vt)	menjinakkan	[mənʤinaʔkan]
dressieren (vt)	melatih	[melatih]
Futter (n)	pakan	[pakan]
füttern (vt)	memberi pakan	[memberi pakan]

Zoohandlung (f)	toko binatang piaraan	[toko binataŋ piara'an]
Maulkorb (m)	berangus	[bəraŋus]
Halsband (n)	kalung anjing	[kaluŋ andʒiŋ]
Rufname (m)	nama	[nama]
Stammbaum (m)	silsilah, trah	[silsilah], [trah]

225. Tiere. Verschiedenes

Rudel (Wölfen)	kawanan	[kawanan]
Vogelschwarm (m)	kawanan	[kawanan]
Schwarm (~ Heringe usw.)	kawanan	[kawanan]
Pferdeherde (f)	kawanan	[kawanan]

Männchen (n)	jantan	[dʒantan]
Weibchen (n)	betina	[betina]

hungrig	lapar	[lapar]
wild	liar	[liar]
gefährlich	berbahaya	[bərbahaja]

226. Pferde

Pferd (n)	kuda	[kuda]
Rasse (f)	keturunan	[keturunan]

Fohlen (n)	anak kuda	[ana' kuda]
Stute (f)	kuda betina	[kuda betina]

Mustang (m)	mustang	[mustaŋ]
Pony (n)	kuda poni	[kuda poni]
schweres Zugpferd (n)	kuda penarik	[kuda penari']

Mähne (f)	surai	[suraj]
Schwanz (m)	ekor	[ekor]

Huf (m)	tapak, kuku	[tapak], [kuku]
Hufeisen (n)	ladam	[ladam]
beschlagen (vt)	memakaikan ladam	[memakajkan ladam]
Schmied (m)	tukang besi	[tukaŋ besi]

Sattel (m)	pelana	[pelana]
Steigbügel (m)	sanggurdi	[saŋgurdi]
Zaum (m)	kendali	[kendali]
Zügel (pl)	tali kendali	[tali kendali]
Peitsche (f)	cemeti	[tʃemeti]

Reiter (m)	penunggang	[penuŋgaŋ]
satteln (vt)	memelanai	[memelanaj]
besteigen (vt)	berpelana	[bərpelana]

Galopp (m)	congklang	[derap]
galoppieren (vi)	mencongklang	[məntʃoŋlaŋ]

| Trab (m) | derap, drap | [derap], [drap] |
| traben (vi) | menderap | [mənderap] |

| Rennpferd (n) | kuda pacuan | [kuda paʧuan] |
| Rennen (n) | pacuan kuda | [paʧuan kuda] |

Pferdestall (m)	kandang kuda	[kandaŋ kuda]
füttern (vt)	memberi pakan	[memberi pakan]
Heu (n)	rumput kering	[rumput keriŋ]
tränken (vt)	memberi minum	[memberi minum]
striegeln (vt)	membersihkan	[membersihkan]

Pferdewagen (m)	pedati	[pedati]
weiden (vi)	bergembala	[bərgembala]
wiehern (vi)	meringkuk	[meriŋkuʔ]
ausschlagen (Pferd)	menendang	[mənendaŋ]

Flora

227. Bäume

Baum (m)	pohon	[pohon]
Laub-	daun luruh	[daun luruh]
Nadel-	pohon jarum	[pohon dʒ‚arum]
immergrün	selalu hijau	[selalu hidʒ‚au]

Apfelbaum (m)	pohon apel	[pohon apel]
Birnbaum (m)	pohon pir	[pohon pir]
Süßkirschbaum (m)	pohon ceri manis	[pohon tʃeri manis]
Sauerkirschbaum (m)	pohon ceri asam	[pohon tʃeri asam]
Pflaumenbaum (m)	pohon plum	[pohon plum]

Birke (f)	pohon berk	[pohon bər']
Eiche (f)	pohon eik	[pohon ei']
Linde (f)	pohon linden	[pohon linden]
Espe (f)	pohon aspen	[pohon aspen]
Ahorn (m)	pohon mapel	[pohon mapel]
Fichte (f)	pohon den	[pohon den]
Kiefer (f)	pohon pinus	[pohon pinus]
Lärche (f)	pohon larch	[pohon lartʃ]
Tanne (f)	pohon fir	[pohon fir]
Zeder (f)	pohon aras	[pohon aras]

Pappel (f)	pohon poplar	[pohon poplar]
Vogelbeerbaum (m)	pohon rowan	[pohon rowan]
Weide (f)	pohon dedalu	[pohon dedalu]
Erle (f)	pohon alder	[pohon alder]
Buche (f)	pohon nothofagus	[pohon notofagus]
Ulme (f)	pohon elm	[pohon elm]
Esche (f)	pohon abu	[pohon abu]
Kastanie (f)	kastanye	[kastanje]

Magnolie (f)	magnolia	[magnolia]
Palme (f)	palem	[palem]
Zypresse (f)	pokok cipres	[poko' sipres]

Mangrovenbaum (m)	bakau	[bakau]
Baobab (m)	baobab	[baobab]
Eukalyptus (m)	kayu putih	[kaju putih]
Mammutbaum (m)	sequoia	[sekuoia]

228. Büsche

Strauch (m)	rumpun	[rumpun]
Gebüsch (n)	semak	[sema']

Weinstock (m)	pohon anggur	[pohon aŋgur]
Weinberg (m)	kebun anggur	[kebun aŋgur]
Himbeerstrauch (m)	pohon frambus	[pohon frambus]
schwarze Johannisbeere (f)	pohon blackcurrant	[pohon bleʔkaren]
rote Johannisbeere (f)	pohon redcurrant	[pohon redkaren]
Stachelbeerstrauch (m)	pohon arbei hijau	[pohon arbei hidʒʲau]
Akazie (f)	pohon akasia	[pohon akasia]
Berberitze (f)	pohon barberis	[pohon barberis]
Jasmin (m)	melati	[melati]
Wacholder (m)	pohon juniper	[pohon dʒʲuniper]
Rosenstrauch (m)	pohon mawar	[pohon mawar]
Heckenrose (f)	pohon mawar liar	[pohon mawar liar]

229. Pilze

Pilz (m)	jamur	[dʒʲamur]
essbarer Pilz (m)	jamur makanan	[dʒʲamur makanan]
Giftpilz (m)	jamur beracun	[dʒʲamur beratʃun]
Hut (m)	kepala jamur	[kepala dʒʲamur]
Stiel (m)	batang jamur	[bataŋ dʒʲamur]
Steinpilz (m)	jamur boletus	[dʒʲamur boletus]
Rotkappe (f)	jamur topi jingga	[dʒʲamur topi dʒiŋga]
Birkenpilz (m)	jamur boletus berk	[dʒʲamur boletus berʔ]
Pfifferling (m)	jamur chanterelle	[dʒʲamur tʃanterelle]
Täubling (m)	jamur rusula	[dʒʲamur rusula]
Morchel (f)	jamur morel	[dʒʲamur morel]
Fliegenpilz (m)	jamur Amanita muscaria	[dʒʲamur amanita mustʃaria]
Grüner Knollenblätterpilz	jamur topi kematian	[dʒʲamur topi kematian]

230. Obst. Beeren

Frucht (f)	buah	[buah]
Früchte (pl)	buah-buahan	[buah-buahan]
Apfel (m)	apel	[apel]
Birne (f)	pir	[pir]
Pflaume (f)	plum	[plum]
Erdbeere (f)	stroberi	[stroberi]
Sauerkirsche (f)	buah ceri asam	[buah tʃeri asam]
Süßkirsche (f)	buah ceri manis	[buah tʃeri manis]
Weintrauben (pl)	buah anggur	[buah aŋgur]
Himbeere (f)	buah frambus	[buah frambus]
schwarze Johannisbeere (f)	blackcurrant	[bleʔkaren]
rote Johannisbeere (f)	redcurrant	[redkaren]
Stachelbeere (f)	buah arbei hijau	[buah arbei hidʒʲau]

Moosbeere (f)	buah kranberi	[buah kranberi]
Apfelsine (f)	jeruk manis	[dʒʲeru' manis]
Mandarine (f)	jeruk mandarin	[dʒʲeru' mandarin]
Ananas (f)	nanas	[nanas]
Banane (f)	pisang	[pisaŋ]
Dattel (f)	buah kurma	[buah kurma]

Zitrone (f)	jeruk sitrun	[dʒʲeru' sitrun]
Aprikose (f)	aprikot	[aprikot]
Pfirsich (m)	persik	[persi']
Kiwi (f)	kiwi	[kiwi]
Grapefruit (f)	jeruk Bali	[dʒʲeru' bali]

Beere (f)	buah beri	[buah bəri]
Beeren (pl)	buah-buah beri	[buah-buah bəri]
Preiselbeere (f)	buah cowberry	[buah kowberi]
Walderdbeere (f)	stroberi liar	[stroberi liar]
Heidelbeere (f)	buah bilberi	[buah bilberi]

231. Blumen. Pflanzen

| Blume (f) | bunga | [buŋa] |
| Blumenstrauß (m) | buket | [buket] |

Rose (f)	mawar	[mawar]
Tulpe (f)	tulip	[tulip]
Nelke (f)	bunga anyelir	[buŋa anjelir]
Gladiole (f)	bunga gladiol	[buŋa gladiol]

Kornblume (f)	cornflower	[kornflawa]
Glockenblume (f)	bunga lonceng biru	[buŋa lontʃeŋ biru]
Löwenzahn (m)	dandelion	[dandelion]
Kamille (f)	bunga margrit	[buŋa margrit]

Aloe (f)	lidah buaya	[lidah buaja]
Kaktus (m)	kaktus	[kaktus]
Gummibaum (m)	pohon ara	[pohon ara]

Lilie (f)	bunga lili	[buŋa lili]
Geranie (f)	geranium	[geranium]
Hyazinthe (f)	bunga bakung lembayung	[buŋa bakuŋ lembajuŋ]

Mimose (f)	putri malu	[putri malu]
Narzisse (f)	bunga narsis	[buŋa narsis]
Kapuzinerkresse (f)	bunga nasturtium	[buŋa nasturtium]

Orchidee (f)	anggrek	[aŋgre']
Pfingstrose (f)	bunga peoni	[buŋa peoni]
Veilchen (n)	bunga violet	[buŋa violet]

Stiefmütterchen (n)	bunga pansy	[buŋa pansi]
Vergissmeinnicht (n)	bunga jangan-lupakan-daku	[buŋa dʒʲaŋan-lupakan-daku]
Gänseblümchen (n)	bunga desi	[buŋa desi]

Mohn (m)	bunga madat	[buŋa madat]
Hanf (m)	rami	[rami]
Minze (f)	mint	[min]
Maiglöckchen (n)	lili lembah	[lili lembah]
Schneeglöckchen (n)	bunga tetesan salju	[buŋa tetesan saldʒiu]
Brennnessel (f)	jelatang	[dʒielataŋ]
Sauerampfer (m)	daun sorrel	[daun sorrel]
Seerose (f)	lili air	[lili air]
Farn (m)	pakis	[pakis]
Flechte (f)	lichen	[litʃen]
Gewächshaus (n)	rumah kaca	[rumah katʃa]
Rasen (m)	halaman berumput	[halaman berumput]
Blumenbeet (n)	bedeng bunga	[bedeŋ buŋa]
Pflanze (f)	tumbuhan	[tumbuhan]
Gras (n)	rumput	[rumput]
Grashalm (m)	sehelai rumput	[sehelaj rumput]
Blatt (n)	daun	[daun]
Blütenblatt (n)	kelopak	[kelopaʔ]
Stiel (m)	batang	[bataŋ]
Knolle (f)	ubi	[ubi]
Jungpflanze (f)	tunas	[tunas]
Dorn (m)	duri	[duri]
blühen (vi)	berbunga	[berbuŋa]
welken (vi)	layu	[laju]
Geruch (m)	bau	[bau]
abschneiden (vt)	memotong	[memotoŋ]
pflücken (vt)	memetik	[memetiʔ]

232. Getreide, Körner

Getreide (n)	biji-bijian	[bidʒi-bidʒian]
Getreidepflanzen (pl)	padi-padian	[padi-padian]
Ähre (f)	bulir	[bulir]
Weizen (m)	gandum	[gandum]
Roggen (m)	gandum hitam	[gandum hitam]
Hafer (m)	oat	[oat]
Hirse (f)	jawawut	[dʒiawawut]
Gerste (f)	jelai	[dʒielaj]
Mais (m)	jagung	[dʒiaguŋ]
Reis (m)	beras	[beras]
Buchweizen (m)	buckwheat	[bakvit]
Erbse (f)	kacang polong	[katʃaŋ poloŋ]
weiße Bohne (f)	kacang buncis	[katʃaŋ buntʃis]
Sojabohne (f)	kacang kedelai	[katʃaŋ kedelaj]

| Linse (f) | kacang lentil | [katʃaŋ lentil] |
| Bohnen (pl) | kacang-kacangan | [katʃaŋ-katʃaŋan] |

233. Gemüse. Grünzeug

| Gemüse (n) | sayuran | [sajuran] |
| grünes Gemüse (pl) | sayuran hijau | [sajuran hidʒʲau] |

Tomate (f)	tomat	[tomat]
Gurke (f)	mentimun, ketimun	[məntimun], [ketimun]
Karotte (f)	wortel	[wortel]
Kartoffel (f)	kentang	[kentaŋ]
Zwiebel (f)	bawang	[bawaŋ]
Knoblauch (m)	bawang putih	[bawaŋ putih]

Kohl (m)	kol	[kol]
Blumenkohl (m)	kembang kol	[kembaŋ kol]
Rosenkohl (m)	kol Brussels	[kol brusels]
Brokkoli (m)	brokoli	[brokoli]

Rote Bete (f)	ubi bit merah	[ubi bit merah]
Aubergine (f)	terung, terong	[teruŋ], [teroŋ]
Zucchini (f)	labu siam	[labu siam]
Kürbis (m)	labu	[labu]
Rübe (f)	turnip	[turnip]

Petersilie (f)	peterseli	[peterseli]
Dill (m)	adas sowa	[adas sowa]
Kopf Salat (m)	selada	[selada]
Sellerie (m)	seledri	[seledri]
Spargel (m)	asparagus	[asparagus]
Spinat (m)	bayam	[bajam]

Erbse (f)	kacang polong	[katʃaŋ poloŋ]
Bohnen (pl)	kacang-kacangan	[katʃaŋ-katʃaŋan]
Mais (m)	jagung	[dʒʲaguŋ]
weiße Bohne (f)	kacang buncis	[katʃaŋ buntʃis]

Pfeffer (m)	cabai	[tʃabaj]
Radieschen (n)	radis	[radis]
Artischocke (f)	artisyok	[artiʃoʔ]

REGIONALE GEOGRAPHIE

Länder. Nationalitäten

Europa (n)	**Eropa**	[eropa]
Europäische Union (f)	**Uni Eropa**	[uni eropa]
Europäer (m)	**orang Eropa**	[oraŋ eropa]
europäisch	**Eropa**	[eropa]
Österreich	**Austria**	[austria]
Österreicher (m)	**lelaki Austria**	[lelaki austria]
Österreicherin (f)	**wanita Austria**	[wanita austria]
österreichisch	**Austria**	[austria]
Großbritannien	**Britania Raya**	[britania raja]
England	**Inggris**	[iŋgris]
Brite (m)	**lelaki Inggris**	[lelaki iŋgris]
Britin (f)	**wanita Inggris**	[wanita iŋgris]
englisch	**Inggris**	[iŋgris]
Belgien	**Belgia**	[belgia]
Belgier (m)	**lelaki Belgia**	[lelaki belgia]
Belgierin (f)	**wanita Belgia**	[wanita belgia]
belgisch	**Belgia**	[belgia]
Deutschland	**Jerman**	[dʒˡerman]
Deutsche (m)	**lelaki Jerman**	[lelaki dʒˡerman]
Deutsche (f)	**wanita Jerman**	[wanita dʒˡerman]
deutsch	**Jerman**	[dʒˡerman]
Niederlande (f)	**Belanda**	[belanda]
Holland (n)	**Belanda**	[belanda]
Holländer (m)	**lelaki Belanda**	[lelaki belanda]
Holländerin (f)	**wanita Belanda**	[wanita belanda]
holländisch	**Belanda**	[belanda]
Griechenland	**Yunani**	[yunani]
Grieche (m)	**lelaki Yunani**	[lelaki yunani]
Griechin (f)	**wanita Yunani**	[wanita yunani]
griechisch	**Yunani**	[yunani]
Dänemark	**Denmark**	[denmarʔ]
Däne (m)	**lelali Denmark**	[lelali denmarʔ]
Dänin (f)	**wanita Denmark**	[wanita denmarʔ]
dänisch	**Denmark**	[denmarʔ]
Irland	**Irlandia**	[irlandia]
Ire (m)	**lelaki Irlandia**	[lelaki irlandia]

| Irin (f) | wanita Irlandia | [wanita irlandia] |
| irisch | Irlandia | [irlandia] |

Island	Islandia	[islandia]
Isländer (m)	lelaki Islandia	[lelaki islandia]
Isländerin (f)	wanita Islandia	[wanita islandia]
isländisch	Islandia	[islandia]

Spanien	Spanyol	[spanjol]
Spanier (m)	lelaki Spanyol	[lelaki spanjol]
Spanierin (f)	wanita Spanyol	[wanita spanjol]
spanisch	Spanyol	[spanjol]

Italien	Italia	[italia]
Italiener (m)	lelaki Italia	[lelaki italia]
Italienerin (f)	wanita Italia	[wanita italia]
italienisch	Italia	[italia]

Zypern	Siprus	[siprus]
Zypriot (m)	lelaki Siprus	[lelaki siprus]
Zypriotin (f)	wanita Siprus	[wanita siprus]
zyprisch	Siprus	[siprus]

Malta	Malta	[malta]
Malteser (m)	lelaki Malta	[lelaki malta]
Malteserin (f)	wanita Malta	[wanita malta]
maltesisch	Malta	[malta]

Norwegen	Norwegia	[norwegia]
Norweger (m)	lelaki Norwegia	[lelaki norwegia]
Norwegerin (f)	wanita Norwegia	[wanita norwegia]
norwegisch	Norwegia	[norwegia]

Portugal	Portugal	[portugal]
Portugiese (m)	lelaki Portugis	[lelaki portugis]
Portugiesin (f)	wanita Portugis	[wanita portugis]
portugiesisch	Portugis	[portugis]

Finnland	Finlandia	[finlandia]
Finne (m)	lelaki Finlandia	[lelaki finlandia]
Finnin (f)	wanita Finlandia	[wanita finlandia]
finnisch	Finlandia	[finlandia]

Frankreich	Prancis	[prantʃis]
Franzose (m)	lelaki Prancis	[lelaki prantʃis]
Französin (f)	wanita Prancis	[wanita prantʃis]
französisch	Prancis	[prantʃis]

Schweden	Swedia	[swedia]
Schwede (m)	lelaki Swedia	[lelaki swedia]
Schwedin (f)	wanita Swedia	[wanita swedia]
schwedisch	Swedia	[swedia]

Schweiz (f)	Swiss	[swiss]
Schweizer (m)	lelaki Swiss	[lelaki swiss]
Schweizerin (f)	wanita Swiss	[wanita swiss]

schweizerisch	Swiss	[swiss]
Schottland	Skotlandia	[skotlandia]
Schotte (m)	lelaki Skotlandia	[lelaki skotlandia]
Schottin (f)	wanita Skotlandia	[wanita skotlandia]
schottisch	Skotlandia	[skotlandia]

Vatikan (m)	Vatikan	[vatikan]
Liechtenstein	Liechtenstein	[lajhtensteyn]
Luxemburg	Luksemburg	[luksemburg]
Monaco	Monako	[monako]

235. Mittel- und Osteuropa

Albanien	Albania	[albania]
Albaner (m)	lelaki Albania	[lelaki albania]
Albanerin (f)	wanita Albania	[wanita albania]
albanisch	Albania	[albania]

Bulgarien	Bulgaria	[bulgaria]
Bulgare (m)	lelaki Bulgaria	[lelaki bulgaria]
Bulgarin (f)	wanita Bulgaria	[wanita bulgaria]
bulgarisch	Bulgaria	[bulgaria]

Ungarn	Hongaria	[hoŋaria]
Ungar (m)	lelaki Hongaria	[lelaki hoŋaria]
Ungarin (f)	wanita Hongaria	[wanita hoŋaria]
ungarisch	Hongaria	[hoŋaria]

Lettland	Latvia	[latvia]
Lette (m)	lelaki Latvia	[lelaki latvia]
Lettin (f)	wanita Latvia	[wanita latvia]
lettisch	Latvia	[latvia]

Litauen	Lituania	[lituania]
Litauer (m)	lelaki Lituania	[lelaki lituania]
Litauerin (f)	wanita Lituania	[wanita lituania]
litauisch	Lituania	[lituania]

Polen	Polandia	[polandia]
Pole (m)	lelaki Polandia	[lelaki polandia]
Polin (f)	wanita Polandia	[wanita polandia]
polnisch	Polandia	[polandia]

Rumänien	Romania	[romania]
Rumäne (m)	lelaki Romania	[lelaki romania]
Rumänin (f)	wanita Romania	[wanita romania]
rumänisch	Romania	[romania]

Serbien	Serbia	[serbia]
Serbe (m)	lelaki Serbia	[lelaki serbia]
Serbin (f)	wanita Serbia	[wanita serbia]
serbisch	Serbia	[serbia]
Slowakei (f)	Slowakia	[slowakia]
Slowake (m)	lelaki Slowakia	[lelaki slowakia]

209

| Slowakin (f) | wanita Slowakia | [wanita slowakia] |
| slowakisch | Slowakia | [slowakia] |

Kroatien	Kroasia	[kroasia]
Kroate (m)	lelaki Kroasia	[lelaki kroasia]
Kroatin (f)	wanita Kroasia	[wanita kroasia]
kroatisch	Kroasia	[kroasia]

Tschechien	Republik Ceko	[republiʾ ʧeko]
Tscheche (m)	lelaki Ceko	[lelaki ʧeko]
Tschechin (f)	wanita Ceko	[wanita ʧeko]
tschechisch	Ceko	[ʧeko]

Estland	Estonia	[estonia]
Este (m)	lelaki Estonia	[lelaki estonia]
Estin (f)	wanita Estonia	[wanita estonia]
estnisch	Estonia	[estonia]

Bosnien und Herzegowina	Bosnia-Hercegovina	[bosnia-hersegovina]
Makedonien	Makedonia	[makedonia]
Slowenien	Slovenia	[slovenia]
Montenegro	Montenegro	[montenegro]

236. Frühere UdSSR Republiken

Aserbaidschan	Azerbaijan	[azerbajdʒian]
Aserbaidschaner (m)	lelaki Azerbaijan	[lelaki azerbajdʒian]
Aserbaidschanerin (f)	wanita Azerbaijan	[wanita azerbajdʒian]
aserbaidschanisch	Azerbaijan	[azerbajdʒian]

Armenien	Armenia	[armenia]
Armenier (m)	lelaki Armenia	[lelaki armenia]
Armenierin (f)	wanita Armenia	[wanita armenia]
armenisch	Armenia	[armenia]

Weißrussland	Belarusia	[belarusia]
Weißrusse (m)	lelaki Belarusia	[lelaki belarusia]
Weißrussin (f)	wanita Belarusia	[wanita belarusia]
weißrussisch	Belarusia	[belarusia]

Georgien	Georgia	[dʒordʒia]
Georgier (m)	lelaki Georgia	[lelaki dʒordʒia]
Georgierin (f)	wanita Georgia	[wanita georgia]
georgisch	Georgia	[dʒordʒia]

Kasachstan	Kazakistan	[kazakstan]
Kasache (m)	lelaki Kazakh	[lelaki kazah]
Kasachin (f)	wanita Kazakh	[wanita kazah]
kasachisch	Kazakh	[kazah]

Kirgisien	Kirgizia	[kirgizia]
Kirgise (m)	lelaki Kirgiz	[lelaki kirgiz]
Kirgisin (f)	wanita Kirgiz	[wanita kirgiz]
kirgisisch	Kirgiz	[kirgiz]

Moldawien	**Moldova**	[moldova]
Moldauer (m)	**lelaki Moldova**	[lelaki moldova]
Moldauerin (f)	**wanita Moldova**	[wanita moldova]
moldauisch	**Moldova**	[moldova]

Russland	**Rusia**	[rusia]
Russe (m)	**lelaki Rusia**	[lelaki rusia]
Russin (f)	**wanita Rusia**	[wanita rusia]
russisch	**Rusia**	[rusia]

Tadschikistan	**Tajikistan**	[tadʒikistan]
Tadschike (m)	**lelaki Tajik**	[lelaki tadʒiˀ]
Tadschikin (f)	**wanitaTajik**	[wanitatadʒiˀ]
tadschikisch	**Tajik**	[tadʒiˀ]

Turkmenistan	**Turkmenistan**	[turkmenistan]
Turkmene (m)	**lelaki Turkmen**	[lelaki turkmen]
Turkmenin (f)	**wanita Turkmen**	[wanita turkmen]
turkmenisch	**Turkmen**	[turkmen]

Usbekistan	**Uzbekistan**	[uzbekistan]
Usbeke (m)	**lelaki Uzbek**	[lelaki uzbeˀ]
Usbekin (f)	**wanita Uzbek**	[wanita uzbeˀ]
usbekisch	**Uzbek**	[uzbeˀ]

Ukraine (f)	**Ukraina**	[ukrajna]
Ukrainer (m)	**lelaki Ukraina**	[lelaki ukrajna]
Ukrainerin (f)	**wanita Ukraina**	[wanita ukrajna]
ukrainisch	**Ukraina**	[ukrajna]

237. Asien

| Asien | **Asia** | [asia] |
| asiatisch | **Asia** | [asia] |

Vietnam	**Vietnam**	[vjetnam]
Vietnamese (m)	**lelaki Vietnam**	[lelaki vjetnam]
Vietnamesin (f)	**wanita Vietnam**	[wanita vjetnam]
vietnamesisch	**Vietnam**	[vjetnam]

Indien	**India**	[india]
Inder (m)	**lelaki India**	[lelaki india]
Inderin (f)	**wanita India**	[wanita india]
indisch	**India**	[india]

Israel	**Israel**	[israel]
Israeli (m)	**lelaki Israel**	[lelaki israel]
Israeli (f)	**wanita Israel**	[wanita israel]
israelisch	**Israel**	[israel]

Jude (m)	**lelaki Yahudi**	[lelaki yahudi]
Jüdin (f)	**wanita Yahudi**	[wanita yahudi]
jüdisch	**Yahudi**	[yahudi]
China	**Tiongkok**	[tjoŋkoˀ]

Chinese (m)	lelaki Tionghoa	[lelaki tioŋhoa]
Chinesin (f)	wanita Tionghoa	[wanita tioŋhoa]
chinesisch	Tionghua	[tjoŋhua]
Koreaner (m)	lelaki Korea	[lelaki korea]
Koreanerin (f)	wanita Korea	[wanita korea]
koreanisch	Korea	[korea]
Libanon (m)	Lebanon	[lebanon]
Libanese (m)	lelaki Lebanon	[lelaki lebanon]
Libanesin (f)	wanita Lebanon	[wanita lebanon]
libanesisch	Lebanon	[lebanon]
Mongolei (f)	Mongolia	[moŋolia]
Mongole (m)	lelaki Mongolia	[lelaki moŋolia]
Mongolin (f)	wanita Mongolia	[wanita moŋolia]
mongolisch	Mongolia	[moŋolia]
Malaysia	Malaysia	[malajsia]
Malaie (m)	lelaki Malaysia	[lelaki malajsia]
Malaiin (f)	wanita Malaysia	[wanita malajsia]
malaiisch	Melayu	[melaju]
Pakistan	Pakistan	[pakistan]
Pakistaner (m)	lelaki Pakistan	[lelaki pakistan]
Pakistanerin (f)	wanita Pakistan	[wanita pakistan]
pakistanisch	Pakistan	[pakistan]
Saudi-Arabien	Arab Saudi	[arab saudi]
Araber (m)	lelaki Arab	[lelaki arab]
Araberin (f)	wanita Arab	[wanita arab]
arabisch	Arab	[arab]
Thailand	Thailand	[tajland]
Thailänder (m)	lelaki Thai	[lelaki taj]
Thailänderin (f)	wanita Thai	[wanita tajwan]
thailändisch	Thai	[taj]
Taiwan	Taiwan	[tajwan]
Taiwaner (m)	lelaki Taiwan	[lelaki tajwan]
Taiwanerin (f)	wanita Taiwan	[wanita tajwan]
taiwanisch	Taiwan	[tajwan]
Türkei (f)	Turki	[turki]
Türke (m)	lelaki Turki	[lelaki turki]
Türkin (f)	wanita Turki	[wanita turki]
türkisch	Turki	[turki]
Japan	Jepang	[dʒ¹epaŋ]
Japaner (m)	lelaki Jepang	[lelaki dʒ¹epaŋ]
Japanerin (f)	wanita Jepang	[wanita dʒ¹epaŋ]
japanisch	Jepang	[dʒ¹epaŋ]
Afghanistan	Afghanistan	[afganistan]
Bangladesch	Bangladesh	[baŋladeʃ]
Indonesien	Indonesia	[indonesia]

Jordanien	**Yordania**	[yordania]
Irak	**Irak**	[ira']
Iran	**Iran**	[iran]
Kambodscha	**Kamboja**	[kambodʒ'a]
Kuwait	**Kuwait**	[kuweyt]

Laos	**Laos**	[laos]
Myanmar	**Myanmar**	[myanmar]
Nepal	**Nepal**	[nepal]
Vereinigten Arabischen Emirate	**Uni Emirat Arab**	[uni emirat arab]

Syrien	**Suriah**	[suriah]
Palästina	**Palestina**	[palestina]
Südkorea	**Korea Selatan**	[korea selatan]
Nordkorea	**Korea Utara**	[korea utara]

238. Nordamerika

Die Vereinigten Staaten	**Amerika Serikat**	[amerika serikat]
Amerikaner (m)	**lelaki Amerika**	[lelaki amerika]
Amerikanerin (f)	**wanita Amerika**	[wanita amerika]
amerikanisch	**Amerika**	[amerika]

Kanada	**Kanada**	[kanada]
Kanadier (m)	**lelaki Kanada**	[lelaki kanada]
Kanadierin (f)	**wanita Kanada**	[wanita kanada]
kanadisch	**Kanada**	[kanada]

Mexiko	**Meksiko**	[meksiko]
Mexikaner (m)	**lelaki Meksiko**	[lelaki meksiko]
Mexikanerin (f)	**wanita Meksiko**	[wanita meksiko]
mexikanisch	**Meksiko**	[meksiko]

239. Mittel- und Südamerika

Argentinien	**Argentina**	[argentina]
Argentinier (m)	**lelaki Argentina**	[lelaki argentina]
Argentinierin (f)	**wanita Argentina**	[wanita argentina]
argentinisch	**Argentina**	[argentina]

Brasilien	**Brasil**	[brasil]
Brasilianer (m)	**lelaki Brasil**	[lelaki brasil]
Brasilianerin (f)	**wanita Brasil**	[wanita brasil]
brasilianisch	**Brasil**	[brasil]

Kolumbien	**Kolombia**	[kolombia]
Kolumbianer (m)	**lelaki Kolombia**	[lelaki kolombia]
Kolumbianerin (f)	**wanita Kolombia**	[wanita kolombia]
kolumbianisch	**Kolombia**	[kolombia]
Kuba	**Kuba**	[kuba]
Kubaner (m)	**lelaki Kuba**	[lelaki kuba]

| Kubanerin (f) | wanita Kuba | [wanita kuba] |
| kubanisch | Kuba | [kuba] |

Chile	Chili	[ʧili]
Chilene (m)	lelaki Chili	[lelaki ʧili]
Chilenin (f)	wanita Chili	[wanita ʧili]
chilenisch	Chili	[ʧili]

Bolivien	Bolivia	[bolivia]
Venezuela	Venezuela	[venezuela]
Paraguay	Paraguay	[paraguaj]
Peru	Peru	[peru]

Suriname	Suriname	[suriname]
Uruguay	Uruguay	[uruguaj]
Ecuador	Ekuador	[ekuador]

Die Bahamas	Kepulauan Bahama	[kepulauan bahama]
Haiti	Haiti	[haiti]
Dominikanische Republik	Republik Dominika	[republiʔ dominika]
Panama	Panama	[panama]
Jamaika	Jamaika	[dʒ¡amajka]

240. Afrika

Ägypten	Mesir	[mesir]
Ägypter (m)	lelaki Mesir	[lelaki mesir]
Ägypterin (f)	wanita Mesir	[wanita mesir]
ägyptisch	Mesir	[mesir]

Marokko	Maroko	[maroko]
Marokkaner (m)	lelaki Maroko	[lelaki maroko]
Marokkanerin (f)	wanita Maroko	[wanita maroko]
marokkanisch	Maroko	[maroko]

Tunesien	Tunisia	[tunisia]
Tunesier (m)	lelaki Tunisia	[lelaki tunisia]
Tunesierin (f)	wanita Tunisia	[wanita tunisia]
tunesisch	Tunisia	[tunisia]

Ghana	Ghana	[gana]
Sansibar	Zanzibar	[zanzibar]
Kenia	Kenya	[kenia]
Libyen	Libia	[libia]
Madagaskar	Madagaskar	[madagaskar]

Namibia	Namibia	[namibia]
Senegal	Senegal	[senegal]
Tansania	Tanzania	[tanzania]
Republik Südafrika	Afrika Selatan	[afrika selatan]

Afrikaner (m)	lelaki Afrika	[lelaki afrika]
Afrikanerin (f)	wanita Afrika	[wanita afrika]
afrikanisch	Afrika	[afrika]

241. Australien. Ozeanien

Australien	**Australia**	[australia]
Australier (m)	**lelaki Australia**	[lelaki australia]
Australierin (f)	**wanita Australia**	[wanita australia]
australisch	**Australia**	[australia]
Neuseeland	**Selandia Baru**	[selandia baru]
Neuseeländer (m)	**lelaki Selandia Baru**	[lelaki selandia baru]
Neuseeländerin (f)	**wanita Selandia Baru**	[wanita selandia baru]
neuseeländisch	**Selandia Baru**	[selandia baru]
Tasmanien	**Tasmania**	[tasmania]
Französisch-Polynesien	**Polinesia Prancis**	[polinesia pranʧis]

242. Städte

Amsterdam	**Amsterdam**	[amsterdam]
Ankara	**Ankara**	[ankara]
Athen	**Athena**	[atena]
Bagdad	**Bagdad**	[bagdad]
Bangkok	**Bangkok**	[baŋkoʔ]
Barcelona	**Barcelona**	[barʧelona]
Beirut	**Beirut**	[beyrut]
Berlin	**Berlin**	[berlin]
Bombay	**Mumbai**	[mumbaj]
Bonn	**Bonn**	[bonn]
Bordeaux	**Bordeaux**	[bordo]
Bratislava	**Bratislava**	[bratislava]
Brüssel	**Brussel**	[brusel]
Budapest	**Budapest**	[budapest]
Bukarest	**Bukares**	[bukares]
Chicago	**Chicago**	[ʧikago]
Daressalam	**Darussalam**	[darussalam]
Delhi	**Delhi**	[delhi]
Den Haag	**Den Hague**	[den hag]
Dubai	**Dubai**	[dubaj]
Dublin	**Dublin**	[dublin]
Düsseldorf	**Düsseldorf**	[dyuseldorf]
Florenz	**Firenze**	[firenze]
Frankfurt	**Frankfurt**	[frankfurt]
Genf	**Jenewa**	[dʒ'enewa]
Hamburg	**Hamburg**	[hamburg]
Hanoi	**Hanoi**	[hanoi]
Havanna	**Havana**	[havana]
Helsinki	**Helsinki**	[helsinki]
Hiroshima	**Hiroshima**	[hiroʃima]
Hongkong	**Hong Kong**	[hoŋ koŋ]

Istanbul	**Istambul**	[istambul]
Jerusalem	**Yerusalem**	[erusalem]
Kairo	**Kairo**	[kajro]
Kalkutta	**Kolkata**	[kolkata]
Kiew	**Kiev**	[kiev]
Kopenhagen	**Kopenhagen**	[kopenhagen]
Kuala Lumpur	**Kuala Lumpur**	[kuala lumpur]
Lissabon	**Lisbon**	[lisbon]
London	**London**	[london]
Los Angeles	**Los Angeles**	[los enzheles]
Lyon	**Lyons**	[lion]
Madrid	**Madrid**	[madrid]
Marseille	**Marseille**	[marseille]
Mexiko-Stadt	**Meksiko**	[meksiko]
Miami	**Miami**	[miami]
Montreal	**Montréal**	[montreal]
Moskau	**Moskow**	[moskow]
München	**Munich**	[munitʃ]
Nairobi	**Nairobi**	[najrobi]
Neapel	**Napoli**	[napoli]
New York	**New York**	[nju yor']
Nizza	**Nice**	[nitʃe]
Oslo	**Oslo**	[oslo]
Ottawa	**Ottawa**	[ottawa]
Paris	**Paris**	[paris]
Peking	**Beijing**	[beydʒiŋ]
Prag	**Praha**	[praha]
Rio de Janeiro	**Rio de Janeiro**	[rio de dʒ'aneyro]
Rom	**Roma**	[roma]
Sankt Petersburg	**Saint Petersburg**	[sajnt petersburg]
Schanghai	**Shanghai**	[ʃanhaj]
Seoul	**Seoul**	[seoul]
Singapur	**Singapura**	[siŋapura]
Stockholm	**Stockholm**	[stokholm]
Sydney	**Sydney**	[sidni]
Taipeh	**Taipei**	[tajpey]
Tokio	**Tokyo**	[tokio]
Toronto	**Toronto**	[toronto]
Venedig	**Venesia**	[venesia]
Warschau	**Warsawa**	[warsawa]
Washington	**Washington**	[waʃiŋton]
Wien	**Wina**	[wina]

243. Politik. Regierung. Teil 1

Politik (f)	**politik**	[politi']
politisch	**politis**	[politis]

Politiker (m)	politisi, politikus	[politisi], [politikus]
Staat (m)	negara	[negara]
Bürger (m)	warganegara	[warganegara]
Staatsbürgerschaft (f)	kewarganegaraan	[kewarganegara'an]

| Staatswappen (n) | lambang negara | [lambaŋ negara] |
| Nationalhymne (f) | lagu kebangsaan | [lagu kebaŋsa'an] |

Regierung (f)	pemerintah	[pemerintah]
Staatschef (m)	kepala negara	[kepala negara]
Parlament (n)	parlemen	[parlemen]
Partei (f)	partai	[partaj]

| Kapitalismus (m) | kapitalisme | [kapitalisme] |
| kapitalistisch | kapitalis | [kapitalis] |

| Sozialismus (m) | sosialisme | [sosialisme] |
| sozialistisch | sosialis | [sosialis] |

Kommunismus (m)	komunisme	[komunisme]
kommunistisch	komunis	[komunis]
Kommunist (m)	orang komunis	[oraŋ komunis]

Demokratie (f)	demokrasi	[demokrasi]
Demokrat (m)	demokrat	[demokrat]
demokratisch	demokratis	[demokratis]
demokratische Partei (f)	Partai Demokrasi	[partaj demokrasi]

Liberale (m)	orang liberal	[oraŋ liberal]
liberal	liberal	[liberal]
Konservative (m)	orang yang konservatif	[oraŋ yaŋ konservatif]
konservativ	konservatif	[konservatif]

Republik (f)	republik	[republi']
Republikaner (m)	pendukung Partai Republik	[pendukuŋ partaj republi']
Republikanische Partei (f)	Partai Republik	[partaj republi']

Wahlen (pl)	pemilu	[pemilu]
wählen (vt)	memilih	[memilih]
Wähler (m)	pemilih	[pemilih]
Wahlkampagne (f)	kampanye pemilu	[kampane pemilu]

Abstimmung (f)	pemungutan suara	[pemuŋutan suara]
abstimmen (vi)	memberikan suara	[memberikan suara]
Abstimmungsrecht (n)	hak suara	[ha' suara]

Kandidat (m)	kandidat, calon	[kandidat], [tʃalon]
kandidieren (vi)	mencalonkan diri	[mentʃalonkan diri]
Kampagne (f)	kampanye	[kampanje]

| Oppositions- | oposisi | [oposisi] |
| Opposition (f) | oposisi | [oposisi] |

Besuch (m)	kunjungan	[kundʒiuŋan]
Staatsbesuch (m)	kunjungan resmi	[kundʒiuŋan resmi]
international	internasional	[internasional]

| Verhandlungen (pl) | negosiasi, perundingan | [negosiasi], [pərundiŋan] |
| verhandeln (vi) | bernegosiasi | [bərnegosiasi] |

244. Politik. Regierung. Teil 2

Gesellschaft (f)	masyarakat	[maʃarakat]
Verfassung (f)	Konstitusi, Undang-Undang Dasar	[konstitusi], [undaŋ-undaŋ dasar]
Macht (f)	kekuasaan	[kekuasaʾan]
Korruption (f)	korupsi	[korupsi]

| Gesetz (n) | hukum | [hukum] |
| gesetzlich (Adj) | sah | [sah] |

| Gerechtigkeit (f) | keadilan | [keadilan] |
| gerecht | adil | [adil] |

Komitee (n)	komite	[komite]
Gesetzentwurf (m)	rancangan undang-undang	[rantʃaŋan undaŋ-undaŋ]
Budget (n)	anggaran belanja	[aŋgaran belandʒʲa]
Politik (f)	kebijakan	[kebidʒʲakan]
Reform (f)	reformasi	[reformasi]
radikal	radikal	[radikal]

Macht (f)	kuasa	[kuasa]
mächtig (Adj)	adikuasa, berkuasa	[adikuasa], [berkuasa]
Anhänger (m)	pendukung	[pendukuŋ]
Einfluss (m)	pengaruh	[peŋaruh]

Regime (n)	rezim	[rezim]
Konflikt (m)	konflik	[konfliʾ]
Verschwörung (f)	komplotan	[komplotan]
Provokation (f)	provokasi	[provokasi]

stürzen (vt)	menggulingkan	[məŋguliŋkan]
Sturz (m)	penggulingan	[peŋguliŋan]
Revolution (f)	revolusi	[revolusi]

| Staatsstreich (m) | kudeta | [kudeta] |
| Militärputsch (m) | kudeta militer | [kudeta militer] |

Krise (f)	krisis	[krisis]
Rezession (f)	resesi ekonomi	[resesi ekonomi]
Demonstrant (m)	pendemo	[pendemo]
Demonstration (f)	demonstrasi	[demonstrasi]
Ausnahmezustand (m)	darurat militer	[darurat militer]
Militärbasis (f)	pangkalan militer	[paŋkalan militer]

| Stabilität (f) | stabilitas | [stabilitas] |
| stabil | stabil | [stabil] |

Ausbeutung (f)	eksploitasi	[eksploitasi]
ausbeuten (vt)	mengeksploitasi	[məŋeksploitasi]
Rassismus (m)	rasisme	[rasisme]

Rassist (m)	rasis	[rasis]
Faschismus (m)	fasisme	[fasisme]
Faschist (m)	fasis	[fasis]

245. Länder. Verschiedenes

Ausländer (m)	orang asing	[oraŋ asiŋ]
ausländisch	asing	[asiŋ]
im Ausland	di luar negeri	[di luar negeri]

Auswanderer (m)	emigran	[emigran]
Auswanderung (f)	emigrasi	[emigrasi]
auswandern (vi)	beremigrasi	[beremigrasi]

Westen (m)	Barat	[barat]
Osten (m)	Timur	[timur]
Ferner Osten (m)	Timur Jauh	[timur dʒʲauh]
Zivilisation (f)	peradaban	[peradaban]
Menschheit (f)	umat manusia	[umat manusia]
Welt (f)	dunia	[dunia]
Frieden (m)	perdamaian	[perdamajan]
Welt-	sedunia	[sedunia]

Heimat (f)	tanah air	[tanah air]
Volk (n)	rakyat	[rakjat]
Bevölkerung (f)	populasi, penduduk	[populasi], [pendudu']
Leute (pl)	orang-orang	[oraŋ-oraŋ]
Nation (f)	bangsa	[baŋsa]
Generation (f)	generasi	[generasi]
Territorium (n)	wilayah	[wilajah]
Region (f)	kawasan	[kawasan]
Staat (z.B. ~ Alaska)	negara bagian	[negara bagian]

Tradition (f)	tradisi	[tradisi]
Brauch (m)	adat	[adat]
Ökologie (f)	ekologi	[ekologi]

Indianer (m)	orang Indian	[oraŋ indian]
Zigeuner (m)	lelaki Gipsi	[lelaki gipsi]
Zigeunerin (f)	wanita Gipsi	[wanita gipsi]
Zigeuner-	Gipsi, Rom	[gipsi], [rom]

Reich (n)	kekaisaran	[kekajsaran]
Kolonie (f)	koloni, negeri jajahan	[koloni], [negeri dʒʲadʒʲahan]
Sklaverei (f)	perbudakan	[perbudakan]
Einfall (m)	invasi, penyerbuan	[invasi], [penerbuan]
Hunger (m)	kelaparan, paceklik	[kelaparan], [patʃekli']

246. Wichtige Religionsgruppen. Konfessionen

| Religion (f) | agama | [agama] |
| religiös | religius | [religius] |

Glaube (m)	keyakinan, iman	[keyakinan], [iman]
glauben (vt)	percaya	[pərtʃaja]
Gläubige (m)	penganut agama	[peŋanut agama]

| Atheismus (m) | ateisme | [ateisme] |
| Atheist (m) | ateis | [ateis] |

Christentum (n)	agama Kristen	[agama kristen]
Christ (m)	orang Kristen	[oraŋ kristen]
christlich	Kristen	[kristen]

Katholizismus (m)	agama Katolik	[agama katoliʔ]
Katholik (m)	orang Katolik	[oraŋ katoliʔ]
katholisch	Katolik	[katoliʔ]

Protestantismus (m)	Protestanisme	[protestanisme]
Protestantische Kirche (f)	Gereja Protestan	[geredʒʲa protestan]
Protestant (m)	Protestan	[protestan]

Orthodoxes Christentum (n)	Kristen Ortodoks	[kristen ortodoks]
Orthodoxe Kirche (f)	Gereja Kristen Ortodoks	[geredʒʲa kristen ortodoks]
orthodoxer Christ (m)	Ortodoks	[ortodoks]

Presbyterianismus (m)	Gereja Presbiterian	[geredʒʲa presbiterian]
Presbyterianische Kirche (f)	Gereja Presbiterian	[geredʒʲa presbiterian]
Presbyterianer (m)	penganut	[peŋanut
	Gereja Presbiterian	geredʒʲa presbiterian]

| Lutherische Kirche (f) | Gereja Lutheran | [geredʒʲa luteran] |
| Lutheraner (m) | pengikut Gereja Lutheran | [peŋikut geredʒʲa luteran] |

| Baptismus (m) | Gereja Baptis | [geredʒʲa baptis] |
| Baptist (m) | penganut Gereja Baptis | [peŋanut geredʒʲa baptis] |

Anglikanische Kirche (f)	Gereja Anglikan	[geredʒʲa aŋlikan]
Anglikaner (m)	penganut Anglikanisme	[peŋanut aŋlikanisme]
Mormonismus (m)	Mormonisme	[mormonisme]
Mormone (m)	Mormon	[mormon]

| Judentum (n) | agama Yahudi | [agama yahudi] |
| Jude (m) | orang Yahudi | [oraŋ yahudi] |

| Buddhismus (m) | agama Buddha | [agama budda] |
| Buddhist (m) | penganut Buddha | [peŋanut budda] |

| Hinduismus (m) | agama Hindu | [agama hindu] |
| Hindu (m) | penganut Hindu | [peŋanut hindu] |

Islam (m)	Islam	[islam]
Moslem (m)	Muslim	[muslim]
moslemisch	Muslim	[muslim]

Schiismus (m)	Syi'ah	[ʃi-a]
Schiit (m)	penganut Syi'ah	[peŋanut ʃi-a]
Sunnismus (m)	Sunni	[sunni]
Sunnit (m)	ahli Sunni	[ahli sunni]

247. Religionen. Priester

Priester (m)	pendeta	[pendeta]
Papst (m)	Paus	[paus]
Mönch (m)	biarawan, rahib	[biarawan], [rahib]
Nonne (f)	biarawati	[biarawati]
Pfarrer (m)	pastor	[pastor]
Abt (m)	abbas	[abbas]
Vikar (m)	vikaris	[vikaris]
Bischof (m)	uskup	[uskup]
Kardinal (m)	kardinal	[kardinal]
Prediger (m)	pengkhotbah	[peŋhotbah]
Predigt (f)	khotbah	[hotbah]
Gemeinde (f)	ahli paroki	[ahli paroki]
Gläubige (m)	penganut agama	[peŋanut agama]
Atheist (m)	ateis	[ateis]

248. Glauben. Christentum. Islam

Adam	Adam	[adam]
Eva	Hawa	[hawa]
Gott (m)	Tuhan	[tuhan]
Herr (m)	Tuhan	[tuhan]
Der Allmächtige	Yang Maha Kuasa	[yaŋ maha kuasa]
Sünde (f)	dosa	[dosa]
sündigen (vi)	berdosa	[berdosa]
Sünder (m)	pedosa lelaki	[pedosa lelaki]
Sünderin (f)	pedosa wanita	[pedosa wanita]
Hölle (f)	neraka	[neraka]
Paradies (n)	surga	[surga]
Jesus	Yesus	[yesus]
Jesus Christus	Yesus Kristus	[yesus kristus]
der Heiliger Geist	Roh Kudus	[roh kudus]
der Erlöser	Juru Selamat	[dʒʲuru selamat]
die Jungfrau Maria	Perawan Maria	[perawan maria]
Teufel (m)	Iblis	[iblis]
teuflisch	setan	[setan]
Satan (m)	setan	[setan]
satanisch	setan	[setan]
Engel (m)	malaikat	[malajkat]
Schutzengel (m)	malaikat pelindung	[malajkat pelinduŋ]
Engel(s)-	malaikat	[malajkat]

Apostel (m)	rasul	[rasul]
Erzengel (m)	malaikat utama	[malajkat utama]
Antichrist (m)	Antikristus	[antikristus]

Kirche (f)	Gereja	[geredʒʲa]
Bibel (f)	Alkitab	[alkitab]
biblisch	Alkitab	[alkitab]

Altes Testament (n)	Perjanjian Lama	[pərdʒʲandʒian lama]
Neues Testament (n)	Perjanjian Baru	[pərdʒʲandʒian baru]
Evangelium (n)	Injil	[indʒil]
Heilige Schrift (f)	Kitab Suci	[kitab sutʃi]
Himmelreich (n)	Surga	[surga]

Gebot (n)	Perintah Allah	[pərintah allah]
Prophet (m)	nabi	[nabi]
Prophezeiung (f)	ramalan	[ramalan]

Allah	Allah	[alah]
Mohammed	Muhammad	[muhammad]
Koran (m)	Al Quran	[al kurʔan]

Moschee (f)	masjid	[masdʒid]
Mullah (m)	mullah	[mullah]
Gebet (n)	sembahyang, doa	[sembahjaŋ], [doa]
beten (vi)	bersembahyang, berdoa	[bərsembahjaŋ], [bərdoa]

Wallfahrt (f)	ziarah	[ziarah]
Pilger (m)	peziarah	[peziarah]
Mekka (n)	Mekah	[mekah]

Kirche (f)	gereja	[geredʒʲa]
Tempel (m)	kuil, candi	[kuil], [tʃandi]
Kathedrale (f)	katedral	[katedral]
gotisch	Gotik	[gotiʔ]
Synagoge (f)	sinagoga, kanisah	[sinagoga], [kanisah]
Moschee (f)	masjid	[masdʒid]

Kapelle (f)	kapel	[kapel]
Abtei (f)	keabbasan	[keabbasan]
Nonnenkloster (n)	biara	[biara]
Mönchskloster (n)	biara	[biara]

Glocke (f)	lonceng	[lontʃeŋ]
Glockenturm (m)	menara lonceng	[mənara lontʃeŋ]
läuten (Glocken)	berbunyi	[bərbunji]

Kreuz (n)	salib	[salib]
Kuppel (f)	kubah	[kubah]
Ikone (f)	ikon	[ikon]

Seele (f)	jiwa	[dʒiwa]
Schicksal (n)	takdir	[takdir]
das Böse	kejahatan	[kedʒʲahatan]
Gute (n)	kebaikan	[kebajkan]
Vampir (m)	vampir	[vampir]

Hexe (f)	**tukang sihir**	[tukaŋ sihir]
Dämon (m)	**iblis**	[iblis]
Geist (m)	**roh**	[roh]
Sühne (f)	**penebusan**	[penebusan]
sühnen (vt)	**menebus**	[mənebus]
Gottesdienst (m)	**misa**	[misa]
die Messe lesen	**menyelenggarakan misa**	[mənjeleŋgarakan misa]
Beichte (f)	**pengakuan dosa**	[peŋakuan dosa]
beichten (vi)	**mengaku dosa**	[məŋaku dosa]
Heilige (m)	**santo**	[santo]
heilig	**suci, kudus**	[sutʃi], [kudus]
Weihwasser (n)	**air suci**	[air sutʃi]
Ritual (n)	**ritus**	[ritus]
rituell	**ritual**	[ritual]
Opfer (n)	**pengorbangan**	[peŋorbaŋan]
Aberglaube (m)	**takhayul**	[tahajul]
abergläubisch	**bertakhayul**	[bərtahajul]
Nachleben (n)	**akhirat**	[ahirat]
ewiges Leben (n)	**hidup abadi**	[hidup abadi]

VERSCHIEDENES

249. Verschiedene nützliche Wörter

Anfang (m)	permulaan	[pərmula'an]
Anstrengung (f)	usaha	[usaha]
Anteil (m)	bagian	[bagian]
Art (Typ, Sorte)	jenis	[dʒⁱenis]
Auswahl (f)	pilihan	[pilihan]
Barriere (f)	rintangan	[rintaŋan]
Basis (f)	basis, dasar	[basis], [dasar]
Beispiel (n)	contoh	[tʃontoh]
bequem (gemütlich)	nyaman	[njaman]
Bilanz (f)	keseimbangan	[keseimbaŋan]
Ding (n)	barang	[baraŋ]
dringend (Adj)	segera	[segera]
dringend (Adv)	segera	[segera]
Effekt (m)	efek, pengaruh	[efek], [peŋaruh]
Eigenschaft (Werkstoff~)	sifat	[sifat]
Element (n)	unsur	[unsur]
Ende (n)	akhir	[ahir]
Entwicklung (f)	perkembangan	[pərkembaŋan]
Fachwort (n)	istilah	[istilah]
Fehler (m)	kesalahan	[kesalahan]
Form (z.B. Kugel-)	bentuk, rupa	[bentuk], [rupa]
Fortschritt (m)	kemajuan	[kemadʒⁱuan]
Gegenstand (m)	objek	[obdʒⁱe']
Geheimnis (n)	rahasia	[rahasia]
Grad (Ausmaß)	tingkat	[tiŋkat]
Halt (m), Pause (f)	perhentian	[pərhentian]
häufig (Adj)	kerap, sering	[kerap], [seriŋ]
Hilfe (f)	bantuan	[bantuan]
Hindernis (n)	rintangan	[rintaŋan]
Hintergrund (m)	latar belakang	[latar belakaŋ]
Ideal (n)	ideal	[ideal]
Kategorie (f)	kategori	[kategori]
Kompensation (f)	kompensasi, ganti rugi	[kompensasi], [ganti rugi]
Labyrinth (n)	labirin	[labirin]
Lösung (Problem usw.)	solusi, penyelesaian	[solusi], [penjelesajan]
Moment (m)	saat, waktu	[sa'at], [waktu]
Nutzen (m)	kegunaan	[keguna'an]
Original (Schriftstück)	orisinal, dokumen asli	[orisinal], [dokumen asli]
Pause (kleine ~)	istirahat	[istirahat]

Position (f)	posisi	[posisi]
Prinzip (n)	prinsip	[prinsip]
Problem (n)	masalah	[masalah]
Prozess (m)	proses	[proses]

Reaktion (f)	reaksi	[reaksi]
Reihe (Sie sind an der ~)	giliran	[giliran]
Risiko (n)	risiko	[risiko]
Serie (f)	rangkaian	[raŋkajan]

Situation (f)	situasi	[situasi]
Standard-	standar	[standar]
Standard (m)	standar	[standar]
Stil (m)	gaya	[gaja]

System (n)	sistem	[sistem]
Tabelle (f)	tabel	[tabel]
Tatsache (f)	fakta	[fakta]
Teilchen (n)	partikel, bagian kecil	[partikel], [bagian ketʃil]
Tempo (n)	tempo, laju	[tempo], [ladʒʲu]

Typ (m)	jenis	[dʒʲenis]
Unterschied (m)	perbedaan	[perbeda'an]
Ursache (z.B. Todes-)	sebab	[sebab]
Variante (f)	varian	[varian]
Vergleich (m)	perbandingan	[perbandiŋan]

Wachstum (n)	pertumbuhan	[pertumbuhan]
Wahrheit (f)	kebenaran	[kebenaran]
Weise (Weg, Methode)	cara	[tʃara]
Zone (f)	zona	[zona]
Zufall (m)	kebetulan	[kebetulan]

250. Bestimmungswörter. Adjektive. Teil 1

abgemagert	ramping	[rampiŋ]
ähnlich	mirip	[mirip]
alt (z.B. die -en Griechen)	kuno	[kuno]
alt, betagt	tua	[tua]
andauernd	panjang	[pandʒʲaŋ]

angenehm	indah	[indah]
arm	miskin	[miskin]
ausgezeichnet	cemerlang	[tʃemerlaŋ]
ausländisch, Fremd-	asing	[asiŋ]
Außen-, äußer	luar	[luar]

bedeutend	signifikan, luar biasa	[signifikan], [luar biasa]
begrenzt	terbatas	[terbatas]
beständig	tetap	[tetap]
billig	murah	[murah]

| bitter | pahit | [pahit] |
| blind | buta | [buta] |

brauchbar	sesuai	[sesuaj]
breit (Straße usw.)	lebar	[lebar]
bürgerlich	sipil	[sipil]

dankbar	berterima kasih	[bərterima kasih]
das wichtigste	paling penting	[paliŋ pentiŋ]
der letzte	terakhir	[tərahir]
dicht (-er Nebel)	pekat	[pekat]
dick (-e Mauer usw.)	tebal	[tebal]

dick (-er Nebel)	tebal	[tebal]
dumm	bodoh	[bodoh]
dunkel (Raum usw.)	gelap	[gelap]
dunkelhäutig	berkulit hitam	[bərkulit hitam]

durchsichtig	transparan	[transparan]
düster	suram	[suram]
einfach	mudah, sederhana	[mudah], [sederhana]
einfach (Problem usw.)	mudah	[mudah]

einzigartig (einmalig)	unik	[uni']
eng, schmal (Straße usw.)	sempit	[sempit]
ergänzend	tambahan	[tambahan]
ermüdend (Arbeit usw.)	melelahkan	[melelahkan]
feindlich	bermusuhan	[bərmusuhan]

fern (weit entfernt)	jauh	[dʒˈauh]
fern (weit)	jauh	[dʒˈauh]
fett (-es Essen)	berlemak	[bərlema']
feucht	lembap	[lembap]
flüssig	cair	[ʧair]

frei (-er Eintritt)	bebas	[bebas]
frisch (Brot usw.)	segar	[segar]
froh	riang, gembira	[riaŋ], [gembira]
fruchtbar (-er Böden)	subur	[subur]

früher (-e Besitzer)	sebelumnya	[sebelumnja]
ganz (komplett)	seluruh	[seluruh]
gebraucht	bekas	[bekas]
gebräunt (sonnen-)	hitam terbakar matahari	[hitam tərbakar matahari]
gedämpft, matt (Licht)	redup	[redup]

gefährlich	berbahaya	[bərbahaja]
gegensätzlich	bertentangan	[bərtentaŋan]
gegenwärtig	sekarang ini, saat ini	[sekaraŋ ini], [sa'at ini]
gemeinsam	bersama	[bərsama]
genau, pünktlich	tepat	[tepat]

gerade, direkt	lurus	[lurus]
geräumig (Raum)	lapang, luas	[lapaŋ], [luas]
geschlossen	tertutup	[tərtutup]
gesetzlich	sah	[sah]
gewöhnlich	biasa	[biasa]
glatt (z.B. poliert)	rata, halus	[rata], [halus]
glatt, eben	rata, datar	[rata], [datar]

| gleich (z.B. ~ groß) | sama, serupa | [sama], [serupa] |
| glücklich | bahagia | [bahagia] |

groß	besar	[besar]
gut (das Buch ist ~)	baik	[baj']
gut (gütig)	baik hati	[baj' hati]
hart (harter Stahl)	keras	[keras]
Haupt-	utama	[utama]

hauptsächlich	utama	[utama]
Heimat-	asli	[asli]
heiß	panas	[panas]
Hinter-	belakang	[belakaŋ]
höchst	tertinggi	[tərtiŋgi]

höflich	sopan	[sopan]
hungrig	lapar	[lapar]
in Armut lebend	papa, sangat miskin	[papa], [saŋat miskin]
innen-	dalam	[dalam]

jung	muda	[muda]
kalt (Getränk usw.)	dingin	[diŋin]
Kinder-	kanak-kanak	[kana'-kana']
klar (deutlich)	jelas	[dʒʲelas]
klein	kecil	[ketʃil]

klug, clever	pandai, pintar	[pandaj], [pintar]
knapp (Kleider, zu eng)	ketat	[ketat]
kompatibel	serasi, cocok	[serasi], [tʃotʃo']
kostenlos, gratis	gratis	[gratis]
krank	sakit	[sakit]

kühl (-en morgen)	sejuk	[sedʒʲu']
künstlich	buatan	[buatan]
kurz (räumlich)	pendek	[pende']
kurz (zeitlich)	sebentar	[sebentar]
kurzsichtig	rabun jauh	[rabun dʒʲauh]

251. Bestimmungswörter. Adjektive. Teil 2

lang (langwierig)	panjang	[pandʒʲaŋ]
laut (-e Stimme)	lantang	[lantaŋ]
lecker	enak	[ena']
leer (kein Inhalt)	kosong	[kosoŋ]
leicht (wenig Gewicht)	ringan	[riŋan]

leise (~ sprechen)	lirih	[lirih]
licht (Farbe)	muda	[muda]
link (-e Seite)	kiri	[kiri]
mager, dünn	kurus	[kurus]

matt (Lack usw.)	kusam	[kusam]
möglich	mungkin	[muŋkin]
müde (erschöpft)	lelah	[lelah]

Nachbar-	tetangga	[tetaŋga]
nachlässig	ceroboh	[ʧeroboh]
nächst	terdekat	[tərdekat]
nächst (am -en Tag)	depan	[depan]
nah	dekat	[dekat]
nass (-e Kleider)	basah	[basah]
negativ	negatif	[negatif]
nervös	gugup, grogi	[gugup], [grogi]
nett (freundlich)	baik	[bajˀ]
neu	baru	[baru]
nicht groß	tidak besar	[tidaˀ besar]
nicht schwierig	tidak sukar	[tidaˀ sukar]
normal	normal	[normal]
nötig	perlu	[perlu]
notwendig	tak tergantikan	[taˀ tərgantikan]
obligatorisch, Pflicht-	wajib	[waʤib]
offen	terbuka	[tərbuka]
öffentlich	umum	[umum]
original (außergewöhnlich)	orisinal, asli	[orisinal], [asli]
persönlich	pribadi	[pribadi]
platt (flach)	datar	[datar]
privat (in Privatbesitz)	pribadi	[pribadi]
pünktlich (Ich bin gerne ~)	tepat waktu	[tepat waktu]
rätselhaft	misterius	[misterius]
recht (-e Hand)	kanan	[kanan]
reif (Frucht usw.)	masak	[masaˀ]
richtig	benar	[benar]
riesig	sangat besar	[saŋat besar]
riskant	riskan	[riskan]
roh (nicht gekocht)	mentah	[məntah]
ruhig	tenang	[tenaŋ]
salzig	asin	[asin]
sauber (rein)	bersih	[bərsih]
sauer	masam	[masam]
scharf (-e Messer usw.)	tajam	[taʤˈam]
schlecht	buruk, jelek	[buruk], [ʤˈeleˀ]
schmutzig	kotor	[kotor]
schnell	cepat	[ʧepat]
schön (-es Mädchen)	cantik	[ʧantiˀ]
schön (-es Schloß usw.)	cantik	[ʧantiˀ]
schwer (~ an Gewicht)	berat	[berat]
schwierig	sukar, sulit	[sukar], [sulit]
schwierig (-es Problem)	rumit	[rumit]
seicht (nicht tief)	dangkal	[daŋkal]
selten	jarang	[ʤˈaraŋ]
sicher (nicht gefährlich)	aman	[aman]

sonnig	cerah	[ʧerah]
sorgfältig	cermat	[ʧermat]

sorgsam	penuh perhatian	[penuh pərhatian]
speziell, Spezial-	khusus	[husus]
stark (-e Konstruktion)	kuat, kukuh	[kuat], [kukuh]
stark (kräftig)	kuat	[kuat]
still, ruhig	sunyi	[sunji]

süß	manis	[manis]
Süß- (Wasser)	tawar	[tawar]
teuer	mahal	[mahal]
tiefgekühlt	beku	[beku]
tot	mati	[mati]

traurig	sedih	[sedih]
traurig, unglücklich	sedih	[sedih]
trocken (Klima)	kering	[keriŋ]
übermäßig	berlebihan	[bərlebihan]

unbedeutend	kecil	[keʧil]
unbeweglich	tak bergerak	[ta' bərgera']
undeutlich	tidak jelas	[tida' dʒ'elas]
unerfahren	tak berpengalaman	[ta' bərpeŋalaman]
unmöglich	mustahil	[mustahil]

Untergrund- (geheim)	rahasia, diam-diam	[rahasia], [diam-diam]
unterschiedlich	berbeda	[bərbeda]
ununterbrochen	kontinu, terus menerus	[kontinu], [tərus menerus]
unverständlich	tak dapat dimengerti	[ta' dapat dimeŋerti]
vergangen	lalu	[lalu]

verschieden	berbagai	[bərbagaj]
voll (gefüllt)	penuh	[penuh]
vorig (in der -en Woche)	lalu	[lalu]
vorzüglich	sangat baik	[saŋat bai']
wahrscheinlich	mungkin	[muŋkin]

warm (mäßig heiß)	hangat	[haŋat]
weich (-e Wolle)	empuk	[empu']
wichtig	penting	[pentiŋ]
wolkenlos	tak berawan	[ta' bərawan]
zärtlich	lembut	[lembut]

zentral (in der Mitte)	sentral	[sentral]
zerbrechlich (Porzellan usw.)	rapuh	[rapuh]
zufrieden	puas	[puas]
zufrieden (glücklich und ~)	puas	[puas]

500 WICHTIGE VERBEN

252. Verben A-D

abbiegen (vi)	membelok, berbelok	[membelok], [bərbelo']
abhacken (vt)	memotong	[memotoŋ]
abhängen von …	tergantung pada …	[tərgantuŋ pada …]
ablegen (Schiff)	bertolak	[bərtola']
abnehmen (vt)	mengangkat	[məŋaŋkat]
abreißen (vt)	merobek	[merobe']
absagen (vt)	menolak	[mənola']
abschicken (vt)	mengirim	[məŋirim]
abschneiden (vt)	memotong	[memotoŋ]
adressieren (an …)	memanggil	[memaŋgil]
ähnlich sein	menyerupai, mirip	[mənerupaj], [mirip]
amputieren (vt)	mengamputasi	[məŋamputasi]
amüsieren (vt)	menghibur	[məŋhibur]
anbinden (vt)	mengikat ke …	[məŋikat ke …]
ändern (vt)	mengubah	[məŋubah]
andeuten (vt)	mengisyaratkan	[məŋiʃaratkan]
anerkennen (vt)	mengenali	[məŋenali]
anflehen (vt)	memohon	[memohon]
Angst haben (vor …)	takut	[takut]
anklagen (vt)	menuduh	[mənuduh]
anklopfen (vi)	mengetuk	[mənetu']
ankommen (der Zug)	datang	[dataŋ]
anlegen (Schiff)	merapat	[merapat]
anstecken (~ mit …)	menulari	[mənulari]
anstreben (vt)	bercita-cita …	[bərtʃita-tʃita …]
antworten (vi)	menjawab	[məndʒʲawab]
anzünden (vt)	menyalakan	[mənjalakan]
applaudieren (vi)	bertepuk tangan	[bərtepu' taŋan]
arbeiten (vi)	bekerja	[bekerdʒʲa]
ärgern (vt)	membuat marah	[membuat marah]
assistieren (vi)	membantu	[membantu]
atmen (vi)	bernapas	[bərnapas]
attackieren (vt)	menyerang	[mənjeraŋ]
auf … zählen	mengharapkan …	[məŋharapkan …]
auf jmdn böse sein	marah (dengan …)	[marah (dəŋan …)]
aufbringen (vt)	menjengkelkan	[məndʒʲeŋkelkan]
aufräumen (vt)	membereskan	[membereskan]
aufschreiben (vt)	mencatat	[məntʃatat]

aufseufzen (vi)	mendesah	[məndesah]
aufstehen (vi)	bangun	[baŋun]
auftauchen (U-Boot)	timbul ke permukaan air	[timbul ke pərmuka'an air]
ausdrücken (vt)	mengungkapkan	[məŋuŋkapkan]
ausgehen (vi)	keluar	[keluar]
aushalten (vt)	menahan	[mənahan]
ausradieren (vt)	menghapuskan	[məŋhapuskan]
ausreichen (vi)	cukup	[ʧukup]
ausschalten (vt)	mematikan	[mematikan]
ausschließen (vt)	memecat	[memeʧat]
aussprechen (vt)	melafalkan	[melafalkan]
austeilen (vt)	membagi-bagikan	[membagi-bagikan]
auswählen (vt)	memilih	[memilih]
auszeichnen (mit Orden)	menganugerahi	[məŋanugerahi]
baden (vt)	memandikan	[memandikan]
bedauern (vt)	menyesal	[mənjesal]
bedeuten (bezeichnen)	berarti	[bərarti]
bedienen (vt)	melayani	[melajani]
beeinflussen (vt)	memengaruhi	[memeŋaruhi]
beenden (vt)	mengakhiri	[məŋahiri]
befehlen (vt)	memerintahkan	[memerintahkan]
befestigen (vt)	mengukuhkan	[məŋukuhkan]
befreien (vt)	membebaskan	[membebaskan]
befriedigen (vt)	memuaskan	[memuaskan]
begießen (vt)	menyiram	[mənjiram]
beginnen (vt)	memulai	[memulaj]
begleiten (vt)	menemani	[mənemani]
begrenzen (vt)	membatasi	[membatasi]
begrüßen (vt)	menyambut	[mənjambut]
behalten (alte Briefe)	menyimpan	[mənjimpan]
behandeln (vt)	merawat	[merawat]
behaupten (vt)	menegaskan	[mənegaskan]
bekannt machen	memperkenalkan	[memperkenalkan]
belauschen (Gespräch)	mencuri dengar	[mənʧuri deŋar]
beleidigen (vt)	menyinggung	[mənjiŋguŋ]
beleuchten (vt)	menyinari	[mənjinari]
bemerken (vt)	memperhatikan	[memperhatikan]
beneiden (vt)	iri	[iri]
benennen (vt)	menamakan	[mənamakan]
benutzen (vt)	menggunakan ...	[məŋgunakan ...]
beobachten (vt)	mengamati	[məŋamati]
berichten (vt)	melaporkan	[melaporkan]
bersten (vi)	retak	[reta']
beruhen auf ...	berdasarkan ...	[bərdasarkan ...]
beruhigen (vt)	menenangkan	[mənenaŋkan]
berühren (vt)	menyentuh	[mənjentuh]

beseitigen (vt)	menyingkirkan	[mənjiŋkirkan]
besitzen (vt)	memiliki	[memiliki]
besprechen (vt)	membicarakan	[membitʃarakan]
bestehen auf	mendesak	[məndesaʔ]
bestellen (im Restaurant)	memesan	[memesan]

bestrafen (vt)	menghukum	[məŋhukum]
beten (vi)	bersembahyang, berdoa	[bərsembahjaŋ], [bərdoa]
beunruhigen (vt)	membuat khawatir	[membuat hawatir]
bewachen (vt)	melindungi	[melinduŋi]

bewahren (vt)	melestarikan	[melestarikan]
beweisen (vt)	membuktikan	[membuktikan]
bewundern (vt)	mengagumi	[məŋagumi]
bezeichnen (bedeuten)	berarti	[bərarti]
bilden (vt)	membentuk	[membentuʔ]

binden (vt)	mengikat	[məŋikat]
bitten (jmdn um etwas ~)	meminta	[meminta]
blenden (vt)	menyilaukan	[mənjilaukan]
brechen (vt)	memecahkan	[memetʃahkan]
bügeln (vt)	menyeterika	[mənjeterika]

253. Verben E-H

danken (vi)	mengucapkan terima kasih	[məŋutʃapkan tərima kasih]
denken (vi, vt)	berpikir	[bərpikir]
denunzieren (vt)	mengadukan	[məŋadukan]
dividieren (vt)	membagi	[membagi]

dressieren (vt)	melatih	[melatih]
drohen (vi)	mengancam	[mənantʃam]
eindringen (vi)	menyusup	[mənyusup]
einen Fehler machen	salah	[salah]
einen Schluss ziehen	menarik kesimpulan	[mənariʔ kesimpulan]

einladen (zum Essen ~)	mengundang	[məŋundaŋ]
einpacken (vt)	membungkus	[membuŋkus]
einrichten (vt)	memperlengkapi	[memperleŋkapi]
einschalten (vt)	menyalakan	[mənjalakan]

einschreiben (vt)	mendaftarkan	[məndaftarkan]
einsetzen (vt)	menyisipkan	[mənjisipkan]
einstellen (Personal ~)	mempekerjakan	[mempekerdʒ'akan]
einstellen (vt)	menghentikan	[məŋhentikan]

einwenden (vt)	berkeberatan	[bərkebəratan]
empfehlen (vt)	merekomendasi	[merekomendasi]
entdecken (Land usw.)	menemukan	[mənemukan]
entfernen (Flecken ~)	menghapuskan	[məŋhapuskan]

entscheiden (vt)	memutuskan	[memutuskan]
entschuldigen (vt)	memaafkan	[memaʔafkan]
entzücken (vt)	memesona	[memesona]

erben (vt)	mewarisi	[mewarisi]
erblicken (vt)	memperhatikan	[memperhatikan]
erfinden (das Rad neu ~)	menemukan	[mənemukan]
erinnern (vt)	mengingatkan ...	[məŋiŋatkan ...]
erklären (vt)	menjelaskan	[məndʒ'elaskan]

erlauben (jemandem etwas)	membenarkan	[membenarkan]
erlauben, gestatten (vt)	mengizinkan	[məŋizinkan]
erleichtern (vt)	meringankan	[meriŋankan]
ermorden (vt)	membunuh	[membunuh]

ermüden (vt)	melelahkan	[melelahkan]
ermutigen (vt)	mengilhami	[məŋilhami]
ernennen (vt)	melantik	[melanti']
erörtern (vt)	mempertimbangkan	[mempertimbaŋkan]

erraten (vt)	menerka	[mənerka]
erreichen (Nordpol usw.)	mencapai	[mənt͡ʃapaj]
erröten (vi)	tersipu	[tərsipu]
erscheinen (am Horizont ~)	muncul	[munt͡ʃul]

erscheinen (Buch usw.)	terbit	[terbit]
erschweren (vt)	memperumit	[memperumit]
erstaunen (vt)	mengherankan	[məŋherankan]
erstellen (einer Liste ~)	menyusun	[mənyusun]
ertrinken (vi)	tenggelam	[teŋgelam]

erwähnen (vt)	menyebut	[mənjebut]
erwarten (vt)	mengharapkan	[məŋharapkan]
erzählen (vt)	menceritakan	[mənt͡ʃeritakan]
erzielen (Ergebnis usw.)	mencapai	[mənt͡ʃapaj]

essen (vi, vt)	makan	[makan]
existieren (vi)	ada	[ada]
fahren (mit 90 km/h ~)	naik	[nai']
fallen lassen	menjatuhkan	[məndʒ'atuhkan]

fangen (vt)	menangkap	[mənaŋkap]
finden (vt)	menemukan	[mənemukan]
fischen (vt)	memancing	[memant͡ʃiŋ]
fliegen (vi)	terbang	[tərbaŋ]
folgen (vi)	mengikuti ...	[məŋikuti ...]

fortbringen (vt)	membawa pulang	[membawa pulaŋ]
fortsetzen (vt)	meneruskan	[məneruskan]
fotografieren (vt)	memotret	[memotret]
frühstücken (vi)	sarapan	[sarapan]
fühlen (vt)	merasa	[merasa]

führen (vt)	memimpin	[memimpin]
füllen (mit Wasse usw.)	memenuhi	[memenuhi]
füttern (vt)	memberi makan	[memberi makan]
garantieren (vt)	menjamin	[məndʒ'amin]

geben (sein Bestes ~)	memberi	[memberi]
gebrauchen (vt)	memakai	[memakaj]

gefallen (vi)	suka	[suka]
gehen (zu Fuß gehen)	berjalan	[bərdʒˈalan]
gehorchen (vi)	mematuhi	[mematuhi]
gehören (vi)	kepunyaan ...	[kepunjaʔan ...]
gelegen sein	terletak	[tərletaʔ]
genesen (vi)	sembuh	[sembuh]
gereizt sein	jengkel	[dʒˈeŋkel]
gernhaben (vt)	suka	[suka]
gestehen (Verbrecher)	mengaku salah	[məŋaku salah]
gießen (Wasser ~)	menuangkan	[mənuaŋkan]
glänzen (vi)	bersinar	[bərsinar]
glauben (Er glaubt, dass ...)	yakin	[yakin]
graben (vt)	menggali	[məŋgali]
gratulieren (vi)	mengucapkan selamat	[mənutʃapkan selamat]
gucken (spionieren)	mencuri lihat	[məntʃuri lihat]
haben (vt)	mempunyai	[mempunjaj]
handeln (in Aktion treten)	bertindak	[bərtindaʔ]
hängen (an der Wand usw.)	menggantungkan	[məŋgantuŋkan]
heiraten (vi)	menikah, beristri	[mənikah], [bəristri]
helfen (vi)	membantu	[membantu]
herabsteigen (vi)	turun	[turun]
hereinkommen (vi)	masuk, memasuki	[masuk], [memasuki]
herunterlassen (vt)	menurunkan	[mənurunkan]
hinzufügen (vt)	menambah	[mənambah]
hoffen (vi)	berharap	[bərharap]
hören (Geräusch ~)	mendengar	[məndeŋar]
hören (jmdm zuhören)	mendengarkan	[məndeŋarkan]

254. Verben I-R

imitieren (vt)	meniru	[məniru]
impfen (vt)	memvaksinasi	[memvaksinasi]
importieren (vt)	mengimpor	[məŋimpor]
in Gedanken versinken	termenung	[tərmenuŋ]
in Ordnung bringen	membereskan	[membereskan]
informieren (vt)	menginformasikan	[məŋinformasikan]
instruieren (vt)	mengajari	[mənadʒˈari]
interessieren (vt)	menimbulkan minat	[mənimbulkan minat]
isolieren (vt)	mengisolasi	[məŋisolasi]
jagen (vi)	berburu	[bərburu]
kämpfen (~ gegen)	berjuang	[bərdʒˈuaŋ]
kämpfen (sich schlagen)	bertempur	[bərtempur]
kaufen (vt)	membeli	[membeli]
kennen (vt)	kenal	[kenal]
kennenlernen (vt)	berkenalan	[bərkenalan]

klagen (vi)	mengeluh	[məŋeluh]
kompensieren (vt)	mengganti rugi	[məŋganti rugi]
komponieren (vt)	menggubah	[məŋgubah]
kompromittieren (vt)	mencemarkan	[məntʃemarkan]
konkurrieren (vi)	bersaing	[bərsajŋ]
können (v mod)	bisa	[bisa]
kontrollieren (vt)	mengontrol	[məŋontrol]
koordinieren (vt)	mengoordinasikan	[məŋoordinasikan]
korrigieren (vt)	mengoreksi	[məŋoreksi]
kosten (vt)	berharga	[bərharga]
kränken (vt)	menghina	[məŋhina]
kratzen (vt)	mencakar	[məntʃakar]
Krieg führen	berperang	[bərperaŋ]
lächeln (vi)	tersenyum	[tərsenyum]
lachen (vi)	tertawa	[tərtawa]
laden (Ein Gewehr ~)	mengisi	[məŋisi]
laden (LKW usw.)	memuat	[memuat]
lancieren (starten)	meluncurkan	[meluntʃurkan]
laufen (vi)	berlari	[bərlari]
leben (vi)	hidup	[hidup]
lehren (vt)	mengajar	[məŋadʒʲar]
leiden (vi)	menderita	[mənderita]
leihen (Geld ~)	meminjam	[memindʒʲam]
leiten (Betrieb usw.)	memimpin	[memimpin]
lenken (ein Auto ~)	menyetir mobil	[mənjetir mobil]
lernen (vt)	mempelajari	[mempeladʒʲari]
lesen (vi, vt)	membaca	[membatʃa]
lieben (vt)	mencintai	[məntʃintaj]
liegen (im Bett usw.)	berbaring	[bərbariŋ]
losbinden (vt)	membuka ikatan	[membuka ikatan]
löschen (Feuer)	memadamkan	[memadamkan]
lösen (Aufgabe usw.)	menyelesaikan	[mənjelesajkan]
loswerden (jmdm. od etwas)	terhindar dari ...	[tərhindar dari ...]
lügen (vi)	berbohong	[bərbohoŋ]
machen (vt)	membuat	[membuat]
markieren (vt)	menandai	[mənandaj]
meinen (glauben)	percaya	[pərtʃaja]
memorieren (vt)	menghafalkan	[məŋhafalkan]
mieten (ein Boot ~)	menyewa	[mənjewa]
mieten (Haus usw.)	menyewa	[mənjewa]
mischen (vt)	mencampur	[məntʃampur]
mitbringen (vt)	membawa	[membawa]
mitteilen (vt)	memberi tahu	[memberi tahu]
müde werden	lelah	[lelah]
multiplizieren (vt)	mengalikan	[məŋalikan]
müssen (v mod)	harus	[harus]

| nachgeben (vi) | mengalah | [məŋalah] |
| nehmen (jmdm. etwas ~) | merampas | [merampas] |

nehmen (vt)	mengambil	[məŋambil]
noch einmal sagen	mengulangi	[məŋulaŋi]
nochmals tun (vt)	mengulangi	[məŋulaŋi]
notieren (vt)	mencatat	[məntʃatat]

nötig sein	dibutuhkan	[dibutuhkan]
notwendig sein	dibutuhkan	[dibutuhkan]
öffnen (vt)	membuka	[membuka]
passen (Schuhe, Kleid)	pas, cocok	[pas], [tʃotʃo']
pflücken (Blumen)	memetik	[memeti']

planen (vt)	merencanakan	[merentʃanakan]
prahlen (vi)	membual	[membual]
projektieren (vt)	mendesain	[məndesajn]
protestieren (vi)	memprotes	[memprotes]

provozieren (vt)	memicu	[memitʃu]
putzen (vt)	membersihkan	[membersihkan]
raten (zu etwas ~)	menasihati	[mənasihati]
rechnen (vt)	menghitung	[məŋhituŋ]

regeln (vt)	menyelesaikan	[mənjelesajkan]
reinigen (vt)	membersihkan	[membersihkan]
reparieren (vt)	memperbaiki	[memperbajki]
reservieren (vt)	memesan	[memesan]

retten (vt)	menyelamatkan	[mənjelamatkan]
richten (den Weg zeigen)	mengarahkan	[məŋarahkan]
riechen (an etwas ~)	mencium	[məntʃium]
riechen (gut ~)	berbau	[berbau]

ringen (Sport)	bergulat	[bergulat]
riskieren (vt)	merisikokan	[merisikokan]
rufen (seinen Hund ~)	memanggil	[memaŋgil]
rufen (um Hilfe ~)	memanggil	[memaŋgil]

255. Verben S-U

säen (vt)	menanam	[mənanam]
sagen (vt)	berkata	[berkata]
schaffen (Etwas Neues zu ~)	menciptakan	[məntʃiptakan]
schelten (vt)	memarahi, menegur	[memarahi], [menegur]

schieben (drängen)	mendorong	[məndoroŋ]
schießen (vi)	menembak	[mənemba']
schlafen gehen	tidur	[tidur]
schlagen (mit ...)	berkelahi	[berkelahi]

schlagen (vt)	memukul	[memukul]
schließen (vt)	menutup	[mənutup]
schmeicheln (vi)	menyanjung	[mənjandʒuŋ]

schmücken (vt)	menghiasi	[məŋhiasi]
schreiben (vi, vt)	menulis	[mənulis]
schreien (vi)	berteriak	[bərteriaʔ]
schütteln (vt)	mengguncang	[məŋguntʃaŋ]
schweigen (vi)	diam	[diam]
schwimmen (vi)	berenang	[bərenaŋ]
schwimmen gehen	berenang	[bərenaŋ]
sehen (vt)	melihat	[melihat]
sein (Lehrer ~)	ialah, adalah	[ialah], [adalah]
sein (müde ~)	sedang	[sedaŋ]
sich abwenden	berpaling	[bərpaliŋ]
sich amüsieren	bersukaria	[bərsukaria]
sich anschließen	ikut, bergabung	[ikut], [bərgabuŋ]
sich anstecken	terinfeksi, tertular ...	[tərinfeksi], [tərtular ...]
sich aufregen	khawatir	[hawatir]
sich ausruhen	beristirahat	[bəristirahat]
sich beeilen	tergesa-gesa	[tərgesa-gesa]
sich benehmen	berkelakuan	[bərkelakuan]
sich beschmutzen	kena kotor	[kena kotor]
sich datieren	berasal dari tahun ...	[bərasal dari tahun ...]
sich einmischen	campur tangan	[tʃampur taŋan]
sich empören	marah	[marah]
sich entschuldigen	meminta maaf	[meminta maʔaf]
sich erhalten	diawetkan	[diawetkan]
sich erinnern	ingat	[iŋat]
sich interessieren	menaruh minat pada ...	[mənaruh minat pada ...]
sich kämmen	bersisir, menyisir	[bərsisir], [menjisir]
sich konsultieren mit ...	berkonsultasi dengan	[bərkonsultasi deŋan]
sich konzentrieren	berkonsentrasi	[bərkonsentrasi]
sich langweilen	bosan	[bosan]
sich nach ... erkundigen	menanyakan	[mənanjakan]
sich nähern	mendekati	[məndekati]
sich rächen	membalas dendam	[membalas dendam]
sich rasieren	bercukur	[bərtʃukur]
sich setzen	duduk	[duduʔ]
sich Sorgen machen	khawatir	[hawatir]
sich überzeugen	yakin	[yakin]
sich unterscheiden	berbeza	[bərbeza]
sich vergrößern	bertambah	[bərtambah]
sich verlieben	jatuh cinta (dengan ...)	[dʒ̧atuh tʃinta (deŋan ...)]
sich verteidigen	membela diri	[membela diri]
sich vorstellen	membayangkan	[membajaŋkan]
sich waschen	mandi	[mandi]
sitzen (vi)	duduk	[duduʔ]
spielen (Ball ~)	bermain	[bərmajn]
spielen (eine Rolle ~)	berperan	[bərperan]

spotten (vi)	mencemooh	[mənʧemooh]
sprechen mit ...	bebicara dengan ...	[bebiʧara deŋan ...]
spucken (vi)	meludah	[meludah]
starten (Flugzeug)	lepas landas	[lepas landas]
stehlen (vt)	mencuri	[mənʧuri]
stellen (ins Regal ~)	menempatkan	[mənempatkan]
stimmen (vi)	memberikan suara	[memberikan suara]
stoppen (haltmachen)	berhenti	[bərhenti]
stören (nicht ~!)	mengganggu	[məŋgaŋgu]
streicheln (vt)	mengusap	[məɲusap]
suchen (vt)	mencari ...	[mənʧari ...]
sündigen (vi)	berdosa	[bərdosa]
tauchen (vi)	menyelam	[mənjelam]
tauschen (vt)	menukar	[mənukar]
täuschen (vt)	menipu	[mənipu]
teilnehmen (vi)	turut serta	[turut serta]
trainieren (vi)	berlatih	[bərlatih]
trainieren (vt)	melatih	[melatih]
transformieren (vt)	mengubah	[məɲubah]
träumen (im Schlaf)	bermimpi	[bərmimpi]
träumen (wünschen)	bermimpi	[bərmimpi]
trinken (vt)	minum	[minum]
trocknen (vt)	mengeringkan	[məŋeriŋkan]
überragen (Schloss, Berg)	mejulang tinggi ...	[medʒ'ulaŋ tiŋgi ...]
überrascht sein	heran	[heran]
überschätzen (vt)	menilai terlalu tinggi	[mənilaj tərlalu tiŋgi]
übersetzen (Buch usw.)	menerjemahkan	[mənerdʒ'emahkan]
überwiegen (vi)	mendominasi	[məndominasi]
überzeugen (vt)	meyakinkan	[meyakinkan]
umarmen (vt)	memeluk	[memelu']
umdrehen (vt)	membalikkan	[membali'kan]
unternehmen (vt)	mengusahakan	[məɲusahakan]
unterschätzen (vt)	meremehkan	[meremehkan]
unterschreiben (vt)	menandatangani	[mənandataŋani]
unterstreichen (vt)	menggaris bawahi	[məŋgaris bawahi]
unterstützen (vt)	mendukung	[məndukuŋ]

256. Verben V-Z

verachten (vt)	benci, membenci	[benʧi], [membenʧi]
veranstalten (vt)	mengatur	[məŋatur]
verbieten (vt)	melarang	[melaraŋ]
verblüfft sein	bingung	[binuŋ]
verbreiten (Broschüren usw.)	mengedarkan	[məɲedarkan]
verbreiten (Geruch)	memancarkan	[memanʧarkan]

verbrennen (vt)	membakar	[membakar]
verdächtigen (vt)	mencurigai	[mənt∫urigaj]
verdienen (Lob ~)	patut	[patut]
verdoppeln (vt)	menggandakan	[məŋgandakan]
vereinfachen (vt)	menyederhanakan	[mənjederhanakan]
vereinigen (vt)	menyatukan	[mənjatukan]
vergessen (vt)	melupakan	[melupakan]
vergießen (vt)	menumpahkan	[mənumpahkan]
vergleichen (vt)	membandingkan	[membandiŋkan]
vergrößern (vt)	menambah	[mənambah]
verhandeln (vi)	bernegosiasi	[bernegosiasi]
verjagen (vt)	mengusir	[məŋusir]
verkaufen (vt)	menjual	[mənʤʲual]
verlangen (vt)	menuntut	[mənuntut]
verlassen (vt)	meninggalkan	[məniŋgalkan]
verlassen (vt)	meninggalkan	[məniŋgalkan]
verlieren (Regenschirm usw.)	kehilangan	[kehilaŋan]
vermeiden (vt)	mengelak	[məŋelaʔ]
vermuten (vt)	menduga	[mənduga]
verneinen (vt)	memungkiri	[memuŋkiri]
vernichten (Dokumente usw.)	menghancurkan	[mənhant∫urkan]
verringern (vt)	mengurangi	[məŋuraɲi]
versäumen (vt)	absen	[absen]
verschieben (Möbel usw.)	memindahkan	[memindahkan]
verschütten (vt)	tercecer	[tərt∫et∫er]
verschwinden (vi)	menghilang	[mənhilaŋ]
versprechen (vt)	berjanji	[bərʤʲanʤi]
verstecken (vt)	menyembunyikan	[mənjembunjikan]
verstehen (vt)	mengerti	[məŋerti]
verstummen (vi)	berhenti berbicara	[bərhenti bərbit∫ara]
versuchen (vt)	mencoba	[mənt∫oba]
verteidigen (vt)	membela	[membela]
vertrauen (vt)	mempercayai	[mempert∫ajaj]
verursachen (vt)	menyebabkan ...	[mənebabkan ...]
verurteilen (vt)	menjatuhkan hukuman	[mənʤʲatuhkan hukuman]
vervielfältigen (vt)	memperbanyak	[memperbanjaʔ]
verwechseln (vt)	bingung membedakan	[biŋuŋ membedakan]
verwirklichen (vt)	melaksanakan	[melaksanakan]
verzeihen (vt)	memaafkan	[memaʔafkan]
vorankommen	maju	[maʤʲu]
voraussehen (vt)	menduga	[mənduga]
vorbeifahren (vi)	melewati	[melewati]
vorbereiten (vt)	menyiapkan	[mənjiapkan]
vorschlagen (vt)	mengusulkan	[məŋusulkan]
vorstellen (vt)	memperkenalkan	[memperkenalkan]
vorwerfen (vt)	menegur	[mənegur]

vorziehen (vt)	lebih suka	[lebih suka]
wagen (vt)	berani	[bərani]

wählen (vt)	memilih	[memilih]
wärmen (vt)	memanaskan	[memanaskan]
warnen (vt)	memperingatkan	[memperiŋatkan]
warten (vi)	menunggu	[mənuŋgu]

waschen (das Auto ~)	mencuci	[məntʃutʃi]
waschen (Wäsche ~)	mencuci	[məntʃutʃi]
wechseln (vt)	bertukar	[bərtukar]
wecken (vt)	membangunkan	[membaŋunkan]

wegfahren (vi)	pergi	[pergi]
weglassen (Wörter usw.)	menghilangkan	[məniŋgalkan]
weglegen (vt)	membenahi	[membenahi]
wehen (vi)	meniup	[məniup]

weinen (vi)	menangis	[mənaŋis]
werben (Reklame machen)	mengiklankan	[məŋiklankan]
werden (vi)	menjadi	[məndʒˈadi]
werfen (vt)	melemparkan	[melemparkan]

widmen (vt)	mendedikasikan	[məndedikasikan]
wiegen (vi)	berbobot	[bərbobot]
winken (mit der Hand)	melambaikan	[melambajkan]
wissen (vt)	tahu	[tahu]

Witz machen	bergurau	[bərgurau]
wohnen (vi)	tinggal	[tiŋgal]
wollen (vt)	mau, ingin	[mau], [iŋin]
wünschen (vt)	menghendaki	[mənhendaki]

zahlen (vt)	membayar	[membajar]
zeigen (den Weg ~)	menunjuk	[mənundʒˈuʔ]
zeigen (jemandem etwas ~)	menunjukkan	[mənundʒˈuʔkan]
zerreißen (vi)	putus	[putus]

zertreten (vt)	menghancurkan	[məŋhantʃurkan]
ziehen (Seil usw.)	menarik	[mənariʔ]
zielen auf …	membidik	[membidiʔ]
zitieren (vt)	mengutip	[məŋutip]

zittern (vi)	menggigil	[məŋgigil]
zu Abend essen	makan malam	[makan malam]
zu Mittag essen	makan siang	[makan siaŋ]
zubereiten (vt)	memasak	[memasaʔ]

züchten (Pflanzen)	menanam	[mənanam]
zugeben (eingestehen)	mengakui	[məŋakui]
zur Eile antreiben	menggesa-gesakan	[məŋgesa-gesakan]
zurückdenken (vi)	mengingat	[məŋiŋat]
zurückhalten (vt)	menahan	[mənahan]

zurückkehren (vi)	kembali	[kembali]
zurückschicken (vt)	mengirim kembali	[məŋirim kembali]

zurückziehen (vt)	**membatalkan**	[membatalkan]
zusammenarbeiten (vi)	**bekerja sama**	[bekerdʒa sama]
zusammenzucken (vi)	**tersentak**	[tərsentaʔ]
zustimmen (vi)	**setuju**	[setudʒiu]
zweifeln (vi)	**ragu-ragu**	[ragu-ragu]
zwingen (vt)	**memaksa**	[memaksa]

www.ingramcontent.com/pod-product-compliance
Lightning Source LLC
Chambersburg PA
CBHW071334090426
42738CB00012B/2895